清华经济-金融系列图书

理财投资入门
（第2版）

周峰◎编著

清华大学出版社
北京

内 容 简 介

本书首先讲解每个人都必须知道的理财名词，即一些金融学理财名词，如通货膨胀、通货膨胀率、通货紧缩、利息、市场利率化、存款准备金率、货币的时间价值、货币的层次、劣币驱逐良币、铸币税、信用与货币、债权融资、股权融资、VC、PE、洗钱陷阱等；然后讲解如何规划你的理财，享受复利；接着讲解如何利用股票、基金、银行理财产品、保险、银行存款、银行贷款、债券进行理财；以及如何利用贵金属、外汇、信托、信用卡进行理财；最后讲解理财故事秀。

本书结构清晰、功能详尽、实例经典、内容全面、技术实用，并且在讲解过程中既考虑了读者的学习习惯，又通过具体实例剖析讲解理财过程中的热点问题、关键问题及种种难题。

本书是一本大众读物，适用于每一个初次进入理财市场的人。此外也适合已经在传统理财渠道摸爬滚打了很久的高手投资者阅读。

本书封面贴有清华大学出版社防伪标签，无标签者不得销售。
版权所有，侵权必究。举报：010-62782989，beiqinquan@tup.tsinghua.edu.cn。

图书在版编目（CIP）数据

理财投资入门/周峰编著．—2版．—北京：清华大学出版社，2021.5
（清华经济-金融系列图书）
ISBN 978-7-302-58017-1

Ⅰ．①理… Ⅱ．①周… Ⅲ．①投资—基本知识 Ⅳ．① F830.59

中国版书图书馆CIP数据核字(2021)第070845号

责任编辑：李玉萍
封面设计：李　坤
责任校对：张彦彬
责任印制：丛怀宇

出版发行：清华大学出版社
网　　址：http://www.tup.com.cn，http://www.wqbook.com
地　　址：北京清华大学学研大厦A座　　　邮　　编：100084
社 总 机：010-62770175　　　　　　　　　邮　　购：010-62786544
投稿与读者服务：010-62776969，c-service@tup.tsinghua.edu.cn
质 量 反 馈：010-62772015，zhiliang@tup.tsinghua.edu.cn

印 装 者：天津鑫丰华印务有限公司
经　　销：全国新华书店
开　　本：170mm×240mm　　印　张：22.75　　字　数：364千字
版　　次：2017年9月第1版　　2021年7月第2版　　印　次：2021年7月第1次印刷
定　　价：68.00元

产品编号：088485-01

前 言

理财，不是一时冲动的结果，也并非依靠投机取巧就能轻松获得万贯家财，更不是凭借运气轻而易举就能积攒万贯家私，而是通过学习和实践相结合的一种资金的运用技巧。因此，当你在闲暇之余翻阅这本《理财投资入门（第2版）》一书后，您就会发现理财投资与我们日常生活结合得竟然如此紧密。

本书深入浅出、生动有趣，全面讲解金融学常识、理财必知和股票理财、基金理财产品、银行理财产品、保险理财、银行存款巧理财、利用贷款巧理财、债券理财产品、贵金属理财、外汇理财、信托理财、信用卡理财，从而解决老百姓在理财投资实战过程中的热点问题、关键问题及种种难题。

本书特点

特　点	说　明
14章实战精讲	本书体系完善，由浅入深地对理财投资的实战应用进行了14章专题精讲，其内容涵盖了必须知道的理财名词（通货膨胀、通货膨胀率、通货紧缩、市场利率化、信用、债权融资、股权融资、VC和PE等）、理财必知的常识（人生不同阶段的理财、一生需要打理的钱财、理财的层次和技巧、理财的渠道、复利让财富倍增、理财的误区、规划理财享受复利）、股票理财、基金理财产品、银行理财产品、巧用保险理财、银行存款巧理财、利用贷款巧理财、债券理财产品、贵金属理财、外汇理财、信托理财、信用卡理财、理财故事秀
109个实战技巧	本书结合理财投资的实战应用，讲解了109个理财技巧，其内容涵盖了复利让财富倍增、理财的三个层次、人生各个理财阶段的风险评估、理财的七个技巧、正确识别股市的底部、正确识别股市的顶部、股市买卖技巧、资金管理技巧、股票理财案例、选基金的方法与技巧、基金投资的技巧、基金理财的费用计算、基金理财的收益计算、如何利用网上银行进行基金理财、基金理财案例、选择银行理财产品的技巧、利用网上银行操作理财产品的方法、银行理财产品理财案例、人生不同阶段的保险理财、投保车险注意八大事项、如何利用网上银行进行保险理财、保险理财案例、整存整取实战技巧、大额存单实战技巧、零存整取实战技巧、通知存款实战技巧、银行存款理财方案、个人住房贷款实战技巧、车贷实战技巧、耐用消费品贷款实战技巧、个人创业贷款实战技巧、失业者小额贷款实战技巧、贷款理财案例、影响债券投资收益的因素、债券的收益率计算方法、利用网上银行操作债券的方法、债券理财案例、实物金理财的方法和技巧、实物银理财的方

(续表)

特　点	说　明
109个实战技巧	法和技巧、利用网上银行炒纸黄金、贵金属延期理财的方法、利用网上银行炒外汇、如何计算外汇理财的盈亏、信用卡省钱的技巧、如何让自己的信用卡额度飞涨起来、多张信用卡还款的技巧、信用卡理财案例
90多个实战案例	本书结合理论知识，在讲解的过程中，列举了90多个案例，进行分析讲解，让读者在学习理论知识的同时，更准确地理解其意义和实际应用
80多个技能提示	本书结合理财投资实战应用中遇到的热点问题、关键问题及种种难题，以技能提示的方式呈现给读者，其中包括股票理财、基金理财产品、银行理财产品、保险理财、银行存款巧理财、利用贷款巧理财、债券理财产品、贵金属理财、外汇理财、信托理财、信用卡理财
语言特色	本书讲解都从基础知识和基本操作开始，读者无须参照其他读物即可轻松入门；另一层是充分考虑没有基础读者的实际情况，在文字表述方面尽量避开专业术语，用通俗易懂的语言讲解每个知识点的应用技巧，从而突出容易学、上手快的特点

本书结构

章节介绍	内容体系	作　用
第1章至第2章	讲解理财名词（通货膨胀、通货膨胀率、通货紧缩、市场利率化、信用、债权融资、股权融资、VC和PE等）、理财必知的常识（人生不同阶段的理财、一生需要打理的钱财、理财的层次和技巧、理财的渠道、复利让财富倍增、理财的误区、规划理财享受复利）	通过理财名词和理财基础知识的学习，为后面章节的学习打下良好的基础
第3章至第4章	讲解股票理财和基金理财产品的基础知识、实战交易技巧、风险防范技巧	股票理财和基金理财产品，是老百姓日常生活中必须知道的理财方式，掌握了这两种理财的技巧，就可以成为生活中的理财达人了

（续表）

章节介绍	内容体系	作　用
第5章至第6章	讲解银行理财产品和保险理财的基础知识、实战技巧和风险防范技巧	银行理财产品和保险理财，是老百姓一生中两个重要的理财方式，只有掌握了相关的理财技巧，才能成为人生赢家
第7章至第13章	讲解银行存款理财、银行贷款理财、债券理财产品、贵金属理财、外汇理财、信托理财和信用卡理财	这里讲解银行中的常见理财类型，即存款理财、贷款理财、债券理财、贵金属理财、外汇理财、信托理财和信用卡理财，你可以根据自己的性格、实际情况来选择适合自己的投资理财产品，从而实现资产的保值和增值
第14章	讲解互联网理财故事秀，即讲解了不同人群的理财方案	"他山之石，可以攻玉"，根据不同人群的理财方案，读者再结合自己的实际情况，规划出适合自己或家庭的理财方案

本书服务

1) 自学课件

读者可以扫描我们的二维码即可下载本书的所有教学资源。

2) 扩展资源

读者可以扫描我们的扩展资源二维码来下载本书的视频课程等相关资源。

自学课件

扩展资源

本书适合的读者

本书适用于每个人、每个家庭、个人企业，更适用于一个初次进入理财市场的人。此外也适合一个已经在传统理财渠道摸爬滚打了很久的高手投资者。

创作团队

本书由周峰编著，张新义、周凤礼、陈宣各、周令、张瑞丽、周二社、王征、周俊庆等对本书的编写提出宝贵意见并参与了部分编写工作。

由于时间仓促，加之水平有限，书中的缺点和不足之处在所难免，敬请读者批评指正。

编者

目 录

第1章 每个人都必须知道的理财名词 ... 1

1.1 通货膨胀中常见的理财名词 ... 2
- 1.1.1 通货膨胀 ... 2
- 1.1.2 通货膨胀率 ... 4
- 1.1.3 消费价格指数（CPI） ... 5
- 1.1.4 批发价格指数（WPI） ... 6
- 1.1.5 国民生产总值平减指数（PGNP） ... 6
- 1.1.6 通货紧缩 ... 7
- 1.1.7 应对通货膨胀的技巧 ... 8

1.2 储蓄中常见的理财名词 ... 9
- 1.2.1 利息 ... 9
- 1.2.2 利率体系和利息计算 ... 11
- 1.2.3 利率市场化 ... 14
- 1.2.4 存款准备金率 ... 15

1.3 货币中常见的理财名词 ... 16
- 1.3.1 货币的起源 ... 16
- 1.3.2 货币的时间价值 ... 17
- 1.3.3 货币需求 ... 19
- 1.3.4 货币层次M0、M1、M2 ... 21
- 1.3.5 劣币驱逐良币 ... 22
- 1.3.6 货币替代 ... 23
- 1.3.7 铸币税 ... 25

1.4 信用中常见的理财名词 ... 26
- 1.4.1 信用与货币 ... 26
- 1.4.2 商业信用 ... 27
- 1.4.3 国家信用 ... 29
- 1.4.4 银行信用 ... 31
- 1.4.5 个人信用 ... 33
- 1.4.6 庞氏骗局 ... 35

1.5 融资中常见的理财名词 ... 38
- 1.5.1 金融中介 ... 38
- 1.5.2 债权融资 ... 40
- 1.5.3 股权融资 ... 43
- 1.5.4 VC ... 47
- 1.5.5 PE ... 47
- 1.5.6 洗钱陷阱 ... 48

第2章 重新安排您的理财计划 ... 53

2.1 必须知道的四条广义理财理论 ... 54
2.2 人生不同阶段的理财 ... 55
- 2.2.1 单身阶段的理财 ... 55
- 2.2.2 家庭形成阶段的理财 ... 55
- 2.2.3 中年稳定阶段的理财 ... 56
- 2.2.4 更年空巢阶段的理财 ... 56
- 2.2.5 退休安度晚年阶段的理财 ... 56

2.3 一生需要打理的钱财 ... 56
- 2.3.1 打点好自己的收入 ... 57

2.3.2 控制好自己的支出 57
2.3.3 储蓄好攒下的财 58
2.3.4 投资让钱生钱 58
2.3.5 打点好借来的财 58
2.3.6 打点好保险的财 58
2.4 理财的层次和技巧 58
2.5 理财的渠道 59
2.6 复利让财富倍增 60
 2.6.1 复利的定义 60
 2.6.2 复利的计算 61
 2.6.3 复利的应用 63
2.7 理财的误区 65
 2.7.1 理财的笼统性观念误区 65
 2.7.2 理财的支出和节省误区 66
 2.7.3 理财的债务和贷款误区 67
 2.7.4 理财的投资误区 68
2.8 规划好理财，享受复利 68
 2.8.1 摸清自己的资产状况 69
 2.8.2 设定自己的理财目标 69
 2.8.3 明确风险类型 70
 2.8.4 制定理财规划并执行 70

第3章 如何利用股票进行理财 71

3.1 股票理财的优势 72
3.2 怎样才能成为股票理财的赢家 72
3.3 股票理财的基本常识 73
 3.3.1 什么是股票 73
 3.3.2 股票的类型 74
 3.3.3 股票的价格 75
 3.3.4 股票的交易流程 76
 3.3.5 如何开户 76
 3.3.6 如何选择营业部 77
 3.3.7 股票的交易时间 78
 3.3.8 股票的限价委托与市价委托 79
 3.3.9 股票的交易单位 79
 3.3.10 股票的交易代码 79
 3.3.11 股票名字前的字母含义 80
 3.3.12 股票交易的报价方式 81
3.4 股票理财的分析技术 82
 3.4.1 基本面分析的特点 82
 3.4.2 技术分析的特点 83
 3.4.3 技术分析与基本面分析的联系 83
3.5 技术分析的类型 84
 3.5.1 K线分析技术 84
 3.5.2 趋势分析技术 84
 3.5.3 形态分析技术 85
 3.5.4 指标分析技术 85
3.6 正确认识K线 86
 3.6.1 强势K线 86
 3.6.2 较强势K线 87
 3.6.3 弱强势K线 87
 3.6.4 无势K线 88
3.7 正确识别股市的底部 89
 3.7.1 如何识别长期底部 89
 3.7.2 如何识别中期底部 90
 3.7.3 如何识别短期底部 91

- 3.7.4 千万不能把下跌途中的腰部当成底部 92
- 3.8 正确识别股市的顶部 93
  - 3.8.1 如何识别顶部市场特征 93
  - 3.8.2 如何识别利好顶部特征 93
  - 3.8.3 如何识别顶部技术特征 94
  - 3.8.4 千万不能把上涨途中的腰部当成顶部 94
- 3.9 股市买卖技巧 95
  - 3.9.1 先计划后买股 95
  - 3.9.2 牛市买股的切入点 96
  - 3.9.3 卖股票的关键点 99
  - 3.9.4 炒短线要选准时机 101
- 3.10 资金管理技巧 103
  - 3.10.1 报酬/风险比与获胜率 103
  - 3.10.2 获胜率与入市资金 104
  - 3.10.3 建仓的方法与技巧 104
  - 3.10.4 加仓或减仓的方法与技巧 .. 105
  - 3.10.5 止损的方法与技巧 107
  - 3.10.6 止赢的方法与技巧 108
- 3.11 学会做交易计划 109
- 3.12 良好的交易心态 111
- 3.13 江恩的24条守则 112
- 3.14 股票理财案例 113

第4章 如何利用基金进行理财 115

- 4.1 基金理财的优势 116
  - 4.1.1 集合理财,专业管理 116
  - 4.1.2 组合投资,分散风险 116
  - 4.1.3 利益共享,风险共担 116
- 4.2 什么人适合基金理财 117
- 4.3 基金理财的基本常识 118
  - 4.3.1 什么是基金 118
  - 4.3.2 基金管理公司和基金托管人 119
  - 4.3.3 基金的类型 120
  - 4.3.4 购买基金的渠道 121
- 4.4 基金理财的费用计算 122
  - 4.4.1 认购费和申购费 122
  - 4.4.2 费用的外扣法和内扣法 ... 123
  - 4.4.3 赎回费和转换费 124
  - 4.4.4 管理费和托管费 124
  - 4.4.5 前端收费和后端收费 126
- 4.5 基金理财的收益计算 127
  - 4.5.1 基金收益的组成 127
  - 4.5.2 基金收益计算方法 128
  - 4.5.3 基金收益分配原则 128
  - 4.5.4 基金收益分配方案 128
- 4.6 选择基金的方法与技巧 129
  - 4.6.1 寻找更能赚钱的基金 130
  - 4.6.2 参考基金以往投资业绩 ... 130
  - 4.6.3 选择基金考察基金规模 ... 131
- 4.7 基金理财的原则 132
  - 4.7.1 长期理财最重要 132
  - 4.7.2 价值投资要牢记 133
  - 4.7.3 不良理财习惯要改正 134
  - 4.7.4 老基金值得关注 134
- 4.8 基金理财的技巧 135

	4.8.1	入市时机很重要 135
	4.8.2	机会来时要敢于抓住 137
	4.8.3	认购与申购 137
	4.8.4	基金转换技巧 138
	4.8.5	建仓技巧 139
4.9	如何利用网上银行进行
	基金理财 141
	4.9.1	网上购买基金的方法 141
	4.9.2	网上基金定投的方法 144
4.10	基金理财的风险 147
4.11	基金理财案例 148

第5章　如何利用银行理财产品进行理财 151

5.1	银行理财产品概述 152
5.2	银行理财产品的类型 153
	5.2.1	人民币理财产品和外币理财产品 154
	5.2.2	保证收益理财产品和非保证收益理财产品 154
	5.2.3	债券型、信托型、挂钩型及QDⅡ型理财产品 155
	5.2.4	基本无风险、较低风险、中等风险及高风险理财产品 157
5.3	银行理财产品的构成要素 158
	5.3.1	发行者、认购者和期限 158
	5.3.2	价格和收益 159
	5.3.3	风险和流动性 159
	5.3.4	理财产品中嵌套的其他权利 ... 159
5.4	选择银行理财产品的技巧 159
	5.4.1	产品的预期收益和风险状况 160
	5.4.2	产品的结构和赎回条件 160
	5.4.3	产品的期限 160
	5.4.4	产品的投资方向 161
5.5	利用网上银行操作理财产品的方法 161
5.6	购买银行理财产品的注意事项 ... 165
	5.6.1	流动性风险不可忽视 165
	5.6.2	风险承受能力非常关键 166
	5.6.3	其他细节值得考量 166
5.7	银行理财产品理财案例 167

第6章　如何利用保险进行理财 169

6.1	保险概述 170
	6.1.1	什么是保险 170
	6.1.2	为什么说保险可以用来理财 170
	6.1.3	保险的起源 171
	6.1.4	保险的作用 172
6.2	保险的类型 173
	6.2.1	人身保险和损害保险 173
	6.2.2	原保险和再保险 174
	6.2.3	政策性保险和商业性保险 174
	6.2.4	自愿保险和强制保险 174
6.3	为什么要买保险 174
	6.3.1	给自己买保险，是对家庭负责任 175

6.3.2 居安思危，有备无患 175
6.3.3 保险理财=保障+投资 175
6.4 人生不同阶段的保险理财 176
6.4.1 单身一族的保险理财 176
6.4.2 有家一族的保险理财 177
6.4.3 银发一族的保险理财 177
6.5 保险理财的关键点 178
6.6 买保险的渠道 180
6.6.1 保险代理人 180
6.6.2 保险公司代理 180
6.6.3 电投网投 181
6.6.4 银行代理 181
6.7 买保险的注意事项 182
6.8 投保车险注意八大事项 182
6.9 保险在家庭理财中必不可少 184
6.9.1 家庭理财的类型 184
6.9.2 保险理财的优势 184
6.9.3 保险理财的注意事项 184
6.10 如何利用网上银行进行
保险理财 185
6.10.1 网上查看保险的方法 185
6.10.2 网上购买保险的方法 188
6.11 保险理财案例 192

第7章 如何利用银行存款进行理财 193

7.1 存款理财概述 194
7.1.1 什么是存款理财 194
7.1.2 存款理财的类型 194

7.1.3 存款利率及调整 195
7.1.4 存款保险制度 197
7.2 整存整取的理财方法 198
7.2.1 整存整取的特点 198
7.2.2 整存整取的起点金额与存期 199
7.2.3 整存整取的操作方法 199
7.2.4 利用网上银行操作
整存整取的方法 199
7.3 大额存单的理财方法 202
7.3.1 大额存单的历史和作用 203
7.3.2 大额存单的优势 203
7.3.3 利用网上银行操作
大额存单的方法 203
7.4 存本取息的理财方法 206
7.5 零存整取的理财方法 207
7.5.1 零存整取的适用额度
及类型 207
7.5.2 零存整取的利息计算 208
7.5.3 零存整取的注意事项 208
7.5.4 利用网上银行操作
零存整取的方法 209
7.6 通知存款的理财方法 210
7.7 银行存款理财方案 212
7.7.1 阶梯存储法 212
7.7.2 四分储蓄法 212
7.7.3 连月存储法 213
7.7.4 自动转存 213
7.7.5 活期存款存储 213
7.7.6 整存整取定期存款存储 213
7.7.7 通知存款存储 214
7.7.8 组合存款法 214

第8章 如何利用银行贷款进行理财 215

8.1 贷款理财概述 216
- 8.1.1 什么是贷款 216
- 8.1.2 贷款的种类 216
- 8.1.3 贷款的流程 217

8.2 如何贷款理财最合理 218
- 8.2.1 选择贷款种类 218
- 8.2.2 选择贷款银行 218
- 8.2.3 选择还款方式 219
- 8.2.4 注意相关细节 219

8.3 个人住房贷款的方法 219
- 8.3.1 什么是个人住房贷款 219
- 8.3.2 如何计算首套房的首付 220
- 8.3.3 首套房的认定标准 220
- 8.3.4 个人住房贷款需要提供的资料 221
- 8.3.5 个人住房贷款的手续及程序 222

8.4 汽车贷的方法 222
- 8.4.1 汽车贷的方案 222
- 8.4.2 贷款买汽车有三种途径 223
- 8.4.3 贷款购汽车程序 224
- 8.4.4 贷款购汽车所需资料 224

8.5 耐用消费品贷款的方法 224
- 8.5.1 什么是耐用消费品贷款 224
- 8.5.2 耐用消费品贷款的对象、金额及条件 224
- 8.5.3 耐用消费品贷款的担保方式 225
- 8.5.4 大额耐用消费品贷款 225
- 8.5.5 大额耐用消费品贷款的担保方式 226

8.6 个人创业贷款的方法 227
- 8.6.1 个人创业贷款的申请条件 227
- 8.6.2 个人创业贷款的申请资料 227
- 8.6.3 个人创业贷款的金额、期限及利率执行标准 228
- 8.6.4 获得创业贷款的方法 228

8.7 失业者小额贷款的方法 229
- 8.7.1 什么是失业者小额贷款 229
- 8.7.2 申请失业者小额贷款的流程 230

8.8 贷款理财案例 231

第9章 如何利用债券进行理财 233

9.1 债券概述 234
- 9.1.1 什么是债券 234
- 9.1.2 债券的特征 236
- 9.1.3 债券的基本内容 236

9.2 债券的种类 238
- 9.2.1 政府债券、金融债券和公司债券 238
- 9.2.2 抵押债券和信用债券 239
- 9.2.3 实物债券、凭证式债券和记账式债券 239
- 9.2.4 可赎回债券和不可赎回债券 240

9.3 投资债券的优势 241
9.4 投资债券的原则 241
9.5 影响债券投资收益的因素 242

- 9.5.1 债券的票面利率 243
- 9.5.2 市场利率与债券价格 243
- 9.5.3 债券投资的成本 244
- 9.5.4 市场供求、货币政策和财政政策 244
- 9.5.5 债券的利率 244
- 9.5.6 债券价格与面值的差额 244
- 9.5.7 债券的还本期限 245
- 9.6 债券理财的收益率计算方法 245
- 9.7 债券理财的风险 246
- 9.8 利用网上银行操作债券的方法 ... 246
- 9.9 债券的买卖技巧 249
- 9.10 债券理财案例 250

第10章 如何利用贵金属进行理财 251

- 10.1 贵金属概述 252
  - 10.1.1 什么是贵金属和贱金属 252
  - 10.1.2 什么是黄金 252
  - 10.1.3 什么是白银 253
  - 10.1.4 贵金属在当前经济生活中的角色 253
- 10.2 黄金和白银理财品种 254
  - 10.2.1 实物黄金和实物白银 254
  - 10.2.2 纸黄金和纸白银 257
  - 10.2.3 黄金现货延期交易Au（T+D）和银现货延期交易Ag（T+D） 257
  - 10.2.4 黄金期货和白银期货 259
- 10.2.5 黄金期权和白银期权 260
- 10.3 实物金理财的方法和技巧 260
  - 10.3.1 高赛尔金条理财特点 260
  - 10.3.2 高赛尔金条交易规则 261
  - 10.3.3 高赛尔金条的保管 262
  - 10.3.4 金条理财注意事项 263
- 10.4 实物银理财的方法和技巧 264
- 10.5 纸黄金理财的方法 265
  - 10.5.1 报价方式 265
  - 10.5.2 特点 265
  - 10.5.3 办理方式 266
  - 10.5.4 交易方式 266
  - 10.5.5 利用网上银行炒纸黄金 266
- 10.6 纸白银理财的方法 269
- 10.7 贵金属延期理财的方法 270
  - 10.7.1 贵金属延期交易的特点 271
  - 10.7.2 贵金属延期交易的内容 271
  - 10.7.3 贵金属延期交易的优势 272
  - 10.7.4 贵金属延期交易的开户 273
  - 10.7.5 行情和交易软件的下载、安装 274
  - 10.7.6 行情和交易软件的登录和操作 276

第11章 如何利用外汇进行理财 281

- 11.1 外汇概述 282
  - 11.1.1 什么是外汇和外汇交易 282
  - 11.1.2 外汇的特点 283

11.1.3 什么是外汇市场 284

11.2 外汇交易的价格——汇率 284
  11.2.1 汇率的标价方法 285
  11.2.2 汇率的标价原则 286
  11.2.3 汇率的类型 287

11.3 正确把握盈利机会 288
  11.3.1 抓住良机并果断决策 288
  11.3.2 善待新闻信息 289
  11.3.3 适时建仓、斩仓和获利 289
  11.3.4 金字塔式建仓 290
  11.3.5 巧用平均价技巧 290
  11.3.6 平仓技巧 291

11.4 养成良好的交易心态 292
  11.4.1 外汇投资不是赌博 292
  11.4.2 不要盲目追求整数点 292
  11.4.3 汇市没有常胜将军 293
  11.4.4 赔钱加仓要不得 293
  11.4.5 贪婪和恐惧是拦路虎 294
  11.4.6 盲目跟风就会损失惨重 295
  11.4.7 切勿亏生侥幸心 295

11.5 利用网上银行炒外汇 296
  11.5.1 先买入后卖出（做多）...... 297
  11.5.2 先卖出后买入（做空）...... 298

11.6 如何计算外汇理财的盈亏 299

第12章 如何利用信托进行理财 301

12.1 信托概述 302
  12.1.1 什么是信托 302

12.1.2 信托的类型 302
12.1.3 信托的基本特征 302

12.2 信托的门槛为什么是100万元 303
12.3 购买信托产品的流程 304
12.4 信托合同要这样看 304
  12.4.1 信托产品的预期收益 305
  12.4.2 信托产品的投资期限 305
  12.4.3 信托产品的安全性 305

12.5 如何签订信托合同 306
12.6 选择信托产品的技巧 306
12.7 买信托不可不知的五个重点 ... 308
  12.7.1 买信托不能只看合同 308
  12.7.2 信托经理到底有多不靠谱 ... 309
  12.7.3 信托产品的收益率
     不是你的收益率 310
  12.7.4 不只是长期资金
     才适合买信托 310
  12.7.5 信托产品和信托
     公司的关系 311

12.8 信托投资的六大误区 311
12.9 购买信托产品的风险 313

第13章 如何利用信用卡进行理财 317

13.1 信用卡概述 318
  13.1.1 什么是信用卡 318
  13.1.2 信用卡的功能 318

13.2 选择信用卡的技巧 319
  13.2.1 挑银行 319

13.2.2 选种类 319
13.2.3 看信用额度 320
13.2.4 看日常费用 320
13.2.5 看积分标准 320
13.3 办理信用卡的渠道 320
13.3.1 网点办卡 321
13.3.2 电话申卡 321
13.3.3 网上申卡 321
13.3.4 手机申卡 321
13.4 网上申请信用卡的技巧 322
13.5 信用卡省钱的技巧 322
13.5.1 出国、留学节省费用 323
13.5.2 提供多种免费保险 323
13.5.3 提供优惠买车险 324
13.5.4 消费积分，送机票 324
13.6 巧借信用卡"生钱"的技巧... 324
13.6.1 为他人刷卡，给自己免费
提现的"生钱"技巧 324
13.6.2 办多张卡，享受"免息"... 325
13.7 如何让自己的信用卡额度
飞涨起来 325
13.7.1 不要放弃初始额度 325
13.7.2 日常消费尽量多刷卡 326
13.7.3 选择适当的商户 326
13.7.4 刷卡买单"收"现金 326
13.7.5 适当办分期付款 327
13.7.6 及时还款保持"干净" 327
13.8 多张信用卡还款的技巧 327
13.8.1 多张信用卡还款之

同一家银行信用卡管理 327
13.8.2 多张信用卡还款之
不同家银行信用卡管理 328
13.8.3 多张信用卡还款之
第三方支付平台还款 328
13.8.4 多张信用卡还款之
非银行自助终端 329
13.9 信用卡增值服务多多 329
13.9.1 免费保险，不申请无理赔 ... 330
13.9.2 酒后代驾服务需事先预约 ... 330
13.9.3 缤纷白金卡，权益莫放弃 ... 332
13.10 信用卡"新型骗术"预防针 ... 332
13.10.1 这三类骗术，
你是否遇到过 332
13.10.2 如何构筑防骗屏障 333
13.11 信用卡理财案例 334

第14章 理财故事秀 335

14.1 潮男收入高大上，
如何理财不再月月光 336
14.2 月入2万元之家，如何规划理财
换购大房 337
14.3 结婚在即，准女婿如何理财
应对"丈母娘刚需" 339
14.4 面临"中年危机"，
二胎家庭如何理财? 340
14.5 儿子想出国，母亲如何理财
成就他的梦想 341

14.6 科技人才月入三万元，如何理财开科技公司 343
14.7 城市小白领月入不足1万元，如何做理财 344
14.8 家有"老年漂"如何理财 345
14.9 单身"奶茶小妹"月薪8K，如何理财3年圆有车有房梦 346

第1章

每个人都必须知道的理财名词

当前,理财是一种时尚,也是资产保值增值的必要手段。但要成为理财高手,就必须知道一些理财名词,如通货膨胀、通货膨胀率、通货紧缩、利息、市场利率化、存款准备金率、货币的时间价值、货币的层次、劣币驱逐良币、铸币税、信用与货币、债权融资、股权融资、VC、PE、洗钱陷阱等。

1.1 通货膨胀中常见的理财名词

生活在当今时代，人们对"涨价"已经见怪不怪。因为我们都明白，通货膨胀这一经济现象会长期存在，并且它像一个"隐形大盗"时时都在抢劫我们的财富。下面来讲解一下通货膨胀中常见的理财名词。

1.1.1 通货膨胀

通货膨胀是指货币供应过多而引起货币贬值、物价持续普遍上涨的现象。简单地说，通货膨胀就是东西越来越贵了，钱不值钱了。

例如，改革开放 40 多年来，人民币的购买力大约下降了 80%。猪肉从每斤 1.5 元上涨到 28 元多；汽油从每升 2 元多上升到了 6 元多；城市房价从每平方米 1000 元左右上涨到 2 万多；袜子从一双 1 元多上涨到 10 元多。

据统计，如果在改革开放之初，拥有 100 万元，单纯放到现在，只值当年的 15 万元。

我们要明白，长期的通货膨胀，相当于政府在向我们收取庞大的税收，财富在一天天的物价上涨中不断向政府转移。无处不在、无所不在的通货膨胀使我们的财富不知不觉地流失。只要我们持有货币，政府每一分、每一秒都在从我们手中收税，即使我们在睡觉，收税也在进行。

下面来看一下历史上典型的通货膨胀。

一般认为，通货膨胀是纸币条件下的特有产物，在金属货币流通条件下不可能发生。这种看法是不全面的，其实只要货币本身的价值小于其实际代表的价值时，就可能产生通货膨胀。

1. 铸币成色下降的通货膨胀

公元 138—301 年，古罗马发生了一次通货膨胀，其中军服的价格上涨了 166 倍；小麦的价格上涨了 200 倍，是什么原因造成这次通货膨胀的呢？很显然不是纸币，因为纸币在其后的 1000 年才出现。具体原因如下：

古罗马实行的是金属货币制度，包括金、银、铜和青铜，并且采用的是现金形式，是不应该产生通货膨胀的。但由于当时的政府为了强化其对资源的控制，相继削减铸币尺寸或在铸币中添加贱金属，同时却希望凭借自己的权威保持其价值不变。正是由于这种违背经济规律的行为长期存在，最终导致铸币贬值，物价上涨。

公元 235—284 年，古罗马政治陷入无政府状态，通货膨胀达到了极致，铸币急剧贬值，其中银币的含银量还不到 5%。

2. 贵金属过剩的通货膨胀

16世纪，西班牙物价上涨了4倍多，年上涨率为1.5%，这次通货膨胀的原因是贵金属过剩。1501—1600年，由于墨西哥和秘鲁出产了大量金银，并且不断涌入西班牙。由于金银的大量涌入，造成金银的过剩，进而造成货币过剩，从而推动物价上涨。但这次通货膨胀没有对西班牙产生什么不良影响，反而有助于西班牙经济的发展。我们可以想一下，年增长率为1.5%，这在当时经济发展过程中是一个再合适不过的经济数字了，由此我们要注意以下几点。

第一，货币不等于财富。

第二，温和的通货膨胀有助于经济的发展。

第三，贵金属货币制度并不能预防通货膨胀。

3. 德国的恶性通货膨胀

1923年德国发生了恶性通货膨胀。如果1922年1月的物价指数为10，那么1923年11月的物价指数就是1000亿，即你在1922年初持有3亿马克，两年后，这些钱连一块口香糖也买不了。一战后，德国失去了七分之一的领土和十分之一的人口，各种商业及工业产品均减少，同时还要赔偿大量外债。在这种情况下，德国不得不靠发行纸币来渡过难关，结果陷入灾难的深渊。

当时政府以极低的利率向工商业者贷款，同时投放巨额纸币，它们又很快贬值，从而贷款者可以用廉价的马克偿还贷款。"新富"在通货膨胀中发了横财，"旧富"面临崩溃，各种行业及个人家庭生活在此中都受到致命打击。

4. 苏联的恶性通货膨胀

在十月革命以前，俄国就已走上通货膨胀之路。十月革命后，为了保障政权，必须控制国家资源，因此，苏联发行了大量纸币，维持庞大的预算开支。1918—1920年，反动力量很快聚集，发起反扑。由于苏联经济基础薄弱，社会产品总量短缺，再加上连年战争，使生产得不到恢复，从而造成物品不能满足人们的基本需要，于是物价飞涨。

5. 国民政府时期的恶性通货膨胀

1935年国民党实行了"法币改革"，即宣布所有白银和银圆的持有者，应立即将其缴存政府，照面额换领法币。到1936年6月，国民党以此搜刮人民的白银高达2.25亿元。抗日战争期间，法币的发行额迅速增长。到抗日战争结束时，法币的发行额已是1937年7月抗日战争发生时的340多倍，同一时期的物价上涨了2000多倍。

抗日战争胜利后,国民党又发动了反人民的国内战争,这时法币的发行量更大,从 1937 年 6 月至 1948 年 8 月 21 日法币崩溃为止,法币发行量上升到 470000 倍,同时上海的物价上涨了 4927000 倍。大量发行法币的结果只能使法币急剧地贬值,1948 年 8 月,法币的购买力只有战前币值的五百分之一。

1937—1949 年,100 元法币的购买力变化如下:

1937 年,可买黄牛二头。

1938 年,可买黄牛一头。

1939 年,可买猪一头。

1941 年,可买面粉一袋。

1943 年,可买鸡一只。

1945 年,可买鸡蛋两个。

1946 年,可买固体肥皂六分之一块。

1947 年,可买煤球一个。

1948 年,可买大米 0.0024 两（每斤 16 两）。

1949 年,可买大米 0.00000000018 两。

几乎没有人喜欢通货膨胀,因为它会把我们手中的财富一点一点地吃掉。但通货膨胀客观存在,并且形成的原因很复杂。其实只要通货膨胀率不高,我们还是可以容忍的,毕竟低通货膨胀有利于经济发展,有利于我们就业。

1.1.2 通货膨胀率

在现实经济活动中,我们怎么判断是否发生了通货膨胀,通货膨胀的程度又如何呢?这就引出金融学中一个重要概念——通货膨胀率。

通货膨胀率是指货币超发部分与实际需要的货币量之比,用来反映通货膨胀、货币贬值的程度。

金融学中,通货膨胀率是指物价平均水平的上升速度。如果用气球来类比,那么气球的体积大小为物价水平,而通货膨胀率为气球膨胀速度。即通货膨胀率为货币购买力的下降速度。

在实际生活中,我们是无法直接计算出房产、股票、债券、基金、金银珠宝、名人字画等价格变化中的通货膨胀率的。世界各国最常用的办法是通过价格指数的增长率来间接表示通货膨胀率,这也是一种间接表示货币贬值了多少的方式。通货膨胀率的计算公式:

通货膨胀率 = [（本期价格指数 − 上期价格指数）÷ 上期价格指数] ×100%

通货膨胀的必然结果是一般物价水平的上涨,这样"本期价格指数"就会大于"上期价格指数",所以通货膨胀情况下的通货膨胀率是大于 0 的。注意通货紧缩情况下的通货膨胀率是小于 0 的。

> 提醒：通货膨胀率不是价格指数，即不是价格的上升率，而是价格指数的上升率。

下面来举例说明通货膨胀率。

如果你是一位 20 岁的年轻人，继承了一笔 200 万元的现金财产，你把这笔钱放在家中，什么也没有做。假如每年的通货膨胀率为 5%，那么等你 50 岁时，你手中的 200 万元的购买力仅相当于现在的 46.275 万元，计算方法：

$200 \div (1+0.05)^{30} = 46.275$ 万元

如果等到你 70 岁时，这 200 万元的购买力则仅相当于现在的 17.44 万元，计算方法：

$200 \div (1+0.05)^{50} = 17.44$ 万元

再例如，现在 100 元，假设每年的通货膨胀率分别为 1%、2%、3%、4%、5% 五种情况，那么 30 年后，100 元货币的购买力分别是多少呢？分别为 74 元、55 元、41 元、31 元、23 元。

通过上例，我们可以看到通货膨胀对我们手中的财富的侵蚀力。

1.1.3　消费价格指数（CPI）

如果想计算出某一时期的通货膨胀率，就必然需要知道这一时期的价格指数。反映"一般物价水平"的价格指数有三种，分别是消费价格指数（CPI）、批发价格指数（WPI）、国民生产总值平减指数（PGNP）。

消费价格指数是 Consumer Price Index，英文缩写为 CPI，是反映居民生活中的产品和劳务价格所统计出来的物价变动指标，通常是作为观察通货膨胀水平的重要指标。

消费价格统计调查涵盖全国城乡居民生活消费的食品烟酒、衣着、居住、生活用品及服务、交通和通信、教育文化和娱乐、医疗保健、其他用品和服务 8 大类、262 个基本分类的商品与服务价格。采用抽样调查方法抽选确定调查网点，按照"定人、定点、定时"的原则，直接派人到调查网点采集原始价格。数据来源于全国 31 个省（区、市）500 个市县、8.8 万余个价格调查点，包括商场（店）、超市、农贸市场、服务网点和互联网电商等。

如果消费价格指数升幅过大，表明通胀过度，会带来经济不稳定，央行就会有紧缩货币政策和财政政策的风险，从而会造成经济前景不明朗。因此该指数过高的升幅往往不被欢迎。例如，在过去 12 个月，消费价格指数上升 2.8%，那表示，生活成本比 12 个月前平均上升 2.8%。当生活成本提高，你手中的钱的价值便随之下降。也就是说，一年前收到的一张 100 元纸币，今日只可以买到价值 97.20 元的货品及服务。

> 提醒：一般情况下，当CPI>3%的增幅时，我们就认为通货膨胀来了；而当CPI>5%的增幅时，我们就认为是严重的通货膨胀。另外，消费品毕竟只是社会最终产品的一部分，不能说明全面的情况，所以用该指数来测定通货膨胀具有一定的局限性，须结合其他指标一起使用。

1.1.4 批发价格指数（WPI）

批发价格指数是 Wholesale Price Index，英文缩写为 WPI，是根据大宗商品批发价格的加权平均价格编制而得的物价指数。包括在内的商品有原料、中间产品、最终产品与进出口品，但不包括各类劳务。

批发价格指数对生产资料价格的变动有较为敏感的反映，可以预先判断对最后进入流通的零售商品价格变动可能带来的影响。批发价格指数为通货膨胀的征兆，是最常提及的三种价格指数之一。

> 提醒：用批发价格指数判断总供给和总需求对比关系有时也不够准确，可能会出现信号失真的现象。

1.1.5 国民生产总值平减指数（PGNP）

国民生产总值（GNP）平减指数是指按照当年价格计算的国民生产总值与按照固定价格计算的国民生产总值的比率，实际上就是名义 GNP 与实际 GNP 的比值。该指标主要用来衡量不同时期整个国家所生产、提供的最终产品和劳务价格总水平的变化程度。该指标的优点是包括的范围广，除消费品、劳务外，还包括生产资料和进出口商品等，因而能反映综合物价水平的变动情况。

该指标的缺点是容易受价格结构因素的影响进而造成错觉。例如当消费价格水平上涨过高、其他商品价格变动不大时，会给人一种国民生产总值平减指数不高的感觉，而实际上，这时人人都感觉消费品价格上涨过头了。

另外由于该指标覆盖面太广，从而造成资料收集比较困难，所以该指标通常一年只统计一次，因而不能迅速地反映整个国家通货膨胀的程度和走向。

1.1.6 通货紧缩

通货紧缩是与通货膨胀对应的一种货币现象。如今，很多政府动不动就拿通货紧缩说事，嚷嚷着通货紧缩会导致经济萧条。但事实并不是这样，下面来举例说明。

从19世纪70年代开始，美国物价急剧下降，到了19世纪90年代下降的趋势才停止。当时很多人都认为美国正在经历"大萧条"，但实际上这段时间恰恰是美国经济飞速增长的时期。原因在于美国西部大开发带来了空前的粮食大丰收，安德鲁·卡内基建立了钢铁王国，石油大王洛克菲勒开始开采"黑金"，即石油。

那么，为什么这段时间物价会下降呢？原因是美国内战引发的物价上涨过了头。

1. 什么是通货紧缩

通货紧缩是指商品和劳务价格总水平持续下降、物价疲软、货币供应量不断减少的过程。简单地说，当全社会的物价和成本普遍下降时，就表明出现了通货紧缩。关于通货紧缩，我们在理解时要注意以下几点。

第一，通货紧缩是一种实体经济现象。

通货紧缩常常与经济衰退相伴相随，表现为投资机会相对减少和投资的收益下降，由此造成货币供应不足、消费和投资需求减少、企业普遍开工不足、失业率增加、收入增长速度持续放慢、各个市场普遍低迷等现象。

第二，通货紧缩的具体表现是物价水平持续普遍地下降。

这里的物价严格地说应包括资产价格（如股票、债券、房地产、商品、服务）在内的价格指数，但考虑到统计上的局限，一般是指全国零售物价上涨率。如果全国零售物价上涨率在0值以下，且持续时间超过六个月，人们通常就认为已处于通货紧缩了。

第三，通货紧缩是一种货币现象。

当总需求持续小于总供给，或现实经济增长率持续地低于潜在经济增长率时，就会出现通货紧缩现象。

第四，通货紧缩与反通货膨胀之间既有联系又有区别。

联系在于两者都是物价涨幅出现下降。两者的区别表现为三方面，第一是水平不同，通货紧缩时物价负增长，而反通货膨胀过程中，物价增幅则处于相对较高的水平；第二是出发点不同，通货紧缩是非政策主导型的物价下跌，而反通货膨胀是在物价上升过快的情况下采取的相应政策；第三是程度不同，通货紧缩时物价变化可能是剧烈的，而反通货膨胀通常表现为价格在一个较小的水平上下降。

2. 通货紧缩效应

通货紧缩与通货膨胀都属于货币领域的一种病态，但通货紧缩对经济发展的危害比通货膨胀更为严重。

首先，通货紧缩会加速经济衰退。由于物价水平的持续下降，必然使人们对经济产生悲观情绪，持币观望，使消费和投资进一步萎缩，加速经济的衰退。

其次，物价的下降会使实际利率上升，企业不敢借款投资，债务人的负担加重，利润减少，严重时引起企业亏损和破产。由于企业经营不景气，银行贷款难以及时收回，出现大量坏账，并难以找到盈利的好项目，经营也会出现困难，甚至面临"金融恐慌"和存款人的挤提风险，从而引起银行破产，使金融系统面临崩溃。

最后，经济形势的恶化与人们的预期心理相互作用，会使经济陷入螺旋式的恶性循环之中。同时这种通货紧缩还会通过国际交往输出到国外，而世界性的通货紧缩又会反过来加剧本国的通货紧缩局面。

> **提醒**：在通货紧缩中，物价持续普遍下降，所以这时现金是最重要的。这时居民更容易体会到"现金为王"的真实含义，用老百姓的话说就是"现金是个好东西"，因为这时想买什么就能买到什么，而且物美价廉。

1.1.7 应对通货膨胀的技巧

通货膨胀是个人财富增长的敌人，要想战胜这个敌人，一个比较好也比较实用的方法就是投资。只要你的投资收益率能战胜通货膨胀率，你的财富就能实现保值，甚至增值。现实生活中，我们可以通过各种投资理财方式来抵销通货膨胀对财富的侵蚀，但需要针对不同的通货膨胀来选择不同的投资理财方式。

1. 应对温和通货膨胀的技巧

温和的通货膨胀，又称不知不觉的通货膨胀。这种类型的通货膨胀的特点是通货膨胀发展缓慢，短期内不易发觉，但持续时间很长，通货膨胀率在2%~5%。出现温和的通货膨胀，是经济健康、经济景气良好的表现。这个时候最好不要购买大量的生活用品或黄金，而应该把你的资金投入股票市场或房地产市场。如果手中持有的资产，已有不错的收益，也不要轻易卖出，因为更大的收益还在后面。

2. 通货膨胀率达到5%~10%时的应对技巧

当通货膨胀率达到5%~10%时，经济往往处于非常繁荣的时期，是股票市场和房地产市场热情高涨的时候。这时虽然政府会出台一些调控政策，但这些调控政策往往会被市场热情淹没。对于理性投资者来说，应该是离开股市和房地产市场的时候。

3. 应对小跑式通货膨胀的技巧

小跑式的通货膨胀，又称为快步的通货膨胀，其特点是通货膨胀率达到10%~30%，物价上涨速度较快，上涨幅度较大，导致人们为了避免受到损失而尽可能多地储存实物，不愿持有货币。当出现小跑式的通货膨胀时，往往经济明显已经过热，这时政府必然会出台一些更加严厉的调控政策。经济软着陆的机会不大，基本上经济紧接着会出现一段时间的衰退期。因此这时一定要离开股市。

房产作为实物资产问题不大，甚至是对抗通胀的武器，但这时绝不能贷款买房，这样财务成本就会很高。另外如果手中有多处房产，则可以减持，因为在经济衰退时期，房地产市场一定会受影响。这时，利率已经达到了高位，长期固定收益投资成为最佳选择，如长期债券、定期存款、储蓄型的保险等，但要小心企业债券，其偿还能力很可能会随着经济的衰退而减弱。

4. 应对恶性通货膨胀的技巧

恶性通货膨胀，又称奔驰的通货膨胀，其特点是物价急剧上涨，货币贬值持续发展，直至达到很大数字，经济生活秩序紊乱，甚至最终导致货币制度崩溃。发生恶性通货膨胀时，最好的办法是多选择黄金、古董等保值物品，以减少损失。这时千万不要选择金融产品，因为这时任何的金融产品都是垃圾，甚至实物资产（如房产）都不能要。

1.2 储蓄中常见的理财名词

当前，银行储蓄在居民理财的投资组合中依然占据着重要地位，但不少居民不知利息是怎么来？利息是怎么计算的？利率为什么会变化？利率变化对我们储蓄理财有什么影响？并且常常把存款准备金率误认为是利率。下面来讲解一下储蓄中常见的理财名词。

1.2.1 利息

谈起利息，相信大家都不陌生，因为我们常常把钱存到银行，银行就会给我们利息。但利息是怎么产生的？利息的作用又是什么？下面来详细讲解。

1. 什么是利息

利息是指借款者为取得货币资金的使用权,支付给贷款者超过借贷货币额的那一部分代价;或者说,是贷款者因暂时让渡货币资金的使用权,从借款者那里得到的超过借贷货币额的那一部分报酬。由于利息产生了货币的借贷,所以借贷货币额称为"本金"或"母金",而利息称为"利金"或"子金"。

决定利息额的因素有三项,分别是借贷货币额、借贷时间和利息率,其计算公式:

利息额 = 借贷货币额(本金)× 借贷时间 × 利息率

在认识利息时,一定要理解利息的实质,具体表现在以下三个方面。

1)利息是利润的一部分

货币本身是不会增值的,只有当货币转化为资本时,才具有增值的功能。货币所有者贷出货币,仅仅出让了货币的使用权;而借款人把借入的货币转化为资本投入生产和流通领域,经过劳动者的价值创造,使投入的货币增值,形成了利润。所以利息是利润的一部分,是劳动者为社会创造的剩余价值的表现形式。

2)利息是财富的分配形式

利息是财富的一部分,从而是社会总产品的组成部分,是社会财富在一定时期的增加额。借款者凭借货币的使用权增加了财富,贷款者凭借货币的所有权要求对财富加以分配,从而使利息成为社会财富的分配形式。

3)利息是借贷资本的价格

在实际生活中,多种融资方式并存使融资成为市场行为,金融工具成为商品。资金需求者通过出售金融商品而筹集资金,资金供给者通过购买金融商品而投资,资金供求关系转化为金融商品的买卖关系,利息成为金融商品买卖的价格。但实际上,多样化的金融商品都是特殊商品,即借贷资本的外在反映,因而,利息实际上是借贷资本的价格,利息的高低随着借贷资本供求关系的变动而变动。

2. 利息的作用

利息作为资金的使用价格在现代经济运行中起着十分重要的作用,主要表现为以下几个方面。

1)利息是银行吸收存款的重要手段

从居民方面来看,增加储蓄存款,并按照存期长短获取利息收入,可在经济上得到实惠。从企业角度来看,由于存储有利息,可以促使它们减少不合理的资金占用,主动把闲置的货币存入银行,以增加利息收入。所以,对存款客户付一定的利息,是银行聚集资金不可缺少的重要手段。

2）利息可促进企业提高资金使用效率

在税收一定的情况下，借款多少、期限长短以及利息负担轻重，对企业净利润的多少有直接影响。所以，借款的企业为了减少利息支出、增加净利润，就要争取少借款、短借款，并按期归还贷款，以避免罚息。所以，利息的存在，对企业精打细算、合理利用资金、加速资金周转、减少资金占有起了不可估量的作用。

3）利息可以调整财富的分配关系

利息既然是银行参与分配产业利润的一种经济形式，就必然在调整国家、银行、企业和个人等方面的经济利益关系方面起重要作用。例如，正确的居民储蓄利率，不仅可以把闲置的资金聚集起来，为国家积累更多的建设资金，还可以使居民在工资之外得到一份补充收入。

再如，正确的企业贷款利率，一方面使企业通过运用借入资金，扩大生产和流通，增加企业利润；另一方面通过支付贷款利息，使银行参与企业利润分配的要求得以实现。

又如，银行保持适当水平和利差，既可以使企业利息支出的负担尽可能合理，又可以保证银行正常的收益，以调动银行经营的积极性。

4）利息是调节经济的重要手段

由于利息收入与全社会的赤字部门和盈余部门的经济利益息息相关，因此，政府也能将其作为重要的经济杠杆对经济运行实施调节。

例如，中央银行若采取降低利率的措施，货币就会更多地流向资本市场，当提高利率时，货币就会从资本市场流出。如果政府用信用手段筹集资金，可以用高于银行同期限存款利率来发行国债，将民间的货币资金吸收到政府手中，用于各项财政支出。

1.2.2 利率体系和利息计算

利息水平的高低是用利率来表示的。在实际生活中，我们会碰到很多利率，如固定利率、浮动利率、年利率、月利率、存款利率、贷款利率、名义利率、实际利率、官方利率、市场利率等。为什么会有这么多让人听不懂的利率呢？下面进行详细讲解。

1. 利率及其表示

利率是利息率的简称，是指一定时期内利息额与本金的比率，通常用百分比表示，其计算公式：

利率＝（一定时期取得的利息额 ÷ 一定时期借贷的货币额）×100%

利率通常以年利率、月利率和日利率来表示。年利率是以年为单位计算利息；月利率是以月为单位计算利息；日利率又称"拆息"，是以日为单位计算利息。

月利率 = 年利率 ÷ 12

日利率 = 年利率 ÷ 360

> 提醒：在我国，习惯上不论年息、月息，还是拆息都用"厘"作单位，但实际上差别很大。例如，年息5厘，是指5%；月息5厘，是指0.5%；日息5厘，是指0.05%。

2. 利率体系

利率体系是指在一定时期内各种类型的利率按一定规则所构成的一个复杂的系统。按不同的标准来分，利率可分为不同的类型。

1）按借贷期内利率是否浮动分类

按借贷期内利率是否浮动分类，利率可分为固定利率与浮动利率。

◎ 固定利率：是指在借贷期内不作调整的利率。实行固定利率，对于借贷双方准确计算成本与收益十分方便，是传统采用的方式。"固定利率住房贷款"就是在贷款合同签订时即设定好固定的利率，在贷款合同期内，不论市场利率如何变动，借款人都按照固定的利率支付利息，不需要"随行就市"。

◎ 浮动利率：是一种在借贷期内可定期调整的利率。浮动利率一般适用于市场利率多变且时期较长的借贷业务。我们贷款买房的利率一般都为浮动利率。

2）按利率的真实水平分类

按利率的真实水平分类，利率可分为名义利率和实际利率。

◎ 名义利率：是指没有剔除通货膨胀因素的利率，也就是借款合同或单据上标明的利率。

◎ 实际利率：是指已经剔除通货膨胀因素的利率。

例如，如果一年期存款利率为4.5%，当年的通货膨胀率为3%，那么该存款的名义利率为4.5%，实际利率为 4.5%-3%=1.5%。

3）按利率的决定方式分类

按利率的决定方式分类，利率可分为官方利率、公定利率和市场利率。

◎ 官方利率：是指中央银行确定的利率，也称法定利率。

◎ 公定利率：是指由金融机构或银行业协会按照协商办法确定的利率，这种利率只适合于参加该协会的金融机构，对其他机构不具有约束力。

◎ 市场利率：是指根据市场资金借贷关系的紧张程度所确定的利率。

> 提醒：在我国，目前的利率标准基本上是官定利率。

4）根据国家政策意向分类

根据国家政策意向分类，利率可分为一般利率和优惠利率。

◎ 一般利率：是指不享受任何优惠条件下的利率。

◎ 优惠利率：是指对某些部门、行业、个人所制定的利率优惠政策。

在西方国家，商业银行通常对那些信用高、处于有利竞争地位的企业实行优惠利率；在我国，通常是对某些重点行业和领导干部实行优惠利率，如商业性住房贷款。

5）根据银行业务要求不同分类

根据银行业务要求不同分类，可分为存款利率和贷款利率。

◎ 存款利率：是指在金融机构存款所获利的利息与本金的比率。

◎ 贷款利率：是指从金融机构贷款所支付的利息与本金的比率。

6）按计算方式分类

按计算方式分类，利率可分为单利和复利。

◎ 单利：是指借贷期限内，只在原来本金上计算利息，对本金所产生的利息不再另外计算利息。

◎ 复利：是指在借贷期限内，除了在原来本金上计算利息外，还要把本金所产生的利息重新计入本金、重复计算利息，又称"利滚利"。

7）按借贷时间长短分类

按借贷时间长短分类，利率可分为短期利率和长期利率。

◎ 短期利率：是指借贷时间在一年以内的利率。

◎ 长期利率：是指借贷时间在一年以上的利率。

一般情况下，短期利率低于长期利率。

> 提醒：利率的各种类型之间是相互交叉的。例如，3年期的居民储蓄存款利率为8.6%，这一利率既是年利率，又是固定利率、长期利率与名义利率。各种利率之间以及内部都有相应的联系，彼此间保持相对结构，共同构成一个有机整体，从而形成一国的利率体系。

3. 利息的计算

利息的计算比较复杂，一般包括单利利息、复利利息、现值、终值概念。

1）单利利息

单利利息，不论时间长短，仅按本金计算利息，所生的利息不再加入本金重复计算利息，其计算公式：

单利利息 = 本金 × 利率 × 期数

例如，一笔整存整取定期 5 年的储蓄，本金为 10 万元，利率为 6.2%，到期时银行应付的利息是多少？到期银行应支付的本金利息之和为多少？

利息 = 10 × 6.2% × 5 = 3.1 万元

本金利息之和 = 10+3.1 = 13.1 万元

复利及其应用将在第 2 章详细讲解，这里不再多讲。

2）现值和终值

在通货膨胀下，将来的 1 元钱与现在的 1 元钱的价值是不相等的，即将来的 1 元钱没有现在的 1 元钱值钱，这就引入了现值和终值概念。

◎ 现值：是指货币资金在现在的价值。
◎ 终值：是指货币资金在将来某个时点的价值。

有了现值和终值概念，我们就应明白，同样的货币金额在不同时间点是不同的，不能直接相加减或比较，只能把它们折算成同一时间点上的金额才能进行相加减或比较。例如，如果 1986 年工资是 320 元，2019 年工资是 6400 元，注意这两个数字不能直接相加减或比较。即你不能说现在的工资是过去的 6400÷320 =20 倍，你也不能说现在的工资比过去增加了 6400-320= 6080 元，更不能说平均工资是（320+6400）÷2=3360 元。

下面进一步举例说明如何计算现值和终值。

例如，张平想为 1 岁多的女儿准备在 20 年后上大学的费用，于是在银行存入了 6 万元存款。如果未来 20 年的银行平均存款利率为 8%，那么 20 年后这笔资金将会变成多少？

这就是在求这笔 6 万元存款 20 年后的终值，具体计算方法：

$6 \times (1+8\%)^{20} = 6 \times 4.66 = 27.96$ 万元

再如，张平想为 1 岁多的女儿 20 年后上大学准备一笔 30 万元的资金，假如在 20 年中银行平均存款利率为 8%，那么现在他要存入多少钱呢？

这就是求 20 年后 30 万元的现值是多少，具体计算方法：

$30 \div (1+8\%)^{20} = 30 \div 4.66 = 6.44$ 万元

1.2.3 利率市场化

在日常生活中，我们常常会碰到这种情况，刚在银行存了一笔定期存款，银行利率上调了，为了获得更高的利息，我们就需要把这笔定期存款取出来，再重新存定期。这时心里会问，为什么利率会上调呢？

其实银行利率不断变动，就是利率市场化。利率市场化是金融改革的重要环节，也是人民币国际化的条件之一。推动利率市场化(如放开存款利率上限),有利于抑制通胀,加强银行竞争度,降低中小企业贷款难度等。

利率市场化是指把利率的决定权交给市场,即由市场主体自行决定利率的数量结构、期限结构、风险结构,中央银行只是通过调控基准利率来间接影响市场利率,从而实现调整货币政策的目的。

微观方面,利率市场化后,可以提高资金需求的利率弹性,使资金流动合理化、效益化,从总体上消除利率的所有制、部门、行业歧视,使利率充分反映资金的供求,使利率的水平与结构和信用风险紧密联系。宏观方面,市场化的利率在动员储蓄和储蓄转化投资方面都有不可替代的作用。

> 提醒:利率市场化的过程,实质上是一个培育金融市场由低水平向高水平转化的过程,最终形成完善的金融市场:融资工具品种齐全、结构合理;信息披露制度充分;赋有法律和经济手段监管体制;同时,利率市场化将有利于中央银行对金融市场间接调控机制的形成,对完善金融体制建设起到至关重要的作用。

1.2.4 存款准备金率

存款准备金,就是中央银行根据法律的规定,要求各商业银行按一定的比例将吸收的存款存入人民银行开设的准备金账户上,这样即可以保证客户提取存款和资金清算,又可以对商业银行利用存款发放贷款的行为进行控制。

所谓存款准备金率,就是中央银行要求的存款准备金占其存款总额的比例。

例如,如果存款准备金率为11%,就意味着金融机构每吸收100万元存款,要向央行缴存11万元的存款准备金,用于发放贷款的资金为89万元。倘若将存款准备金率提高到15%,那么金融机构的可贷资金将减少到85万元。

存款准备金率与利率是什么关系呢?

一般地,存款准备金率上升,利率会有上升压力,这是实行紧缩的货币政策的信号。存款准备金率是针对银行等金融机构的,对最终客户的影响是间接的;利率是针对最终客户的,比如客户存款的利息,影响是直接的。

存款准备金包括两种,分别是法定存款准备金和超额存款准备金。

- ◎ 法定存款准备金:是指中央银行在法律赋予的权力范围内,强制要求各银行按照规定比率从吸收的存款中提取一定金额,交存给中央银行。
- ◎ 超额存款准备金:是指商业银行的存款准备金减去法定存款准备金后的余额,可以是现金,也可以是其他流动性强的金融资产。

在银行吸收的存款总额一定的情况下，法定存款准备金率越高，商业银行能够用于发放贷款的资金就越少，从而导致能够生存的派生存款就越少。

什么是派生存款呢？派生存款是商业银行信用创造的核心，是由发放贷款而创造出的存款，即是多家商业银行之间连续不断地"存款""贷款"造成的，单独一家银行无法完成。下面来举例说明。

假如 A 银行吸收了一笔 20 万元的存款，这时的法定存款准备金率为 10%，那么 A 银行就要把 20×10% =2 万元存入中央银行的存款准备金账户上，能够用于发放贷款的数额是 20-2=18 万元。

A 银行把 18 万元贷款发放给了某企业，该企业取得这笔贷款后马上用于支付欠款给业务单位，业务单位把收到的支票存入了它的开户银行 B 银行。

这样 B 银行就有了一笔 18 万元的存款，B 银行又必须按照当时的法定存款准备金率提取存款准备金，即 B 银行又把 18×10% =1.8 万元存入中央银行的存款准备金账户上，能够用于发放贷款的数额是 18-1.8=16.2 万元。

就这样，这一过程一直延续下去，最终把涉及所有银行的存款进行累加后发现，存款总额已经扩大了许多倍，而累计后的存款总额减去初始存款，就是派生存款了。

派生存款产生的过程，就是商业银行吸收存款、发放贷款，形成新的存款额，最终导致银行体系存款总量增加的过程。其计算公式：

派生存款＝原始存款×（1÷法定存款准备金率－1）

例如，一笔 20 万元的存款，法定存款准备金率为 10%，那么该笔存款的派生存款是多少呢？

20×（1÷10% -1）=180 万元

1.3 货币中常见的理财名词

货币是人们既熟悉又感到困惑的东西。说我们熟悉它，是因为日常生活中我们都离不开它；说我们对它困惑，是因为到底什么是货币，货币的本质是什么不容易把握。下面来看一下货币的起源和常见的理财名词。

1.3.1 货币的起源

说起货币的起源就要追溯到原始社会（公元前 4000 年以前）。在原始社会初期，社会生产力水平很低，并且物资匮乏，为了使每个人都能活下来，人们采取公有制和按劳分配或按需分配的分配方式，人们既没有剩余产品又没有私有物品。

后来随着生产力的发展，人们有了剩余产品，同时私有制被确立下来，这时就具备了商品产生的条件，开始时交换只是一种偶然的现象。例如，用一张羊皮换一把锄头。马克思把它称作简单的、个别的或偶然的价值形式：

一张羊皮＝一把锄头

渐渐地，人们发现可以交换的东西有很多，用一张羊皮不但可以交换一把锄头，还可以换得一袋大米或一块麻布，或20斤茶叶，等等，这时交换就进一步扩大了。

马克思把这种形式称为总和的或扩大的价值形式：

一把锄头

或一袋大米

一张羊皮＝ 或一块麻布

或20斤茶叶

或其他

虽然这张羊皮同我们现在使用的纸币一样可以买锄头、买大米、买布、买其他的东西，但它还不是货币。因为一张羊皮可以换一把锄头、一块麻布……同样，一把斧子、一袋米也可以换一张羊皮，也就是说它们的关系是对等的，地位完全一样。要想成为货币就要有一种商品单独地固定下来被广泛地接受，固定地充当等价物。

这就是马克思所说的一般的价值形式：

一把锄头

或一袋大米

或一块麻布＝一张羊皮

或20斤茶叶

或其他

现在羊皮就具备了货币的形态，前面这些商品的价值都用羊皮来体现。总之，为了交换的方便，要求一种商品充当一般等价物，作为商品交换的媒介。而这种一般等价物就是我们通常所说的货币。

1.3.2 货币的时间价值

人们都知道，钱越放越不值钱，即今天的1元钱 ≠ 未来的1元钱，这个"≠"就引出了金融学中的一个重要概念：货币的时间价值。

1. 什么是货币的时间价值

货币的时间价值，又称资金的时间价值，是指货币随着时间的推移而发生的增值，即钱生钱，并且所生之钱会生出更多的钱。目前拥有的货币比未来收到的同样金额的货币具有更大的价值，因为目前拥有的货币可以进行投资，在目前到未来这段时间里获得复利。即使没有通货膨胀的影响，只要存在投资机会，货币的现值就一定大于它的未来价值。

> **提醒**：经济专家认为，货币的时间价值就是指当前所持有的一定量货币比未来获得的等量货币具有更高的价值。从经济学的角度而言，现在的一单位货币与未来的一单位货币的购买力之所以不同，是因为要节省现在的一单位货币不消费而改在未来消费，则在未来消费时必须有大于一单位的货币可供消费，作为弥补延迟消费的贴水。

2. 货币的时间价值产生的原因

货币的时间价值产生的原因共有以下三点。

1）货币的时间价值体现了资源稀缺性

经济和社会的发展要消耗社会资源，现有的社会资源构成现存社会财富，利用这些社会资源创造出来的将来物质和文化产品构成了将来的社会财富，由于社会资源具有稀缺性特征，又能够带来更多社会产品，所以现在物品的效用要高于未来物品的效用。在货币经济条件下，货币是商品的价值体现，现在的货币用于支配现在的商品，将来的货币用于支配将来的商品，所以现在货币的价值自然高于未来货币的价值。市场利息率是对平均经济增长和社会资源稀缺性的反映，也是衡量货币时间价值的标准。

2）货币的时间价值是信用货币制度下流通中货币的固有特征

在目前的信用货币制度下，流通中的货币是由中央银行基础货币和商业银行体系派生存款共同构成，由于信用货币有增加的趋势，所以货币贬值、通货膨胀成为一种普遍现象，现有货币也总是在价值上高于未来货币。市场利息率是可贷资金状况和通货膨胀水平的反映，反映了货币价值随时间的推移而不断降低的程度。

3）货币的时间价值是人们认知心理的反映

由于人在认识上的局限性，人们总是对现存事物的感知能力较强，而对未来事物的认识较模糊，结果导致人们存在一种普遍的心理就是比较重视现在而忽视未来，现在的货币能够支配现在商品满足人们的现实需要，而将来货币只能支配将来商品满足人们将来不确定的需要，所以现在单位货币价值要高于未来单位货币的价值，为使人们放弃现在货币及其价值，必须付出一定代价，利息率便是这一代价。

3. 货币的时间价值的现实意义

我们常常会遇到这种情况，例如是花 120 万元买一幢现房值呢，还是花 112 万元买 3 年以后才能住进的期房值呢？我们若想买一辆汽车，是花 27 万元现金一次性购买值呢，还是每月支付 5000 元，共付 6 年更合算？所有这些都告诉我们一个简单的道理：货币是具有时间价值的，今天的 1 元钱比明天的 1 元钱更值钱。

明天的 1 元钱不如今天的 1 元钱值钱，从另一个角度说，是因为有通货膨胀。普通投资者理财绝不要低估通胀的威力。假设平均每年的通胀率是 6%，如果你将你的财富置之不理，那么，12 年后通胀会将你原本的 100 万元蚕食一半，你的财富的实际购买力最终会剩下不足 50 万元！

所以为了让未来手中的 1 元钱比现在手中的 1 元钱更值钱，就必须学会理财，即在理财投资组合里面要包括一些在通胀背景下会升值的投资项目，如房地产、黄金、股票、股票型基金或者同类的理财产品。这种投资追求的是一个有效率地让钱生钱的过程，也是一个规避风险的过程。

1.3.3 货币需求

一个国家到底需要发行多少货币才合适呢？即货币发行量的依据是什么呢？人人都知道，如果货币发行量太多，就会引起货币贬值，造成通货膨胀；如果货币发行量少了，就会造成流动性不足，造成通货紧缩。

货币发行量的依据是货币需求，下面来具体讲解。

货币需求是指在特定利率下人们愿意以货币形式拥有其收入和资产的一种需求，这里包括两个要点，如图 1.1 所示。

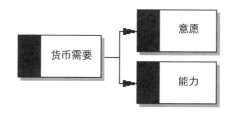

图1.1　货币需求

第一是意愿，即人们得到或持有货币的意愿，完全在于考虑自身的经济利益，是权衡利息成本、预期收益及市场风险等因素后的一种能动性选择。

第二是能力，即人们得到或持有货币的能力，受到其可支配收入和拥有财产的数额限制。

从某种意义上来说，货币需求就是一种由货币需求愿望、货币需求能力相互决定的特殊需求。

人们对货币有需求的原因是货币是最具方便性、灵活性、流动性的资产。持有货币能满足人们对货币的流动性偏好。人们持有货币是出于三种不同的动机,所以货币需求的类型也有三种,分别是交易性货币需求、预防性货币需求、投机性货币需求,如图1.2所示。

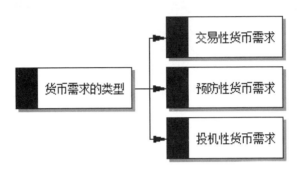

图1.2 货币需求的类型

1. 交易性货币需求

交易性货币需求是指人们为了应付日常的生活需要而形成对货币的需求。在日常生活中,每个人或家庭都需要购买各种各样的商品,需要支出货币;同时,个人或家庭从事经济活动时,也需要购买商品、材料、劳务等,从而需要支出货币。满足这两种需求所持有的货币就称为"交易动机"的货币需求。

2. 预防性货币需求

预防性货币需求是指人们为了应付意外事故而形成对货币的需求。预防性货币需求与利息率有密切的关系,当利率低,人们持有的成本低,人们就会持有较多的货币以预防意外事件的发生;当市场利率足够高,人们可能试图承担预防性货币减少的风险,将这种货币的一部分变为生息资本,以期获得较高的利息。

3. 投机性货币需求

投机性货币需求是由于未来利息率的不确定性,人们为了避免资本损失或增加资本利息,及时调整资产结构而形成的货币需求。现在,人们可以投资的品种较多,如股票、基金、期货、黄金、房地产等,如果你持有货币,则可以等待时机,以合算的价格买进或以比较低的价格买进,然后以较高的价格卖出,从而赚取差价。

影响货币需要的因素有如下7种。

◎ 利率水平

一般情况下,利率上升,货币需求减少;利率下降,货币需求增加。

◎ 信用制度是否健全

信用制度越健全，经济交易中越会采用信用交易方式，这样人们就不需要持有太多货币进行交易，从而使货币需求减少；如果信用制度不健全，则人们更愿意手中持有现金，这样就增加了整个社会的货币需求量。

◎ 物价水平

一般情况下，物价水平上涨，货币需求就会增加，因为同样数量的商品和劳务需要更多的货币与其对应；相反，物价水平下降，货币需求就会减少。

◎ 通货膨胀预期

一般情况下，预期通货膨胀上升时，人们担心货币会进一步贬值，从而转向购买实物资产而不愿意保存货币，因而对货币需求减少；预期通货膨胀下降时，则货币需求增加。

◎ 收入水平

一般情况下，人们的收入越多，消费支出必然增多，而消费支出越多，需要持有的货币就越多。同时，取得收入的时间间隔也影响货币需求，即在其他条件不变的情况下，人们取得收入的时间间隔越长，则对货币的需求也越多；反之，就会越少。

◎ 市场效率与交易成本

金融市场效率高和交易成本低，意味着一个国家的信用比较发达，金融市场比较完善。在这种条件下，相当一部分交易可以通过债权债务相抵销来结算，于是可以减少作为流通手段的货币需求。

◎ 人们的预期与心理偏好

人们的预期与心理偏好都是一种心理因素，具有一定的复杂性和不确定性。一般来说，当人们预期企业利润趋于增长时，就会增加交易性货币需求；相反，则减少货币的交易性需要。当人们预期证券投资收益丰厚时，就会减少货币需求量而转向持有证券；反之，则减少证券持有量而增加货币需求量。心理偏好全凭个人兴趣和社会媒体的诱导，如果偏好货币，则货币需求量增加；反之，则货币需求量减少。

1.3.4 货币层次M0、M1、M2

按照流动性的强弱，国际货币基金组织把货币分为三个层次，分别是M0、M1、M2。

1. M0（现钞）

现钞不包括商业银行的库存现金，而是指流通于银行体系之外的现钞，即老百姓和企业手中持有的现金。因为这部分货币可以随时作为流通手段和支付手段，所以流动性最强，放在了第一层次。

2. M1（狭义货币）

狭义货币包括 M0 和银行活期存款，因为银行活期存款可以签发支票进行转账结算而直接成为支付手段，所以也具有极强的流动性。我们平时在各种统计资料上见到的"货币"，就是指的 M1。

> 提醒：M1作为现实的货币购买力对社会经济活动有着广泛而直接的影响，所以各国都把控制货币供给量的主要措施放在这一层面上，使之成为货币政策调控的主要对象。

3. M2（广义货币）

广义货币包括 M1 和准货币。准货币一般是指银行的定期存款、储蓄存款、外币存款，以及各种短期信用工具，如国库券、银行承兑汇票等。准货币本身虽然不像货币，但由于在经过一定手续后能比较容易地转化为现实购买力，从而加大流通中的货币量，所以也称为近似货币。

> 提醒：广义货币层次的确立，对研究货币流通总体状况具有重大意义，特别是对金融制度发达的国家的货币计算，以及对未来货币流通走势的预测都有重要作用。

货币层次划分的意义包括以下 4 项。

（1）划分货币层次，可以统计和公布各层次货币供应量，这对加强和改善宏观经济管理具有重大意义。

（2）通过对货币供应量指标的分析，可以观察分析国民经济的变动。

（3）考察各种具有不同货币性的资产对经济的影响，并选定一组与经济的变动关系最密切的货币资产，作为中央银行控制的重点。

（4）有利于中央银行调控货币供应量，并及时观察货币政策的执行效果。

1.3.5 劣币驱逐良币

早在 16 世纪英国伊丽莎白时代，英国财政学家汤姆斯·格雷欣（1533—1603）发现了以下这个秘密。

消费者喜欢用成色较低的金属货币在市场上交易、流通，而把成色较高的金属货币储藏下来，这样久而久之，流通领域中就到处可见那些贵金属含量低的"劣币"，贵金属含量高的"良币"则因被人收藏而越来越少见。

于是格雷欣在给英国女王的一份改铸铸币建议中首次提出这一概念，后来被英国经济学家麦克劳德在著作《经济学纲要》中称之为"格雷欣法则"。

劣币驱逐良币规律是这样表现的：当金银市场比价与法定比价发生偏差时，法定价值过低的金属铸币就会退出流通，而法定价值过高的货币则会充斥市场。例如金银货币的法定比价为1:15，而市场金银商品比价为1:16，这时把金币熔化成金块按市价换成白银，把白银铸成银币再按法定比价换回金币，如此循环一周就可获得1份白银的收益，不断循环反复的结果是金币不断地退出流通，而银币则充斥市场，反之亦同。因此尽管法律上规定两种铸币可按法定比价流通，但实际上只有一种铸币在市场上流通，金贱则金充斥市场，银贱则银充斥市场。

"劣币驱逐良币"现象在现实生活中比比皆是。例如，平日乘公共汽车或地铁上下班，规矩排队者总是被挤得东倒西歪，几趟车也上不去，而不守秩序的人倒常常能够捷足先登，争得座位或抢得时间。最后遵守秩序排队上车的人越来越少，车辆一来，众人都争先恐后，搞得每次乘车如同打仗，苦不堪言。再例如，在有些大锅饭盛行的单位，无论水平高低、努力与否、业绩如何，所获得的待遇和奖励没什么差别，于是，年纪轻、能力强、水平高的就都另谋高就，剩下的则是老弱残病、平庸之辈，敷衍了事，这就是"劣币驱逐良币"原则在起作用。

在官场上，腐败现象如同瘟疫一样蔓延，不贪污受贿损公肥私只能吃苦受穷。而且，在众人皆贪的时候，独善其身者常常被视为异己分子，无处容身，被迫同流合污，否则会被排挤出局。最后廉吏越来越少，越来越无法生存，这还是"劣币驱逐良币"原则在起作用。

在软件市场上，盗版软件影响正版软件的制作和销售，从而危害软件业健康发展的趋势，这也是"劣币驱逐良币"原则在起作用。

在新闻传播领域，低俗传媒往往比高级严肃传媒更容易获得更大的市场，因为低俗报刊大量刊载媚俗的内容，有一定的读者群，严肃的高级报刊的读者往往少于低俗报刊。如黄色新闻能赚来更多的眼球和噱头。这还是"劣币驱逐良币"原则在起作用。

1.3.6 货币替代

货币替代，又称为"良币替代劣币"，经济学家又将这一规律称为"格雷欣法则Ⅱ"，那么什么是货币替代？货币替代有哪几种形式呢？下面来具体讲解。

1. 什么是货币替代

货币替代是指一国居民因对本币的币值稳定失去信心,或本币资产收益率相对较低时发生的大规模货币兑换,从而外币在价值储藏、交易媒介和计价标准等货币职能方面全部或部分地替代本币。从货币替代的定义当中可以看出,外币替代本币执行货币的职能时,货币替代就发生。货币替代又可两种,分别是直接货币替代和间接货币替代

2. 直接货币替代

直接货币替代是指两种或多种货币在同一经济区域作为支付手段相互竞争。也就是一个国家同时存在两种或多种不同的货币,都可作为支付手段用于商品交易,经济主体持有不同货币的交易余额,而且各种货币之间可以无成本地自由兑换。因此,直接货币替代是货币作为支付手段的职能的替代。

大量的实证研究发现,直接货币替代现象主要发生在金融开放程度较高的发展中国家。发达国家的直接货币替代程度都非常轻微,而间接货币替代程度则相对较高。例如美元化,指的是美元在美国以外的国家中排挤该国的本币,并逐渐获得该国法偿货币基本功能的过程。根据国际货币基金组织(IMF)的统计,近年来,在许多发展中国家及转轨经济国家中,外币存款占本国广义货币的比例普遍较高,而且呈上升之势,例如,美元存量在阿根廷、玻利维亚、乌拉圭的货币总量中所占比重分别是34%、77.5%、83%,美元以现金、活期存款、定期存款和有价证券等多种形式全面替代了这些国家的本币的职能。

3. 间接货币替代

间接货币替代主要是指经济主体持有以不同币种表示的非货币金融资产并在这些资产之间进行转换,从而间接影响对本国和外国货币的需求。人们对以不同货币表示的非货币金融资产的需求主要是出于规避投资风险的考虑,资产多元化可以减少预期外的经济或政治波动带来的损失。

除了不同币种的非货币金融资产的相互替代之外,同一币种的货币和非货币金融资产的替代也是间接货币替代的一种形式,它同样会通过间接的方式影响货币需求。在高通货膨胀时期或预期将会发生高通胀时,人们会更多地购买能够保值的固定资产,而尽可能减少货币持有量。与直接货币替代相比,间接货币替代更为普遍,对经济的影响也更加复杂。

货币替代现象是在布雷顿森林体系崩溃后出现的。在金本位制和布雷顿森林体系(金汇兑制)时代,各国货币按固定比例兑换,不存在汇率风险,因此也就没有货币替代现象。

> 提醒：货币替代之所以出现，是因为纸币本身没有价值，当发生通货膨胀或者货币贬值时，货币的购买力会降低，所以人们更愿意将劣币兑换成良币以避免购买力的损失。

1.3.7 铸币税

铸币税，又称货币税，简单地讲就是发行货币的收益。例如，一张100美元的钞票印刷成本也许只有一美元，但是却能购买100美元的商品，其中的99美元差价就是铸币税，是政府财政的重要来源。使用别国的货币，就是主动放弃了大量的财富。

铸币税从广义上讲，是泛指政府从货币发行中获得的收益，具体包括以下三项。

（1）中央银行所获得并上交中央财政的利润（创造基础货币过程中展开的资产负债利息差减费用）。

（2）中央银行和商业银行在货币创造过程中通过购买国债向中央财政提供的资金。购买国债也是商业银行资产运作的一个主要方式。

（3）财政直接发行通货所获得的收益。

从狭义上讲，由于中央银行代表国家发行货币，铸币税仅仅指中央银行所获得并上交中央财政的利润。由于经济运行对通货的需求，中央银行的基础货币将稳定地运行和扩张，运作资产负债的利润也会不断地增长，即使货币发行额不增长，中央银行通过对基础货币存量的运作，同样可以取得收益。

在汇率保持稳定的条件下，一国政府可以通过以下4条途径获得铸币税。

（1）在通货膨胀率为0的条件下，国际和国内利率的下降使货币的周转速度不断下降，社会对实际货币余额的需求增加，使民间部门向中央银行出售外国资产以换取本国货币，中央银行就可以通过印制钞票换取外汇储备。在这种情况下，政府通过增加外汇储备来获取铸币税。

（2）执行固定汇率制的国家，当世界其他国家出现通货膨胀时，随着国外价格的上升，由购买力平价理论导出国内价格也将会上升，名义货币余额的实际购买力将下降，对货币的超额需求就会产生，中央银行通过适量增加货币供给以抵销价格上升，使实际货币余额保持不变。在这种情况下，政府随着国内价格水平的上升收取了铸币税，并不减少任何储备。

（3）当一个国家的国内生产总值的潜在增长引起实际货币余额需求的同步增长时，如果中央银行增加的货币供给恰好能满足社会对实际货币的增长需求而不出现超额供给时，政府可以通过发行货币取得铸币税，而不会引起通货膨胀。

（4）当一个国家的国内商品供给过剩且存在失业时，政府实行扩张性财政政策，会引起实际货币的超额需求。如果央行所增加的货币供给恰好能满足政府通过公共工程建设所引起的实际货币的超额需求时，就不会出现货币的超额供给，政府也可以由此获得铸币税。

> 📢 提醒：当今世界各国政府已经把征收铸币税作为一项财政收入，但不同的国家征收铸币税的数额各不相同。在1975—1985年的10年间，美国每年所征收的铸币税占GDP的比重为1.17%，英国为1.91%，法国为2.73%左右。当政府部门入不敷出时，通常可以通过三种方式来偿付赤字：一是向公众借债；二是消耗外汇储备；三是印制钞票。

1.4 信用中常见的理财名词

当今是一个信用时代，如果国家没有了信用，那么纸币就会变得一文不值；如果企业没有了信用，那么其就无法立足，更谈不上发展；如果个人没有了信用，那么他就寸步难行。当然我们也要时时警惕各种各样的信用陷阱。

1.4.1 信用与货币

信用在金融学中有其特定的含义，并不是日常生活中我们所谈的某人不守信用，不讲诚信。金融学中的信用是指以偿还和付息为条件形成的商品或货币的借贷关系或债权关系。

> 📢 提醒：现代经济就是以多种信用形式（商业信用、银行信用、国家信用、消费信用、国际信用等）、信用工具（商业票据、支票、银行票据、股票、债券等）为纽带联结起来的信用经济。

作为经济范畴的信用，从形式上看，是一种特殊的价值运动，具体来说有以下两点。

（1）信用不是无条件的价值转换，而是有条件的借贷行为，即需要还本付息。

（2）信用是有价值的单方面转移，商品或货币的所有者在贷出商品或货币时，并没有立即取得货币，而是仅获得一种承诺，即到期时借者才将当初借入的货币偿还给贷者，并支付利息作为补偿。

现代经济社会十分重视保护债权人的合法利益，用法律规范债权债务关系，建立信用制度，以确保经济的正常运行。

信用与货币自古以来就存在着密切的联系，因为货币借贷不仅早就产生，并且是借贷的主要形式。这一方面说明货币在经济生活中的广泛存在为信用扩展创造了条件，因为货币的余缺要求信用调剂，这样货币作为借贷的对象也就成为约束债权债务关系的规则。另一方面，由于货币借贷的扩展，使不流动的货币流动起来，使金属货币的不足可由信用流通工具的创造得到补充，从而成为推进商品货币关系的重要因素。

在资本社会之前，信用与货币虽然有密切联系，但金属铸币制度在很长的历史时期中都是独立于信用关系之外的。例如，实物借贷的长期存在，这可以看出，信用发展相对货币运动的独立性。

发展到资本社会，情况就发生了本质变化，因为信用货币（纸币）最终取代了金属货币而成为流通中货币的基本形式。在这种情况下，任何独立于信用活动之外的货币制度已不复存在。相应地，任何信用活动都同时是货币的运动，即信用的扩张意味着货币供给的增加；信用的紧缩则意味着货币供给的减少。

长此以往，货币与信用就不可分解地联系在一起，一个由货币和信用相互渗透所形成的新范畴产生了，它就是金融。

1.4.2 商业信用

诚实守信是做人的基本准则，也是企业在市场经济中的生存之本。商业信用是企业的灵魂，如果没有信用，企业生存都成问题，更何谈发展。

1. 什么是商业信用

商业信用是指企业之间在买卖商品时采用赊销方式而形成的借贷关系。其交易就是商品从卖者手中转移到买者手中，但卖者并没有相应地从买者手中得到商品和货币，于是，双方的买卖关系便演变成债务人和债权人的关系。

商业信用的形式主要有赊购商品、预收货款和商业汇票。下面来看一个靠赊购商品生存下来的实例。

老张是做电脑生意的，也是一个非常讲信用的人，他所进的各种电脑配件从不拖欠货款，总是先付款后提货，也正是这种守信为他在业界树立了不错的口碑。

有一年，经济不好，电脑生意不好做，很多做电脑生意的都关门大吉了，但精明的老张却认为，只要现在能够继续生存下来，一段时间后，电脑市场肯定能好转，并且比经济景气时还好。

可是，想继续做生意，就必须进电脑配件，但老张手中没有那么多流动资金，于是老张就找到供应商，要求先赊一部分配件，等卖出盈利后立即归还欠款。供应商听完后，立马答应了他的请求，原因是老张是一个守信用的人，自己信得过他。老张靠着自己的信用，使公司生存下来，这就是商业信用的力量。

商业信用是社会信用体系中最重要的一个组成部分，由于其具有很大的外在性，因此，在一定程度上影响着其他信用的发展。从历史的角度而言，中国传统的信用，本质上是一种道德观念，包括两个部分，一个部分为自给自足的以身份为基础的熟人社会的私人信用，一个部分为相互依赖的契约社会的商业信用。

2. 商业信用的作用

商业信用是企业的润滑剂，能够促进生产和产品的流通，是其他信用形式无法替代的。其具体作用如下。

1）融通资金，促进生产发展

企业通过商业信用，可以为自己提供一种便利而又快捷的融资服务，以缓解企业对流动资金的需求，维护企业的连续不断发展。

在青岛某商业繁华区，有一家开业近两年的某理发店，吸引了附近一大批稳定的客户，每天店内生意不断，理发师难得休息，加上店老板经营有方，每月收入颇丰，利润可观。

由于经营场所限制，始终无法扩大经营，该店老板很想增开一家分店。但由于本店开张不久，投入的资金较多，手头资金不足以另开一家分店。平时，有不少熟客都要求理发店能否打折、优惠，该店老板都很爽快地打了九折优惠。

该店老板苦思开分店的启动资金时，灵机一动，不如推出10次卡和20次卡，一次性预收客户10次理发的钱，对购买10次卡的客户给予八折优惠；一次性预收客户20次的钱，给予七折优惠。

对于客户来讲，如果不购理发卡，一次剪发要40元，如果购买10次卡（一次性支付320元，即10次×40元/次×0.8=320元），平均每次只要32元，10次剪发可以省下80元；如果购买20次卡（一次性支付560元，即20次×40元/次×0.7=560元），平均每次理发只要28元，20次剪发可以省下240元。

该店通过这种优惠让利活动，吸引了许多新、老客户购买理发卡，结果大获成功，两个月内该店共收到理发预付款7万元，解决了开办分店的资金缺口，同时也稳定了一批固定的客源。

通过这种办法，该理发店先后开办了5家理发分店，2家美容分店。

理发店老板就是凭借自己良好的商业信用，实现了发展和壮大自己事业的梦想。

2）减少存货，增加销售收入

企业间提供的商业信用，既满足了一方生产经营需要，也有利于对自身资产的充分利用，同时还减少了库存压力，降低了存货风险和仓储费用，加快了存货的流通速度和资金周转，提前确认了企业的销售收入，增加了企业的效益。

1.4.3 国家信用

随着股票、基金、期货等理财工具进入金融投资市场,居民购买国债的热情大减。但 2008 年,金融危机爆发,很多投资者的股票、基金等金融资产在一夜之间大幅度缩水,居民对国债重拾热情,很多营业部出现"排队购买国债"的景象,这是为什么呢?其中最主要的原因就是国家信用。

1. 什么是国家信用

国家信用是以国家或政府为主体进行的一种借贷活动。国家按照信用原则以发行债券(国内公债、国外公债、国库券)等方式,从国内外货币持有者手中借入货币基金,因而国家信用是一种国家负债。

按信用资金来源分类,国家信用包括两种,分别是国内信用和国际信用。

(1)国内信用:是指国家通过发行公债向国内居民、企业取得信用,筹集资金的一种信用形式,它形成国家的公债。

(2)国际信用:是指国家向外国政府或国际金融机构借款以及在国外金融市场上发行国外公债,向国外居民、企业取得信用,筹集资金的一种信用形式,它形成国家的外债。

原始的、不规范的国家信用,在中国很久以前就产生了。

例如,战国时期周赧王(公元前 314—前 256)由于负债太多无力偿还,避居高台之上,周人称为逃债台。东汉时期,政府财政拮据,有时也向富户和贵族举债。以后历代也有向公众举债以充国用的。

一个国家财政赤字产生的原因很多,常见的原因有以下三种。

(1)战争,除生命的巨大损失外,还要耗费大量社会财富,财政开支剧增。

(2)政府腐败,不注意发展经济,官吏贪占国家资财,奢侈浪费无度,一般以债券形式弥补财政赤字。

(3)脱离国力发展经济,财政超前支出。

2. 我国国债发行历程

作为发展中国家,我国要发展经济,就要创造经济发展的环境和条件,必须开拓原材料工业,发展电力能源工业和交通运输,进行必要的市镇建设,发展服务行业等。这类基础设施建设耗资巨大,超过当年财政负担能力,就会形成赤字。

1981—1986 年,国家信用的初始阶段。改革之初发行国库券的出发点在于弥补财政赤字。1986—1991 年,偿债高峰期。这一时期出现了国债偿还的问题。1986 年还本付息金额仅 50 亿元左右，列入当年预算，影响不大。但到了后来，每年还本付息的规模逐渐日益扩大，这时，除了对单位的部分到期债采取发行转换债或推迟偿还之外，主要是通过发行新债偿还旧债。

1991—1996 年，走向市场化。从 1988 年开始，国债二级市场在部分城市进行试点。1990 年下半年到 1991 年初，国债市场由普遍抛售转为普遍求购，1991 年全面放开二级市场。在一级市场，1991 年实行证券中介机构承购包销方式。1995 年实行招标发行试点。1996 年进行重大改革，采取投标发行的市场化发行方式，付息债采取收益率招标，无记名债在定利率和定条件的前提下采取划款期招标的方法。

市场化试点最初是为了改善国债的发行条件和提高国债利率一样，是筹集资金的手段，这是因为中国的国债大都是长期国债，流动性很差，开辟二级市场便于短期资金流入，而一级市场发展一开始也是为了方便销售，之后采取招标方式使利率水平接近市场利率，思路仍是降低发行成本，调动承销机构的积极性，保证完成国债发行任务。但这些市场化的改革，对于中国金融市场、金融资产及商业银行和中央银行的行为，都产生了一定的影响，国家信用的作用得到进一步发展。

3. 国债的基本形式

国债的基本形式有三种，分别是公债、国库券、专项债券。

（1）公债：是一种长期负债，一般在 1 年以上甚至 10 年或 10 年以上。通常用于国家大型项目投资或较大规模的建设。在发行公债时并不注明具体用途和投资项目。

（2）国库券：是一种短期负债。以 1 年以下居多，一般为 1 个月、3 个月、6 个月等。

（3）专项债券：是一种指明用途的债券，如中国发行的国家重点建设债券等。

4. 国家信用的作用

国家信用的作用共有以下三点。

1）国家信用是动员国民收入弥补财政赤字的重要工具

由于种种原因，当前很多国家都会在财政预算安排时支出大于收入，从而出现不同程度的财政赤字。弥补财政赤字的方法有三个，分别是增加税收、发行货币和发行债券。

世界各国几乎都采用发行国债筹集资金以弥补赤字，因为采用国家信用方式可以避免因增加货币而导致通货膨胀，或因增加税收而引起经济增长速度的减缓。

同时，对于购买者来说，国债较安全，收益也较高，被称为"金边债券"，很受投资者欢迎，甚至出现排队购买现象。

2）国家信用是商业银行调节资产结构的工具

商业银行和其他金融机构持有国库券等国家债券，既可以收益，又可以作为流动性较强的准备资产，这样可以调节自身资产负债比例结构。

3）国家信用是调节货币供应量、实施宏观调控的重要杠杆

国家信用发行的国库券、公债等，信誉和流动性都远高于其他信用工具，中央银行可以通过金融市场买卖国家债券，实施货币供应量的调节，使财政政策和货币政策密切配合，实现宏观经济目标。

1.4.4 银行信用

日常生活中，如果你手中有一部分闲置资金，你又对投资不在行，相信你一定会把这些钱存在银行。因为在我们潜意识中，把钱存在银行是最安全的，而实际上也是这样。为什么把钱存在银行安全呢？其根本原因在于银行信用。

1. 什么是银行信用

银行信用是银行或其他金融机构以货币形式提供的信用。它包括两个方面，一是通过吸收存款，集中社会各方面的闲置资金；二是通过发放贷款，对集中起来的闲置资金加以运用。下面举例来说明一下银行信用。

老王在青岛市南区看中一套价值200万元的房子，按照首付三成的比例，他需要拿出 $200 \times 30\% = 60$ 万元的首付款。

虽说老王家庭收入不算低，但他表示最近股市比较好，不太想动用股市里的钱支付首付款。而是想通过抵押自己住的房子支付首付款，然后再办理住房按揭贷款。也就是说，200万元的房款全部通过银行贷款方式支付。

老王这一打算不错，但他向招行、建行、工行、青岛银行等银行工作人员咨询了一圈下来，发现银行根本无法满足他的要求。所有银行均表示抵押贷款不能作为购买房子的首付款，也有银行直接告知，房屋抵押率最多只做到七成左右，有的银行还表示利率会上浮10%。

工商银行的一位工作人员说，只要是用于购房、买车、旅游等消费，均可申请办理个人抵押贷款，但是必须出具贷款用途证明。例如，抵押贷款用于购房，客户需要提供购房合同、首付款收据等。

为了降低经营风险与控制放贷规模，很多银行在办理贷款时，对贷款的用途审查得更加严格。

银行对贷款部门或个人进行严格的审批，降低了银行收回贷款的风险，这样在一定程度上就能够保证储户存款的安全。试想，如果银行放松了对贷款的审批，人

人都能从银行贷款,不管是买房还是买车,只要向银行审批就能贷到款,但贷款人却没有能力去偿还银行的贷款,长期下去,银行面临的不仅是储户的存款不保,还有可能倒闭,美国次贷危机就是一个明证。

2. 银行信用的优势

银行信用的优势共有以下三点。

(1) 克服商业信用局限性。上游企业贷给下游企业,也可下游贷给上游。可小额聚成大额,也可大额分散成小额。满足长、中、短贷款的不同需求。

(2) 规模大、成本低、风险小。

(3) 能够创造信用。发放贷款给企业,企业根据需要,可再次贷款给其他企业。

3. 银行的信用评级

银行的信用评级是对银行内在的安全性、可靠性的判断,反映了对银行陷入困境而需要第三方(如银行所有者、企业集团、官方机构等)扶持的可能性的意见。

银行的财力级别可分为 A 等和 B 等,A 等又分为 AAA 级银行、AA 级银行、A 级银行;B 等又分为 BBB 级银行、BB 级银行、B 级银行。

AAA 级银行拥有极强的财务实力。通常情况下,它们都是一些主要的大机构,营运价值很高且十分稳定,具有非常好的财务状况以及非常稳定的经营环境。

AA 级银行拥有很强的财务实力。通常情况下,它们是一些重要的大机构,营运价值较高且比较稳定,具有良好的财务状况以及较稳定的经营环境。

A 级银行拥有较强的财务实力。通常情况下,它们具有一定的营运价值且相对稳定。这些银行或者在稳定的经营环境中表现出较好的财务状况,或者在不稳定的经营环境中显示出可以接受的财务状况。

BBB 级银行的财务实力一般,它们常常受到以下一个或多个因素的限制:不稳固或正处于发展中的营运价值;较差的财务状况;或不稳定的经营环境。

BB 级银行财务实力很弱,周期性地需要或最终需要外界的帮助与支持。这类机构的营运价值不可靠,财务状况在一个或多个方面严重不足,经营环境极不稳定。

B 级是银行财务实力最弱的一个级别。B 级银行缺乏必要的营运价值,财务状况很差,经营环境极不稳定,经常需要外界的扶持。

> 📶 提醒:评级符号 A~AAA 后可以加上调整符号"+"或"-",分别表示比相应级别的质量稍高或稍低。

银行信用评级过程虽然与其他债券发行人的基本相同,但由于银行是特殊企业,是高风险企业,因此银行信用评级远比一般企业评级要复杂得多。

目前，常用的银行信用评级方法是以银行所在国的主权评级为上限，在比较该国银行的实力后，得出某家银行的信用评级。

> 提醒：如某银行得到其他国家银行的出资或其他支持时，该银行的信用评级可以高于银行所在国的主权评级。

在社会信用体系中，银行信用是支柱和主体信用，是连接国家信用和企业信用、个人信用的桥梁。在整个社会信用体制的建设中，具有先导和推动作用。可以说，银行信用的正常化，是整个社会信用健全完善的重要标志，也是构筑强健金融体系的基石。

1.4.5 个人信用

俗话说，好借好还，再借不难。方便、快捷、安全的信用卡消费已经成为当下流行的消费方式，不少"月光族"甚至已适应了透支信用卡的"负翁"生活。但持卡人在享受透支消费带来的优越感时，银行这个"小金库"常常会翻脸不认人，毁掉我们的"钱"程，让我们的麻烦不断，这就引出了金融学中的一个重要概念——个人信用。

1. 个人信用的由来

从2005年8月起，由中国人民银行主导推行的全国统一个人信息数据库基本实现了各商业银行联网试运行，全国共有127家商业银行联网，共享个人信用记录。该个人征信系统已经基本上把银行发放的个人消费贷款、住房贷款、汽车贷款、信用卡透支等信息都收集进来了。

个人在全国任何一家银行所开设的账户，都将汇集到同一身份证号下，这也意味着此后个人无论在国内任何一个地方、任何一家银行的"不良记录"，全国各家银行的信贷审查人员均可查询得到。

个人信用根据居民的家庭收入与资产、已发生的借贷与偿还、信用透支、发生不良信用时所受处罚与诉讼情况，对个人的信用等级进行评估并随时记录、存档，以便信用的供给方决定是否对其贷款和贷款额度的制度。

个人征信系统相当于为个人建立了一个信用档案，每一次按时支付水、电、燃气和电话费，以及按时向银行还本付息，都会为个人积累信誉财富，可以用作银行借款的信誉抵押品，为以后在全国获得银行贷款提供方便。当然个人征信系统不是谁都可以查询的，它会保护我们的个人信息，这一点我们也不用太担心，如图1.3所示。

图1.3　个人征信系统

个人信用已经成为我们的"第二身份证"。如果你的个人信用有了污点,即具有逾期还贷、恶意透支等不良的信用记录,那么全国各地都会封杀你贷款买房或办理信用卡。如果我们有良好的个人信用,将会为我们带来更优惠的信贷条件和额度。

2. 信用污点会毁掉我们的梦想

个人征信系统开通后,只要与银行发生过信贷关系的人,都会在银行个人信用系统中留下信用记录,包括个人身份识别、个人贷款信用、个人信用卡信用等。被列为风险类客户的借款人,再申请新的贷款获批的可能性会较小,甚至拒绝其贷款申请,下面举例来说明。

2017年10月,准备结婚的小王在青岛某房地产公司看好一套小户型的房子,于是就向银行申请了按揭贷款买房,谁知却被银行拒绝了,原因是小王的信用记录不良。事情还得从2015年说起,那时小王在银行办了一张信用卡,主要是为了购买一些大的家用电器,考虑到信用卡分期付款的功能,小王在拿到信用卡后的两个月里,购买了电视、电脑、冰箱、洗衣机等家用电器,共计透支2万元。

由于工作稳定,小王认为自己有能力还上这笔钱,但正当他准备还款时,却突然失去工作。小王认为,透支信用卡没有什么要紧的,等找到工作再还吧。三个月后,小王找到了新工作,随后几个月内,小王每月都会还银行一部分钱,几个月后,小王终于还完了这笔钱。本以为还完钱就没事了,直到这次贷款才发现,那次的透支消费给自己带来了这么大的麻烦。

另外,水电费、电话费、燃气费等公用事业费用,也是个人信用记录中的一部分。有了信用体系的约束,今后会一并载入欠费者的银行信用记录,甚至纳入"黑名单",影响个人住房按揭或其他贷款项目。

1.4.6 庞氏骗局

金融投资市场中的陷阱无所不在，泡沫到处都是，我们一定要小心，否则稍不留神就会掉进陷阱。

1. 庞氏骗局及其由来

庞氏骗局是一项阴谋诡计，公司管理层十分清楚自己的产品或服务无法产生所吹嘘的利润。但仍然能源源不断吸引新的投资者加入，因为投资者相信这种根本站不住脚的承诺。每加入一位投资者，计划就获得了新的资金，利用这些新的资金向原先投资者进行偿付，同时向管理层支付佣金。而当不再有新投资者加入时，庞氏骗局就出问题了，即有些人就得不到偿付，这时，计划管理者往往将资金席卷一空，逃之夭夭。下面来看一下其由来。

"庞氏骗局"源自一个名叫查尔斯·庞兹的意大利人，1903年其移民到美国。在美国干过各种工作，包括油漆工，一心想发大财。他曾经在加拿大因伪造罪而坐过牢，在美国亚特兰大因走私人口而蹲过监狱。

经过美国式发财梦十几年的熏陶，庞兹发现最快速赚钱的方法就是金融，于是，从1919年起，庞兹隐瞒了自己的历史来到了波士顿，设计了一个投资计划，向美国大众兜售。

这个投资计划说起来很简单，就是投资一种东西，然后获得高额回报。但是，庞兹故意把这个计划弄得非常复杂，让普通人根本搞不清楚。1919年，第一次世界大战刚刚结束，世界经济体系一片混乱，庞兹便利用了这种混乱。他宣称，购买欧洲的某种邮政票据，再卖给美国，便可以赚钱。国家之间由于政策、汇率等因素，很多经济行为普通人确实不容易搞清楚。

其实，只要懂一点金融知识，专家都会指出，这种方式根本不可能赚钱。然而，庞兹一方面在金融方面故弄玄虚，另一方面则设置了巨大的诱饵，他宣称，所有的投资，在45天之内都可以获得50%的回报。而且，他还给人们"眼见为实"的证据：最初的一批"投资者"的确在规定时间内拿到了庞兹所承诺的回报。于是，后面的"投资者"大量跟进。

在一年左右的时间里，差不多有4万名波士顿市民傻子一样地变成庞兹赚钱计划的投资者，而且大部分是怀抱发财梦想的穷人，庞兹共收到约1500万美元的小额投资，平均每人"投资"几百美元。当时的庞兹被一些愚昧的美国人称为与哥伦布、马尔孔尼（无线电发明者）齐名的最伟大的三个意大利人之一，因为他像哥伦布发现新大陆一样"发现了钱"。庞兹住上了有20个房间的别墅，买了100多套昂贵的西装，并配上专门的皮鞋，拥有数十根镶金的拐杖，还给他的情人购买了无数昂贵的首饰，连他的烟斗都镶嵌着钻石。当某个金融专家揭露庞兹的投资骗术时，庞兹还在报纸上发表文章反驳金融专家，说金融专家什么都不懂。

1920年8月，庞兹破产了。他所收到的钱，按照他的许诺，可以购买几亿张欧洲邮政票据，事实上，他只卖过两张。此后，"庞氏骗局"成为一个专门名词，意思是指用后来的"投资者"的钱，给前面的"投资者"以回报。庞兹被判处5年刑期。出狱后，他又干了几件类似的勾当，因而蹲了更长时间的监狱。1934年被遣送回意大利，他又想办法去骗墨索里尼，但没能得逞。1949年，庞兹在巴西的一个慈善堂去世。死去时，这个"庞氏骗局"的发明者身无分文。查尔斯·庞兹如图1.4所示。

图1.4 庞氏骗局的创始人查尔斯·庞兹

2. 庞氏骗局的表现形式

自庞兹以后，不到100年的时间里，各种各样的"庞氏骗局"在世界各地层出不穷。随着中国的改革开放，改头换面的"庞氏骗局"也大量进入中国。

在20世纪80年代，我国南方地区曾经出现一种"老鼠会"，就是"庞氏骗局"的翻版。而更令人熟知的"庞氏骗局"改进版，就是各种各样的传销。

一些在中国发生的非法集资案，大多也都是"庞氏骗局"的再现。某些突然暴富的中国商业奇迹，例如前不久被拆穿的浙江26岁的女富豪吴英，其发财手段也是"庞氏骗局"的再现。

2007年"蚁力神"事件，也是类似的骗局，利用新加入的购买设备和蚂蚁种的钱来支付之前的投资者。再如万里大造林，事实上也是这一"古老"骗局的更新版，只不过"庞氏骗局"45天回报周期，被万里大造林改为8年。再如向农民推销种植某种奇怪的农产品或养殖产品，然后许诺高价回收，都属于此类骗局。

由于"庞氏骗局"并不高明，受骗的大都是社会底层民众，涉及范围比较大。那么，我们应如何防范呢？

所谓防范，只有靠人们自己的警惕，而关键在于不要贪心，不要以为天上会掉馅饼。不要相信那些轻易就能赚大钱的鬼话。但是，现代社会在金钱欲望的引导下，越是违背常理的赚钱大话，越是容易使人相信。这也常常使人无奈。对于某些人来说，吃亏上当也不会吃一堑长一智，前车之鉴也没有任何作用。我们还能怎么办？在"庞氏骗局"的"原始正宗"版里，也只有少数"投资者"挽回了一部分损失。

3. 庞氏骗局的特征

"庞氏骗局"虽然五花八门、千变万化，但本质上都具有以下几个共性特征。

1）低风险、高回报

众所周知，风险与回报成正比乃投资铁律，"庞氏骗局"往往反其道而行之。骗子们往往以较高的回报率吸引不明真相的投资者，而从不强调投资的风险因素。

例如，庞兹许诺的投资在45天之内都可以获得50%的回报；有些则属于稳健的超常回报，如麦道夫每年向客户保证回报只有约10%，但他非常强调"投资必赚，绝无亏损"。但无论如何，骗子们总是力图设计出远高于市场平均回报的投资路径，而绝不揭示或强调投资的风险因素。

2）拆东墙、补西墙

由于根本无法实现承诺的投资回报，因此对于老客户的投资回报，只能依靠新客户的加入或其他融资安排来实现。这对"庞氏骗局"的资金流提出了相当高的要求。因此，骗子们总是力图扩大客户的范围，拓宽吸收资金的规模，以获得资金腾挪回补的足够空间。大多数骗子从不拒绝新增资金的加入。因为蛋糕做大了，不仅攫取的利益更为可观，而且资金链断裂的风险大为降低，骗局持续的时间可大大延长。

3）投资诀窍的不可知和不可复制性

骗子们竭力渲染投资的神秘性，将投资诀窍秘而不宣，努力塑造自己的"天才"或"专家"形象。实际上，由于缺乏真实投资和生产的支持，骗子们根本没有可供仔细推敲的"生财之道"，所以尽量保持投资的神秘性，宣扬投资的不可复制性是其避免外界质疑的有效路数之一。例如，当年《波士顿环球时报》的记者曾经撰文揭露庞兹的骗局，却被庞兹以"不懂金融投资"为由加以批驳。麦道夫也故弄玄虚，从来不向别人交代每年稳赚10%的投资诀窍。

4）投资的反周期性特征

"庞氏骗局"的投资项目似乎永远不受投资周期的影响，无论是与生产相关的实业投资，还是与市场行情相关的金融投资，投资项目似乎总是稳赚不赔的。例如，万亩大造林计划仿佛从不受气候、环境、地理因素的影响，麦道夫在华尔街的对冲基金也能在20年中的数次金融危机中独善其身，这些投资项目总是呈现出违反投资周期的反规律性特征。

5）投资者结构的金字塔特征

为了支付先加入投资者的高额回报，"庞氏骗局"必须不断地发展下线，通过利诱、劝说、亲情、人脉等方式吸引越来越多的投资者参与，从而形成"金字塔"式的投资者结构。

1.5 融资中常见的理财名词

资金是企业或个人经济活动的第一推动力、持续推动力。能否获得稳定的资金来源、及时足额筹集到生产要素组合所需要的资金，对经营和发展都是至关重要的。

1.5.1 金融中介

随着经济的发展，人们与金融中介打交道的机会越来越多。一般来说，我们贷款买房、投资股票、购买基金、投资期货和黄金时，都是通过金融中介进行的。

1. 什么是金融中介

金融中介是指在金融市场上资金融通过程中，在资金供求者之间起媒介或桥梁作用的人或机构，如图1.5所示。

图1.5　金融中介

下面举例说明。

例如，A 想做生意，但没有本金，A 认识 B。B 没有余钱，但 B 认识 C，C 有一部分余钱。于是，A 通过 B 介绍认识了 C，在 B 的帮助下，A 向 C 借了一分钱，开始做生意。在这里 B 就是金融中介。

金融中介包括两类，分别是银行金融中介和非银行金融中介。

（1）银行金融中介，又称间接金融中介，资金盈余者把钱存进银行，银行向他支付一定的利息，然后银行再把吸收到的钱放给资金短缺者，并向资金短缺者收取一定的费用。银行金融中介包括中央银行、商业银行、投资银行、开发银行、储蓄银行、农业银行等。

> 提醒：资金短缺者所支付的费用用来支付资金盈余者的利息和银行中介费。

（2）非银行金融中介，又称直接金融中介，是为资金盈余者和资金短缺者牵线搭桥或提供某种股份的组织，如证券公司、保险公司、投资基金、信托公司等。这样资金短缺者可以通过非银行金融中介在金融市场上发行债券、股票等，资金盈余者直接在金融市场上购买这些金融产品。

金融中介的出现，克服了直接融资的局限性。一般来说，直接融资要受融资双方资产数量的限制；要受融资双方资信特别是信息不对称的限制；要受融通资金的时间、地点、范围的限制等。也就是说，在资金融通过程中，由于存在种种限制，往往使借贷关系难以直接形成。

金融中介出现后，上述限制就解决了。同时，还可以降低融资的成本，因为金融中介是一种高度社会化的融资服务机构，有经营规模大、专业程度高、融资工具种类齐全等特点，所以通过金融中介融资的成本也就低得多。

另外，金融中介由于资金雄厚、信誉好、稳定性强，这样就可以起到减少和分散借贷双方风险的作用，大大提高了资金运用的安全性。

2. 金融中介的功能

金融中介的功能共有 4 项，分别是信用中介功能、支付中介功能、信用创造功能、金融服务功能。

1）信用中介功能

该功能是金融中介最基本的功能。这一功能是通过金融中介的负债业务，把社会上的各种闲置资金集中起来，再通过资产业务把其投向需要资金的部门。下面举例说明。

如果你有一笔 20 万元的现金，没有金融市场，也没有金融中介，你这 20 万元就很可能要深藏在你家的某个地方，一年、两年甚至更长时间后，这 20 万还是当初的 20 万，可如果算上通货膨胀，这 20 万元就变成 10 万元了。再说说资金短缺者，公司缺乏营运资金，但又没有地方筹集资金，怎么办？没有办法，只能减小生产规模，甚至停业。

有了金融市场和金融中介，一切就都变了，你可以把手中的 20 万元存入银行，或投资到金融市场，这样可以获得利息或投资利润回报。而资金短缺者，可以去银行借贷，或到金融市场上发行股票、债券等，这样就要可以获得资金，从而扩大公司的生产。这样双方之间就实现了共赢，即你可以使自己的钱生钱了，而资金短缺者因拿到了资金扩大了生产规模，获得更高的投资收益。

2）支付中介功能

金融中介在为客户办理货币资金收支及其他与货币收支有关的技术性业务时发挥支付中介功能。例如，小张借了小李 1 万元，现在小张急需钱用，于是向小李要钱。但小李出差在外地，没有办法直接给小张现金，于是通过银行的第三方转账（存款在账户之间的转移）实现了把钱付给小张的功能。

支付中介功能大大减少了现金的使用，节约了社会流通费用，加速了结算过程和货币资金的周转，促进了再生产的扩大。

3）信用创造功能

信用创造功能是金融中介的核心功能，即派生存款，是由发放贷款而创造出的存款，即是多家商业银行之间连续不断地"存款""贷款"造成的，单独一家银行无法完成。

4）金融服务功能

金融服务功能是在社会分工越来越细、现代服务业迅速发展的基础上产生的，也是现代社会从各个方面向金融业提出的更高的服务要求。例如，企业要求银行代发工资，代理收取水、电、燃气等费用，提供投资咨询、征信调查服务等。

1.5.2 债权融资

下面先来看一个商业案例。

珠三角地区某房地产开发企业，项目总投资 1 亿元，自有资金 3000 万元，银行未偿还贷款 5000 万元，以企业名下物业（评估值 1 亿元）做抵押。

现在银行贷款到期，并且项目还没有完成，还需要再借款 1 亿元。但因为银行借款未还，且已经展期，因此，不能从银行再贷款，只能寻求其他融资渠道。于是，该房地产开发企业，找到一家信托融资公司，该信托公司先为其偿还了 5000 万元银行借款，同时物业重新做抵押登记，再借出 5000 万元为其完成项目后期施工。

房地产开发企业就是利用债权融资解决了当前资金运作困难,那么什么是债权融资呢?其融资渠道、优缺点又是什么呢?下面详细讲解一下。

1. 什么是债权融资

债权融资,又称债券融资,是有偿使用企业外部资金的一种融资方式。包括银行贷款、银行短期融资(票据、应收账款、信用证等)、企业短期融资券、企业债券、资产支持下的中长期债券融资、金融租赁、政府贴息贷款、政府间贷款、世界金融组织贷款和私募债权基金等。

债权融资所获得的资金,企业首先要承担资金的利息,另外在借款到期后要向债权人偿还资金的本金。债权融资的特点决定了其用途主要是解决企业营运资金短缺的问题,而不是用于资本项下的开支。

债权融资具有以下三个特点。

(1)债权融资获得的只是资金的使用权而不是所有权,负债资金的使用是有成本的,企业必须支付利息,并且债务到期时须归还本金。

(2)债权融资能够提高企业所有权资金的资金回报率,具有财务杠杆作用。

(3)与股权融资相比,债权融资除在一些特定的情况下可能带来债权人对企业的控制和干预问题,一般不会产生对企业的控制权问题。

2. 债权融资的渠道

债权融资的渠道可分为三种,分别是发行债券、民间借款、银行贷款。

1)发行债券

发行企业债券在我国是被严格控制的,不但对发行主体有很高的条件要求,并且需要经过严格的审批,目前只有少数大型国有企业发行了企业债券。对民营企业来说,发行企业债券是不现实的债权融资渠道。

2)民间借款

民间借款在我国现行的法律体系内是不受法律保护的融资行为,甚至有可能被认定为"非法集资"而受到法律的惩罚。但现实中很多中小民营企业通过诸如私人钱庄、农村合作基金等民间的非法、准非法的灰色金融机构贷款活动却异常活跃,这反映了民营企业对债权融资的巨大需求,但民间融资的不规范性决定了它无法成为债权融资的主流形式。

3)银行贷款

银行贷款是债权融资的主要形式,但对占民营企业绝大部分的中小民营企业来说,获得银行的贷款是很多企业不敢想的事情。

据深圳市信息统计部门了解,深圳近10万家中小企业,至少有一半以上从未在银行贷到一分钱；大约 1/3 的企业即便有贷款，总金额也在 200 万元以下；只有极少企业能从银行贷到够用的资金。

造成民营企业获得银行贷款困难的因素，在宏观政策层面上主要是银行现行的信贷政策。我国国有商业银行给企业贷款至今在很大程度上是按照所有制性质来划分的，国有中小企业获得银行贷款要容易些，而乡镇企业、集体企业要获得贷款就难得多，一些私营企业干脆就得不到国家银行的贷款，即使信用能力较强、效益再好也不行。

据统计，国有经济对全国工业增加值的贡献占 31%，非国有经济的贡献达 68%。非公有制企业从银行取得的贷款额度，只占总额度的十几个百分点。

这一方面说明，非公有经济贷款的利用率极高；另一方面，可以看出非公有经济资金相对紧缺。

微观层面上，民营中小企业本身的信用度也是银行有钱不敢贷的重要原因。

不少民营企业具有许多"先天"的不足：在产权制度和企业制度方面存在缺陷，不少"后遗症"有待根治；资本积累不足，发展后劲乏力；投资者缺少创业经验，盲目性较大，成功率较低；经营目标短期化，有的甚至以造假、损害环境来获取近期利益；缺乏管理基础，一些企业存在短期内快速膨胀之后就走向衰退的现象。

这些情况一方面增加了银行的交易成本，另一方面也提高了银行的信贷风险，无法取得贷款，自然就变成情理之中的事情。

虽然存在上述诸多的障碍，但从长远来看，银行贷款必将成为民营企业债权融资的主要形式。随着我国经济的增长和市场化体制的建立完善，民营企业从银行获得贷款难的现象已开始有所缓解。20 世纪 90 年代中期之后，中国已逐渐步走出了资金紧缺状况。1996 年以来，银行开始出现存差现象，贷款压力迫使商业银行逐步改变按所有制进行划分的信贷政策，注重考察企业的经济效益和发展潜力，很多财务结构健全、发展健康的民营企业开始得到银行的重视。

3. 债权融资的优缺点

债权融资的优点：债权融资是不涉及企业的股权，也就不涉及企业的产权和管理权，企业仍可保持自己独立的企业和项目运作模式。

债权融资的缺点：提供债权融资的金融机构都是针对优质企业和优质项目，要求企业具备一定的资信和现金流量支持，债权融资时还需要有足够的担保。另外，债权融资一般期限较短，目的只能用于弥补流动资金"头寸"的不足，不适宜新建项目，特别是投资回收期长和见效慢的项目。

一般来说,对短期经营产生的流动资金借贷需求,企业应当尽可能利用赊购等商业信用方式减少对外短期资金的借入量。必须从外部借入的短期资金,企业要在谨慎的现金预算基础上做好到期偿债计划,然后以比较优惠的利率获得短期融资(如信用额度、周转信贷协议等方式),切不可贸然进行短期融资,当到期无法偿债时又通过高成本高风险的长期融资来偿付短期债务。这样,必然会导致企业的财务状况恶化,进而财务风险增大。

1.5.3 股权融资

中小企业融资难是一个永恒的话题。近年来,中国中小企业融资的渠道不断拓展,股权融资悄然成风,和一般融资解决流动资金困难不同,股权融资是给企业一个梦想。

1. 什么是股权融资

股权融资,是直接融资的一种方式,是指企业的股东愿意让出部分企业所有权,通过企业增资的方式引进新的股东的融资方式。

股权融资所获得的资金,企业无须还本付息,但新股东将与老股东同样分享企业的盈利与增长。股权融资如图 1.6 所示。

图1.6 股权融资

股权融资具有以下三个特点。

(1)长期性:股权融资筹措的资金具有永久性,无到期日,不需归还。

（2）不可逆性：企业采用股权融资勿须还本，投资人欲收回本金，须借助于流通市场。

（3）无负担性：股权融资没有固定的股利负担，股利的支付与否和支付多少视公司的经营需要而定。

2. 股权融资的渠道

股权融资的渠道有两种，分别是公开市场发售和私募发售。

公开市场发售，就是通过股票市场向公众投资者发行企业的股票来募集资金，包括我们常说的企业上市、上市企业的增发和配股都是利用公开市场进行股权融资的具体形式。

私募发售，是指企业自行寻找特定的投资人，吸引其通过增资入股企业的融资方式。因为绝大多数股票市场对于申请发行股票的企业都有一定的条件要求，例如，我国对公司上市除了要求连续 3 年盈利之外，还要求企业有 5000 万元的资产规模，因此对大多数中小企业来说，较难达到上市发行股票的门槛，私募成为民营中小企业进行股权融资的主要方式。

3. 私募发售

私募发售是中小企业股权融资的主要方式，其产权关系简单，无须进行国有资产评估，没有国有资产管理部门和上级主管部门的监管，大大降低了中小企业通过私募进行股权融资的交易成本和效率。下面举例说明。

2016 年，李亮在青岛开了一家工艺品店，经过努力经营，小店最终赢得了不错的口碑。2019 年，李亮想继续开一家分店，可李亮发现自己现在面临资金短缺问题。在这种情况下，他想到了融资。在经过一番计划后，李亮决定出让小店 45% 的股权来为自己融资。随后，李亮在报纸上登出了自己寻找投资人的意向。经过两个月的选择，李亮最终选择了一位合适的合伙人，这样李亮为其后的事业发展打下良好的基础。

近几年来，私募成为经济活动最活跃的领域。对于企业，私募融资不仅仅意味着获取资金，同时，新股东的进入也意味着新合作伙伴的进入。新股东能否成为一个理想的合作伙伴，对企业来说，无论是当前还是未来，其影响都是积极而深远的。

在私募领域，不同类型的投资者对企业的影响是不同的，在我国共有 4 类投资者，分别是个人投资者、风险投资机构、产业投资机构和上市公司。

1）个人投资者

个人投资者，虽然投资的金额不大，一般在几万元到几十万元之间，但在大多数中小企业的初创阶段起到了至关重要的资金支持作用。这类投资人很复杂，有的直接参与企业的日常经营管理，也有的只是作为股东关注企业的重大经营决策。

> 提醒：这类投资者往往与企业的创始人有着密切的私人关系，随着企业的发展，在获得相应的回报后，一般会淡出对企业的影响。

2）风险投资机构

风险投资机构，是20世纪90年代后期在我国发展最快的投资力量，其涉足的领域主要与高技术相关。例如，在2000年互联网狂潮中，几乎每一家互联网公司都有风险投资资金的参与。国外如IDG、ING等，国内如上海联创、北京科投、广州科投等都属于典型的风险投资机构。

它们能为企业提供几百万乃至上千万的股权融资。风险投资机构追求资本增值的最大化，它们的最终目的是通过上市、转让或并购的方式，在资本市场退出，特别是通过企业上市退出是它们追求的最理想方式。

3）产业投资机构

产业投资机构，又称策略投资者，它们的投资目的是希望被投资企业能与自身的主业的融合或互补，形成协同效应。

产业投资机构的中小企业融资有利之处：

（1）具备较强的资金实力和后续资金支持能力。

（2）有品牌号召力。

（3）业务的协同效应。

（4）在企业文化、管理理念上与被投企业比较接近，容易相处。

（5）可以向被投企业输入优秀的企业文化和管理理念。

产业投资机构的中小企业融资不利之处：

（1）可能会要求控股。

（2）产业投资者若自身经营出现问题，对被投企业会产生资金流出，影响企业的后续融资。

（3）可能会对被投企业的业务发展领域进行限制。

（4）可能会限制新投资者进入，影响企业的后续融资。

4）上市公司

上市公司，作为私募融资的重要参与者，在我国有其特别的行为方式。特别是主营业务发展出现问题的上市公司，由于上市时募集了大量资金，参与私募大多是是利用资金优势为企业注入新概念或购买利润，伺机抬高股价，以达到维持上市资格或再次圈钱的目的。

当然，也不乏一些有长远战略眼光的上市企业，因为看到了被投资企业广阔的市场前景和巨大的发展空间，投资是为了其产业结构调整的需要。

> **提醒**：不管是哪类上市企业，它们都会要求控股，以达到合并财务报表的需要。对这样的投资者，中小企业必须十分谨慎，一旦出让控股权，又无法与控股股东达成一致的观念，企业的发展就会面临巨大的危机。

4. 公开市场发售

通过公开市场发售的方式进行融资是大多数中小企业梦寐以求的融资方式，企业上市一方面会为企业募集到巨额的资金，另一方面，资本市场将给企业一个市场化的定价，使中小企业的价值为市场所认可，为中小企业的股东带来巨额财富。

与其他融资方式相比，企业通过上市来募集资金有以下几个突出的优点。

（1）募集资金的数量巨大。

（2）原股东的股权和控制权稀释得较少。

（3）有利于提高企业的知名度。

（4）有利于利用资本市场进行后续融资。

> **提醒**：由于公开市场发售要求的门槛较高，只有发展到一定阶段，有了较大规模和较好盈利的中小企业才有可能考虑这种方式。

在利用股权融资时，一定要重视对企业的控制权，其实说到底就是保证创业者的利益。年轻人自己创业，除了赚钱，更多的则是圆自己的梦想，是为了实现自己的理想和抱负，对自己一手创办的企业有着深厚的感情，而中途加入的投资者，大多是因为有利可图，其最终目的就是赚钱。

由于两者的目的不同，这使双方看问题的角度和出发点也存在很大差异，进而容易由此引发矛盾，下面举例说明。

1998年，张冀光创办了中国企业网，1999年9月初当时的中国数码收购了80%的股份。融资后，张冀光担任总经理，对方另派一人担任董事长。2003年8月，中国企业网更名为中企动力科技股份有限公司，进入上市辅导期。2004年春节以后，一直与董事长保持良好合作关系的张冀光，在公司发展速度上出现分歧，并且双方的矛盾越来越大。董事长要求公司发展更快、盈利能力更强，但张冀光认为企业的发展速度已经比较快了。

2004年3月29日，该董事长签发了一纸董事会决议，宣布罢免张冀光的职务。

事情发生后，张冀光认为该董事长要求自己离开的方式是不合法的，并与之"对簿公堂"。结果，失去了对公司控制权的张冀光不得不离开自己一手创办的中国企业网。

通过上例，中小企业要明白，在利用股权融资时，一定要注意对企业的控制权，否则就不能实现自己心中所描绘的蓝图。

1.5.4 VC

"VC"是英文 Venture Capital（即风险投资）的缩写，在国内被译为"创业投资"，一般指对高新技术产业的投资。

与一般投资不同，VC 的主要特点有：首先，VC 的投资对象主要是刚刚起步或还没有起步的中小型高新技术企业，这些企业规模小、没有固定资产或资金作为抵押或担保。其次，由于 VC 投资目标主要为"种子"技术或是一种构想创意，这种技术或创意尚未经过市场检验，能否转化为现实生产力具有不确定性，因此 VC 的本质特征是高风险。最后，VC 的投资期限较长。

1.5.5 PE

"PE"是英文 Private Equity（即私募股权投资）的缩写，即通过私募形式募集投资资金，对非上市企业进行的权益性的投资。

PE 的主要特征有：投资者在企业发展中后期注入资金，利用管理等各方面优势，帮助企业上市，最终投资者实现投资退出并获得投资回报。按照投资阶段，广义的 PE 投资可划分为创业投资、发展资本、并购基金、夹层资本、重振资本、Pre-IPO 资本、上市后私募投资、不良债权 Distressed Debt 和不动产投资等。

广义的私募股权投资可划分为创业投资、发展资本、并购基金、夹层资本、重振资本、Pre-IPO 资本等（以上所述也有重合的部分）。狭义的 PE 主要指对已经形成一定规模的并产生稳定现金流的成熟企业的私募股权投资部分，主要是指创业投资后期的私募股权投资部分。

作为同胞兄弟，VC 与 PE 有相似点：两者都是通过私募资本形式对非上市企业进行的权益性投资，然后通过上市、并购或管理层回购等方式，出售持股并获利。但 VC 与 PE 之间也有差异，两者在投资阶段、投资规模、投资理念、投资特点等方面都有不同。如果你想更简单地区分它们，请记住：VC 是投资企业的前期，PE 是投资企业的后期。

1.5.6 洗钱陷阱

下面先来看一个实例。

休息在家的李女士接到一个语音提示电话:"您的电话6252……已欠费,我们准备给您停机,如有疑问请按'9'选择人工服务。"李女士从未申请过该电话号码,但仍按了"9"键。电话被转接,一名自称电信局工作人员的男子详细询问了李女士的姓名、身份证号后,告诉李女士可能遇到诈骗了,并称已将电话转接至公安局。

随后,一名自称公安局民警"高军"的男子打来电话,在自报姓名和警号后,"高警官"说:"你的名下确实有这个号码,用来扣费的招商银行卡涉入一起全国性洗钱案。"随后,"高警官"把电话转到"反洗钱中心",一名自称"中心主任"的男子警告李女士:"您的账号涉案将被冻结,否则钱会被犯罪分子转走。"为了财产不被冻结,必须在当天下午1点前把钱转到安全的账户内。

这一番编织严密的骗术果然取得了李女士的信任。随后,李女士在"中心主任"的电话遥控下,通过ATM把几张银行卡中共计259万元的现金全部转到了"中心主任"指定的"安全账户"。在操作完成后,"中心主任"称48小时后他会同李女士联系,并要求李女士绝对保密,否则若影响案件破获,后果自负。

两天后,"中心主任"没有联系李女士,李女士意识到上当受骗了,只得赶紧报案。近年来,北京、山东等地相继发生多起以"警察查洗钱"为名的诈骗案例。那么,到底什么是洗钱呢?洗钱的特征又是什么呢?洗钱的手段又有哪些呢?

1. 什么是洗钱

"洗钱"一词的原意是把脏污的硬币清洗干净,这里有一个小故事。

20世纪初,美国旧金山一家饭店老板发现脏污的钱币常常会弄脏顾客漂亮的手套,于是就将在饭店流通的钱币放进洗涤剂中清洗,这就是最初的洗钱。

后来"洗钱"的概念用在了金融学上,关于金融学上的洗钱来源于一个小故事。

20世纪20年代,美国芝加哥有一个犯罪组织购买了一台自动洗衣机,为顾客洗衣物,而后采取鱼目混珠的办法,将洗衣物所得与犯罪所得混杂在一起向税务机关申报,使非法收入和资产披上合法的外衣。

现代意义上的洗钱是指将走私犯罪、黑社会性质的组织犯罪、卖淫犯罪、贩毒犯罪或者其他犯罪的非法所得及其产生的收益,通过金融机构以各种手段掩饰、隐瞒资金的来源和性质,使其在形式上合法化的行为。漫画洗钱如图1.7所示。

图1.7 漫画洗钱

2. 洗钱的步骤与特征

洗钱一般分以下三步。

第一步：入账，即通过存款、电汇或其他途径把不法钱财放入一个金融机构。

第二步：分账，也就是通过多层次复杂的转账交易，使犯罪活动得来的钱财脱离其来源。

第三步：融合，即以一项显示合法的转账交易为掩护，隐瞒不法钱财。

洗钱的特征有以下4点。

1）洗钱方式的多样性

为了逃避监管和追查，洗钱犯罪分子往往通过不同的方式和渠道对犯罪所得进行处理。长期的洗钱活动发展出了多种多样的洗钱工具，例如，利用金融机构提供的金融服务，利用空壳公司，伪造商业票据等。经济方式的创新也使洗钱方式不断翻新，更为隐蔽，如网上交易。专业的洗钱组织更是越来越熟练地对各种洗钱手段和方式加以组合运用。

2）洗钱过程的复杂性

要实现洗钱的目的，主要方式之一就是改变犯罪所得的原有形式，消除可能成为证据的痕迹，为犯罪所得及其收益设置伪装，使其与合法收益融为一体。这就迫使洗钱者采取复杂的手法，经过种种中间形态，采取多种运作方式来洗钱。

3）洗钱对象的特定性

洗钱对象是资金和财产，这些资金和财产无一例外地与犯罪活动紧密相连，例如，来源于毒品、走私、诈骗、贪污贿赂、偷税逃税等犯罪。

4）洗钱活动的国际性

随着经济、科技的飞速发展，世界上人员往来、商品运送、资金流动、信息传播、服务的提供日益国际化，亦导致犯罪活动的国际化。在追逐非法经济利益的跨国犯罪活动中，犯罪所得的转移成为一个关键问题，直接导致洗钱活动日益具有跨境、跨国的性质。

3. 洗钱的手段

洗钱的手段也多种多样，但常见的有 5 种。

1）地下钱庄

如今，国内的地下钱庄一般与国外同行边为一体，在境内用人民币交割，在境外用外汇交割，境内外双方定期轧差、对冲结算。初看起来并没有资金外逃，但实际上已经暗度陈仓了。

汕头许鹏展地下钱庄案至今令人印象深刻。许鹏展的主要"资产"，是许鹏展以汕头市金园区新兴鸿展农副产品商行等 20 多个空壳公司名义在几个银行开设的 20 多个账户。在一个设施再普通不过的写字间，许的日常业务为造假财务报表、虚报营业额和利润，却在没有任何营业活动和收入的情况下，不断缴纳各种税收和保险。由于钱庄资金往来量巨大，许鹏展需要频繁地更换账户。每换几个新账户，他就逐步从老账户里把资金转到新账户上。

用地下钱庄洗钱的"好处"有两个，一是成本非常低，以港币为例，假如银行的兑换牌价是 1.16，地下钱庄的牌价基本上只有 1.20；二是这些非法所得到了境外可以经常以亲友馈赠的方式流回来。

2）赌场

赌场是最传统的洗钱场所。过去的毒品买卖大都是现金交易，钱上通常沾有白粉，一旦被警察抓住难以脱罪。于是毒品贩子便携带现金去赌场换成筹码，一旦输掉差不多 30% 的筹码，就把剩下的筹码换回现金，顺理成章地把赃款变成"干净"的收入。

随着互联网技术的发展，网上赌场已经成为洗钱的"安全天堂"。赌博网站总部大多设在有"逃税天堂"之称的加勒比地区。许多网站根本没有受到政府部门的监管，也不遵守国际赌场的游戏规则，它们甚至不会查问客户的身份资料。

许多犯罪集团把钱款打进在这些赌博网站开设的账户后，一般先象征性地赌上一两次，然后就马上通知网站说"我不想再玩了"，要求网站把自己户头里的钱以网站的名义开出一张支票退回来。于是，一笔笔数额巨大的"黑钱"便轻而易举地"洗白"了！初步估算，每年通过数百个赌博网站清洗的"黑钱"数额大约在 6000 亿至 15000 亿美元。

3）寿险交易

不少机构团体打着"为职工谋福利""合理避税"的幌子，通过向保险公司投保寿险，采用长险短做、趸交即领、团险个做等不正常的投保、退保方式，达到将集体的、国家的公款转入单位"小金库"、化为个人私款或逃避纳税的目的。

4）海外投资

经典做法是：进口时，高报进口设备和原材料的价格，以高比例佣金、折扣等形式支付给国外供货商，然后从其手中拿回扣、分赃款，并将非法所得留存在国外；出口时，则大肆压低出口商品的价格，或采用发票金额远远低于实际交易额的方式，将货款差额由国外进口商存入出口商在国外的账户。有些人还在境外银行直接建立了个人账户。

5）证券洗钱

洗钱者把支票存入证券公司资金账户上，然后买入股票，把股东账户和其中的股票转托到其他证券公司，然后把股票卖掉提取现金，这样就达到了把"黑钱"洗白的目的。

4. 身边的洗钱陷阱

在经济高速发展的今天，洗钱活动日益增多，数额也在不断上升。我们一定要注意身边的洗钱陷阱，从而远离犯罪。

1）把身份证租借给他人存在洗钱风险

在很多洗钱案件被侦破后发现，洗钱犯罪分子往往利用他人身份证开立多个银行账户或办理多张银行卡，用来完成复杂的转账、汇款或提现，从而掩饰、隐瞒犯罪收益。下面举例说明。

上海市虹口区人民法院对"潘某等人洗钱案"一审宣判，判决潘某等4人犯洗钱罪。潘某为了替境外"阿元"清洗从网上银行诈骗的钱款，收集了他人多张身份证，并在银行办理了大量银行卡，用于犯罪需要的转账、汇款和提现。这些身份证实际上成了犯罪嫌疑人洗钱犯罪的工具。

2）出售或出租自己的账户和银行卡存在洗钱风险

近来，一些不法分子在网上公开收购个人闲置的银行卡或账户，价格从几十元到几百元不等。这些人收购银行卡或账户目的是转移非法资金并提现。由于账户和银行卡交易信息专属其所有人，一旦案发，账户和银行卡所有人将承担相应的法律责任，情况严重时还可能触犯刑法。下面举例说明。

有媒体报道，成都市金牛区某女士，被诈骗者先后骗取47万元，这些钱均按要求存入了指定的银行卡内。案发后，警方在追查资金去向时，发现了20名来自云南的银行卡持有人信息，而这些银行卡都是犯罪分子通过"马仔"王某收购来的。无疑，这些银行卡持有人都应受到警方追查。

3）帮助他人处理赃款会触犯刑法

下面举例说明。

重庆市某县原交通局局长晏某收受贿赂款项 2226 万余元，晏某的妻子付某在处理贿赂款项时，借用其弟弟、妹妹、同学等人的身份证，在重庆购买多处房产，并购买保险等理财产品，企图掩饰隐瞒赃款。案发后，晏某因受贿罪被判处死刑，付某也因洗钱罪被判处有期徒刑 3 年。

4）帮他人转账取现获利会触犯刑法

下面举例说明。

38 岁的刘某是一位只有小学文化的农村妇女。2016 年底，她在深圳打工时，偶然听老乡说深圳有大量"转钱"业务，帮人转一下账就可以获得报酬。刘某心花怒放，开始跟着未曾谋面的"上线"通过电话学习其中门道。

之后，刘某回老家向亲戚、朋友、同学等人借来身份证，注册成立了 10 家小公司和个体工商户，并开设了单位结算账户，还请懂电脑技术的人帮忙开通了网上银行业务。她利用借来的身份证，又开通了个人银行结算账户及网银业务。

2017 年 5 月到 2018 年 5 月，经"上线"介绍，刘某陆续接收了从深圳 600 多家公司转来的几十亿元，通过一系列转账，刘某帮助这些公司把钱从单位账户转到个人账户，并最终取出现钞。刘某得中介费 11 万元。

案发后，公安机关在侦查中发现，刘某的"上线"和狡猾的"幕后推手"为其介绍需要转账的单位账户和个人账户，大多数是用低价买来的或捡来的身份证注册的。最后，刘某因非法经营罪被判处有期徒刑 1 年，并处罚金 11 万元。

第 2 章

重新安排您的理财计划

如何实现财务自由？投资理财。如何在薪资之外增加额外收入？投资理财……只要想让钱变多，方式方法中总有一款是投资理财。但我们看到银行在提供理财服务（如光大银行的阳光理财），证券公司在提供理财服务（如集合理财）；基金公司更是号称专家理财；保险公司也不甘落后，先是分红，然后是万能，还有投连……面对如此多的理财产品与工具，我们不禁迷茫，到底什么是理财呢？

本章首先讲解必须知道的四条广义理财理论；然后讲解人生不同阶段的理财、一生需要打量的钱账、理财的层次和技巧、理财的渠道、复利让财富倍增、理财的误区；最后讲解规划好理财，享受复利。

2.1 必须知道的四条广义理财理论

那么，到底什么是理财呢？下面来看一下四条广义理财理论，如图2.1所示。

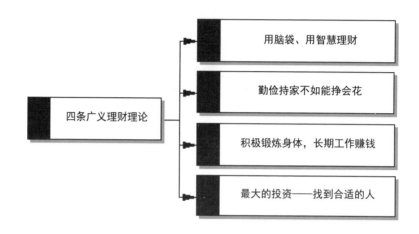

图2.1 四条广义理财理论

1）用脑袋、用智慧理财

当今社会，越来越强调知识的作用。现在国家和政府都在倡导创新、互联网＋、高科技立国、高技术制造，而这些离不开的就是人力资源中的"智慧"、知识。如果说狭义的理财是直接赚钱到口袋里，那么广义的理财就是智慧理财。

所谓智慧理财，即通过学习知识和技能来武装自己，提升自己的智力水平，用智力（能力）来赚钱更多的钱的一种理财方式。不断提升自己的能力，提升智慧水平，这些在未来一定能帮你赚到更多的钱。

2）勤俭持家不如能挣会花

过去勤俭持家常被传为美德，不过随着生活水平的提高，勤俭持家的理财却渐渐Out了，或者说用处少了。比如说一件衣服、一双鞋，现在不需要穿很长时间，买个新的也不贵，节俭的作用并不明显。新时代，人们更欣赏的其实是"能挣会花"。比如现在有带薪年假、双休日，有机会可利用这些闲暇时间找合适自己的兼职做做。如此挣钱再加上理性消费，能挣会花要比勤俭持家活得更滋润、更舒服。

例如，勤俭节约，什么也不想花费，跟花20万元去银行理财平台上配置产品用来每月增值，这一个月都有1800元以上的固定收益，这将近2000元收入对于一个普通工薪家庭来说，恐怕是收入赚的比省的还多，可想而知会花的重要性。

3）积极锻炼身体，长期工作赚钱

拼命工作合适吗？有的时候可能没办法，但大多数时候其实更应该注意保持身体的健康。平时积极锻炼，把身体保护好，这样可以长期、高质量地工作，获得更多的财富。另外，保持好身体健康，还能省下一笔可观的潜在的"医疗费用"，这也不是一个小数。身体是革命的本钱，赚钱是革命事业，要想赚更多的钱那就从好好保养自己的身体开始吧。

4）最大的投资——找到合适的人

对于一个人来说，最大的理财其实是过好你的生活。过好生活除了你自己对自己有选择权以外，找到一个合适的人跟你一起过这个生活也是一个理财，甚至可以说是最大的理财。巴菲特就曾说，结婚是人生最大的投资，因此投资者对于最大的理财可要认准了，找一个合适的人，更有助于你赚取财富。

以上的四条广义理财理论，看似简单，其实做起来却是要花一定的心思和毅力的。当然，坚持就一定会有好的效果，对你的财富增长就会有好处。

2.2 人生不同阶段的理财

根据人生各个阶段的不同情况，投资者在每个阶段都有不同的理财需求，个人和家庭理财应该根据不同的人生阶段，进行有目的的规划和风险评估。在有效规避理财活动风险的同时做好人生各个时期的理财规划。一般来说，投资者一生分为5个理财阶段。

2.2.1 单身阶段的理财

一方面，这个阶段的经济收入比较低、花销大，理财重点应是努力寻找一份高薪工作，打好基础，为以后的花费做积累，也可拿出部分储蓄进行高风险投资，不在于获利，而在于学习投资理财经验。另一方面，该时期没有太大的家庭负担，年轻人的保费又相对较低，可为自己买点人寿保险，减少因意外导致收入减少或负担加重。

2.2.2 家庭形成阶段的理财

此阶段，虽然经济收入增加且生活趋于稳定，但为了提高生活质量，往往需要支付较大的家庭建设费用，如购买一些高档的生活用品、每月还购房贷款等。所以理财重点应放在合理安排家庭建设的费用支出上，稍有积累后，可以选择一些比较激进的理财工具，如股票和以投资股票为主的基金等，以期获得更高的回报。还应给子女投保一份教育类保险，作为其以后的教育费用。

2.2.3 中年稳定阶段的理财

此阶段,家庭的最大开销是子女教育费用和老人医疗保健费用。但对于积累了一定财富的家庭来说,随着子女自理能力的增强,完全有能力应付这些支出。此时,工作经验丰富,理财经验也相对增加,这些家庭完全可以发展投资事业,创造更多财富。

此外,对于一些早年理财不顺、仍旧贫寒的家庭而言,此时的负担较重,应把子女教育费用和老人医疗费用作为理财重点,确保家庭平安。

2.2.4 更年空巢阶段的理财

此阶段,由于自身工作经验、投资经验都已达到人生顶峰。再加上子女都已成家立业,相对家庭来说教育费用、生活费用都已减轻,此时的理财重点是包括医疗、保险项目的退休基金。

但因面临着退休阶段,万一风险投资失败,就会葬送一生积累的财富,影响后半生的生活质量。所以,在选择投资时,宜朝着安全性高的保守路线逐渐靠拢,有固定收益的投资尚可考虑为退休后的第二事业做准备。

2.2.5 退休安度晚年阶段的理财

此阶段以安度晚年为主要人生目标,此时期的财务最为宽裕,但休闲、保健费用的负担较大,若有额外收入,是再好不过了。但是,在这个时期最好不要进行新的投资,尤其不能再进行风险投资,理财应以稳健、安全、保值为理财目的。退休后有不可规避的"善后"特性,因此财产转移的计划应及早拟订,评估究竟采取赠与还是遗产继承的方式更符合需要。

上述5个人生阶段的理财目标并非人人都可实践,但是人生理财计划也并非"纸上谈兵",毕竟目标是成功的动力。俗话说:"聚沙成堆,集腋成裘。"财富也是一天天累积起来的,平稳妥当的理财规划应该及早拟定,才有助于逐步实现"聚财"的目标,为自己的人生奠定一个平稳、保障、高品质的基石。

2.3 一生需要打理的钱财

人的一生需要打理的钱财包括6个方面,即打点好自己的收入、控制好自己的支出、储蓄好攒下的财、投资让钱生钱、打点好借来的财、打点好保险的财，如图2.2所示。

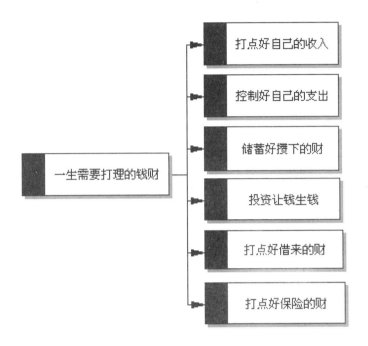

图2.2　一生需要打理的钱财

2.3.1　打点好自己的收入

人的一生之中，自己的收入不仅包括自己的工作收入，而且还包括自己通过投资而赚到的财。工作收入是以人赚钱，而投资理财得到的收益是以钱赚钱。那么，生活中，你得到的这些钱该如何分配呢？是全部花掉做一名"月光族"，还是全部攒下来以备养老之需呢？这就要看你如何打理自己的钱财了。

2.3.2　控制好自己的支出

有收入必将有支出，制订相应的支出计划将有助于个人缩减开销，将钱花在该花的地方。人一生的支出包括很多方面，衣食住行、医疗开销等，因此，打理好个人的日常开销也是一件不容易的事情。

2.3.3 储蓄好攒下的财

储蓄实质就是积攒本金,积攒的钱财一部分用作紧急预备资金,以备不需之用,而另一部分可用来购买各种理财产品用作投资收益。理财就是优化家庭资产配置,针对不同情况,制订相应理财计划,将各种资产配置达到最优,发挥其最大效用。

2.3.4 投资让钱生钱

投资就是有效运用投资工具,让手中的钱财增值,实现财富的增长。如今的投资工具有很多种,包括储蓄、国债、股票、期货、融资融券等。

2.3.5 打点好借来的财

随着社会的进步、人们消费观念的更新,贷款消费已经是很普遍的消费现象,大到购房、买车,小到用信用卡透支消费等,贷款消费让人们超前享受美好生活的同时,又对负债问题十分头疼。负债是家庭理财的组成部分,对于传统观念强、心理承受能力差的人来说,不适合负债,否则容易被负债所累,背上沉重的物质、精神负担。但对于流动资金充裕、原负债数额小且有理财经验的个人而言,适当的负债能促进资金链的流动、提高生活水平质量。

2.3.6 打点好保险的财

俗话说:"天有不测风云,人有旦夕祸福。"购买保险就是预先给自己的财产装上"防火罩",以免发生意外时财产损失,对家庭生活产生冲击。购买保险,一方面可以保障家庭生活的安定,另一方面还可以积累个人资金。例如,购买长期人寿险就具有类似储蓄的投资作用,既能获得经济保障,又能使货币保值增值。

2.4 理财的层次和技巧

理财有以下三个层次。

第一层是有效、合理地处理和运用钱财,让自己的钱财花费发挥最大的效用,以达到最大限度地满足日常生活需要的目的。

第二层是用余钱投资,使之产生最佳的财务收益,也就是钱生钱的层次。

第三层是从财务的角度进行人生规划,利用现有的经济财务条件,最大限度地提高自己的人力资源价值,为以后发展做好准备。

理财有以下 7 个技巧。

第一,记账;

第二,量入为出;

第三,积累你的原始资金,越早越好;

第四,什么都用信用卡付账;

第五,不要盲目投资;

第六,请投资你自己;

第七,给自己保险,给父母保障。

2.5 理财的渠道

目前,国内能够为客户提供理财服务的机构,主要有三种,分别是银行、证券公司、投资公司,如图 2.3 所示。

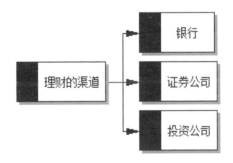

图2.3 理财的渠道

1)银行

目前,我国商业银行提供的理财产品分为保本固定收益产品、保本浮动收益产品与非保本浮动收益产品三类。

2)证券公司

证券公司理财一般包括股票、基金、商品期货、股指期货、期权等,个人或机构投资者可以按照其不同需求及投资偏好选择不同理财工具。

3)投资公司

投资公司理财一般包括信托基金、黄金白银投资、大宗商品现货投资、玉石、珠宝、钻石等,需要的起步资金较大,适合高端理财人士。

2.6 复利让财富倍增

在讲解复利之前，先来看一个有趣故事。

一个爱下象棋的国王棋艺高超，在他的国度从未有过敌手。为了找到对手，他下了一纸诏书，诏书中说无论是谁，只要打败他，国王就会答应他一个要求。

一天，一个年轻人来到了皇宫，要求与国王下棋。经过紧张激战，年轻人终于赢了国王，国王问这个年轻人要什么样的奖赏，年轻人说他只要一点点小小的奖赏。就是将他们下的棋盘上，在棋盘的第一个格子中放上一颗麦子，在第二个格子中放进前一个格子的一倍，每一个格子中都是前一个格子中麦子数量的一倍，一直将棋盘每一个格子摆满。

国王觉得很容易就可以满足他的要求，于是便同意了。但很快国王就发现，即使将国库所有的粮食都给他，也不够百分之一。因为即使一粒麦子只有一克重，也需要数十万亿吨的麦子才够。尽管从表面上看，他的起点十分低，从一颗麦子开始，但是经过很多次的乘积，就迅速变成庞大的数字。

这就是复利效果。

2.6.1 复利的定义

复利是从今天的价值或现价（PV）到未来价值（FV）的过程，是对本金及其产生的利息一并计算，也就是利上有利。复利计算公式：

$$FV = PV \times (1+i)^n$$

其中 PV 为现值或账户的初始数量；i 为利率或年投资回报率；n 为储蓄或投资年限；FV 为 n 年期末的未来价值。

例如，某投资者拿出本金 1 万元投资，年投资回报率为 10%，投资年限为 10 年，那么，10 年末的价值是多少？

$$FV = 10000 \times (1+10\%)^{10} = 25937.4246$$

为了更好地理解复利，表 2.1 显示了 10 年间投资回报信息，清晰地表明了每年赚取的利润及每年期末的价值。

表 2.1 未来价值和复利

年数	初始数量	所赚利息	期末数量
1	10000	1000	11000
2	11000	1100	12100
3	12100	1210	13310

（续表）

年数	初始数量	所赚利息	期末数量
4	13310	1331	14641
5	14641	1464.1	16105.1
6	16105.1	1610.51	17715.61
7	17715.61	1771.561	19487.171
8	19487.171	1948.7171	21435.8881
9	21435.8881	2143.58881	23579.47691
10	23579.47691	2357.947691	25937.4246

> 提醒：年投资回报率越高，投资时间越长，未来价值越大。

2.6.2 复利的计算

复利的计算方法有两种，第一种：如果你对办公软件 Excel 比较熟悉，则可以利用其内置函数 FV 来快速计算复利；第二种：利用拇指法则来估计未来价值，拇指法则又称"72 法则"。

1. 内置函数FV

（1）打开 Excel 软件，选择一个单元格，然后鼠标指向"编辑栏"中的"="号，显示"编辑公式"提示信息，如图 2.4 所示。

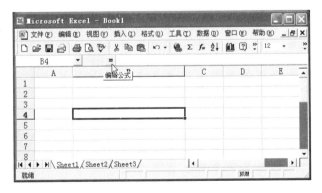

图2.4 "编辑公式"提示信息

（2）单击"编辑栏"中的"="号，显示"公式选项板"，单击左侧下拉按钮，在弹出菜单中选择"其他函数"项，如图 2.5 所示。

（3）单击"其他函数"选项，弹出"粘贴函数"对话框，选择"财务"函数类中的"FV"函数，如图 2.6 所示。

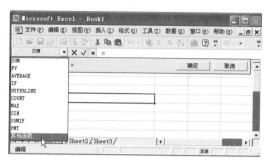

图2.5 公式选项板

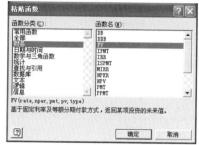

图2.6 "粘贴函数"对话框

（4）选择"FV"函数，单击"确定"按钮，即进入 FV 函数面板，如图 2.7 所示。

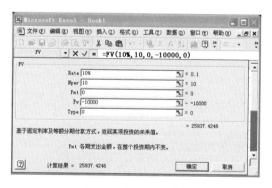

图2.7 FV函数面板

FV 函数共有 5 项参数，下面来具体说明。

◎ Rate：利率或年投资回报率。
◎ Nper：总投资期。
◎ Pmt：各期支出金额。
◎ Pv：投资开始计算时已经入账的款项，需要注意的是，现金流入与流出分别用正号与负号表示，这里要求现值的输入值是负。
◎ Type：指定付款的时间是期初或期末，0 表示期末，1 表示期初。

（5）正确输入各参数后，单击"确定"按钮，就可以快速计算出复利，如图 2.8 所示。

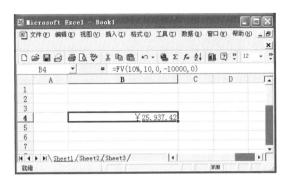

图2.8　利用Excel快速计算复利

2. 72法则

72法则是指一笔资金在价值上翻番需要的时间约等于72除以用年百分比率的形式表示的利率或年投资回报率：

翻番需要的时间 = 72 ÷ 年利率（或年投资回报率）

如果按年投资回报率为5%，使你的资金翻番大约需要14.4年；如果按年投资回报率为10%，使你的资金翻番大约需要7.2年；如果按年投资回报率为15%，使你的资金翻番大约需要4.8年；如果按年投资回报率为30%，使你的资金翻番大约需要2.4年。以此类推。

2.6.3 复利的应用

随着年投资回报率不断增长，财富翻番所需要的时间会迅速缩短，所以老百姓如何让手中的余钱在投资安全的前提下，获得较高的投资回报是相当重要的问题。如果投资者具有较高的风险承受能力、丰富的投资经验，那么就可以把大部分余钱用于风险投资（股票投资等），只用较少的一部分余钱进行储蓄防老。

1. 风险投资

中国经济正处在中高速发展阶段，即中国经济具有良好的预期，那么老百姓就可以进行风险投资，因为良好的预期，首先反映在股市上，即造成股价的上涨，这样投资股市，就会有较好的收益。

> 提醒：股市风险较高，如果是新手，最好经过半年时间的学习训练，然后再利用少量资金入市。经过实战操作后，如果适应这个市场，就可以再加大资金量。

股市是金钱满天飞的市场，不能企图抓住所有机会，只需认真分析，抓住能抓住的机会，不要希望每年资金翻番，只需每年具有 20% 的年回报率即可。以股神沃伦·巴菲特为例，他从 1965 年接手伯克希尔·哈撒韦公司以来，50 多年来的股市年投资回报率平均只有 20% 左右，它的股票价格就从当年的每股 19.46 美元涨到 2019 年末的每股 34.72 万美元，增高了近 17841.73 倍。

千万不要小看 20% 左右的年复利率，乍一看并不高，甚至比美国 30 年长期国债利率还要高不少，但复利计算公式告诉我们，对于年复利率来说，哪怕只要高出一点点，最终结果就会有天壤之别。

假如你投入股市的资金为 3 万元，年投资回报率分别为 15%、20%、30%，则 20 年后你拥有的资产分别为：

FV15% = 30000 ×（1+0.15）20 = 49.09961218 万元

FV20% = 30000 ×（1+0.20）20 = 115.0127998 万元

FV30% = 30000 ×（1+0.20）20 = 570.1489132 万元

2. 储蓄防老

假如你现在 20 岁，同时正在考虑将 1 万元存入一个账户，该账户在 45 年里每年支付 8% 的利率。在你 65 岁时，这个账户的余额是多少？多少是单利？多少是复利？如果你可以找到一个每年支付 9% 的利率账户，65 岁时你在该账户中的余额是多少？

65 岁时账户中的余额为：

FV8% = 10000 ×（1+0.08）45 = 31.92044939 万元

所赚利息：31.92044939 − 1 = 30.92044939 万元

单利： 10000 × 0.08 × 45 = 3.6 万元

复利： 所赚利息 − 单利 = 30.92044939 − 3.6 = 27.32044939 万元

按年利率 9% 计算，65 岁时账户中的余额为：

FV9% = 10000 ×（1+0.09）45 = 48.3272861 万元

看上去利率只增加 1%，却将导致在 65 岁时拥有额外的 16.40683671 万元（48.3272861 − 31.92044939），增长率超过 50%（16.40683671 ÷ 31.92044939 ≈ 0.514）。

所以，在长期投资中，年投资回报率的微小差异可以导致未来价值的巨大差异。正应了一句古话："差之毫厘，谬以千里。"

> 📶提醒：72 法则可以帮助我们进行模糊计算，按 8% 的年利率，那么 1 万将大约每 9 年翻一番，45 年后翻 5 番，得到 32 万元，这与前面计算的精确值 31.92044939 万元相差无几；如果按 9% 的年利率，则每 8 年翻一番，45 年大约翻 5.5 番，因此，未来价值应当比年利率 8% 时多出大约 50%。

3. 偿还贷款

假如毕业后 60 年，你收到一封来自曾经就读大学的信件，这封信告诉你，他们刚发现你没有支付最后的 100 元学生活动费用，因为这是大学管理的失误，所以决定收取仅为 5% 的年利率。你的大学希望你能在即将到来的毕业班 60 周年纪念聚会时偿还这项费用。作为一位忠诚的校友，你认为有义务进行偿还，那么你应偿还多少呢？

FV5% = 100 × （1+0.05）^{60} = 1867.92 元

2.7 理财的误区

关于理财的误区有多个方面，如理财的笼统性观念误区、理财的支出和节省误区、理财的债务和贷款误区、理财的投资误区，如图 2.9 所示。

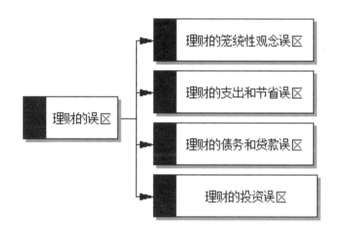

图2.9　理财的误区

2.7.1 理财的笼统性观念误区

我们通常都有一些对金钱消极的、笼统的观念。无论这些观念从何而来，但是其中有不少是错误的，具体如下。

1）我不配成为富人

有很多人认为，自己没有过人的头脑，没有显赫的家世，不可能成为富人。其实总有一些人是通过诚实手段获得成功的。致富有什么不对的呢？相信这个观点，就会扭曲你迎接机遇的意愿。要记住，政府、医疗保障等社会福利项目所能提供给你的，不会像你所想的那么多。

2）富人为富不仁

你认为，富人都是贪得无厌、自私自利、冷漠无情，诸如此类。"钱是万恶之源"之类的说法有种种版本，但圣经里真正说的是"爱财是万恶之源"。这是两个截然不同的观念，但错误的解读造成某些人，甚至整个社会对金钱避之不及。富裕起来，开展你自己的幸福计划，把财富捐献给你选择的慈善事业。

3）有很多钱才能致富

富裕的标准因人而异，不要跟人攀比，让事情简单一些。关键是要尽早起步，至少从现在开始。利滚利能令财富实现增长，但如果你跟不上通货膨胀的形势，就积累不了财富。

4）物质光鲜的人是富人

经验表明，人会由于许多原因而产生嫉妒或者愤愤不平，目睹别人的物质财富通常是其中之一。不过千万别那么肯定地以为，你旁边那位拥有宽屏电视、雪地摩托、游泳池、最新款汽车……几乎应有尽有的邻居貌似很富有（拥有流动资产），甚至快乐。可是，他为了撑起门面，可能正债台高筑。

5）钱让人快乐，钱让人不快乐

钱本身其实并没有那么大的能耐让你快乐或者不快乐。有快乐的穷人，也有郁郁寡欢的富人。钱越多确实能应付账单，前提是你懂得如何管理财富。但比较有钱的人也会有不必要的开支，到最后实际上财富减少了。

6）努力工作，积蓄收入致富

致富有很多因素，但靠这些因素自己发挥作用是不够的。储蓄是线性的，投资才能增加财富。别只是一味储蓄。开始从你的工资卡定期自动划出一小笔资金，存入退休金账户。

7）赚大钱致富

富不富裕是由流动资产和投资来界定的，而不是你工作收入有多少。那些挣钱较多但没有可支配收入计划的人，到头来只是在消耗收入。

8）节俭致富

节俭致富，几乎不可能。过于节俭只能让你陷入一种不够用的心态，让你错过获得财富的机遇，因为你的注意力都放在了节省每一分钱上。

2.7.2 理财的支出和节省误区

建立财富，必须节省大于支出。一旦挣到钱，需要享受，同时也要节省下一部分，只要这样，才能慢慢富起来。

1）购买打折的商品能节省钱

使用优惠券能省钱是一种荒谬的说法，经常是你所买的打折的商品是你想要的，而非必需的。更糟的是你需要驾车到很远的地方去买它，许多人为了节省钱去批发商场购物，即使那要驾驶较远的距离往返，花费汽油和时间。他们往往还会购买几大箱食品，甚至会"因为它们便宜"而购买量远远超出平时的需用量。请注意，你花了1000元购买了半价商品，并不意味着你节省了500元，而极可能多花了500元。

2）两笔收入比一笔好

两笔收入比一笔好，这并不总是正确的，因为两笔收入经常诱惑或需要你花费更多，而导致节省更少。如果在一个家庭里，你有两笔收入，你确实需要很好地加以管理，将剩余的部分节约下来。这看上去好像有一点牺牲，但你却因此能够节省下一笔钱供家庭年度旅游。节省意味着你现在不再需要去炫耀奢侈品，用信用卡付账。取而代之，你只支付你负担得起的，而且你存下的钱能为你产生更多的利息。

3）你需要去挣更多的钱，而不是节省

试想一下：如果你突然挣钱少了，会发生什么？你的判断还对吗？所以请从你的所得中节省一个百分比，并把它放到某个地方。如果你自觉性不够，那就让它自动从你的工资中扣除一部分资金，放到退休金账户上。

4）节省太困难了，我总是不能挣到足够的钱

养成节省的习惯是困难的，的确需要作出牺牲，关键是你要明白什么对你才是更重要的。

每年平均约有48个工作星期，或240个工作日。在每一个工作日，如果你可以比平时早起15分钟，以便有时间在家中用餐，只需要花费4～6元，你就能节省下在公司附近的早餐馆里12～18元的早餐费，那每天就可以节省下8～12元，8～12元/天×240天=1920～2880元/年。

如果这对你来说是不难做到的，那你会怎么用这笔钱呢？如果你想把它储存到某个地方，建议你储存到余额宝，它能给你比普通账户更多的利息，这样你还能拥有比股票和债券更多的流动资金。通过使用正确的工具，你不仅可以给自己多一个依靠，还能追踪你的财务。

2.7.3 理财的债务和贷款误区

债务和贷款方面有以下误区。

1）欠债不好

被计划好的欠债是好的，它有助于建立你的信用度。然而，信用卡上的债务却非常不好，要尽量避免。任何被用于赚取财富的债务（如资产和股票），如果被正

确地投资,都是好的。

2)共同签署承担一笔贷款是小事一桩

在你们共同签署承担一笔贷款前,不管这笔贷款是关于什么的,都请谨慎小心!因为依据法律,如果你的合签人违规,你同样需要对此负责。这很糟糕,因为你的信用度也会受到影响。虽然不公平,但这却是事实。

3)零欠款的信用卡省钱

信用卡总能引诱你花更多钱。如果没有及时偿还,很可能得付比平常高得多的利息。当然,我们都知道,信用卡的错误使用(经常归咎于在信用卡还款上糟糕的个人财务自律性)会导致很糟糕的信用度。

2.7.4 理财的投资误区

理财的投资误区具体如下。

1)房地产总是最好的投资

注意,如果你已经有足够的财产,并清楚地知道自己在做什么,那房地产有时可能是一笔很好的投资。但如果你负担不起,并且不得不采取抵押贷款,甚至双份抵押贷款,你就应该反复斟酌了。

2)房地产总是容易累积资产

在炒房市场上,有的人买了几套房子还想再买。事实上,如果大部分的钱都投资房产的话,风险过高,也会让你的资产变现能力降低。另外,很多炒房者,想靠租金来养房。需要注意的是,不可靠的租户足以毁了你的房产价值,损害你的信用度、掏空你的钱袋。而且好的物业管理也是需要钱的。

3)跟风赚钱

人人都具有从众心理,当看到别人炒股、购买基金很轻松地就能赚到钱的时候,很多不懂得半点投资的人就一头扎进了证券市场,或者是根据市场的小道消息就作出投资的决定,其结果往往事与愿违,造成很大的损失。

事实上,理财需要充分了解自身的风险承受能力、财务目标等个人基本信息,也需要尽可能多地了解市场行情。

2.8 规划好理财,享受复利

了解了投资理财的要素后,你是否开始规划自己的投资理财呢?每个人都希望过上好日子,绝不仅仅只是为了满足由生到老的基本生活需求。然而职业上的收入是非常有限的,因此,当财富累积到一定程度后,理财的重点在于资产的保值和增值,也就是有效地运用财富,产生投资收益,让自己和家人过上更好的生活。

规划自己的理财,就是使资金发挥最大的效用,同时实现财富最大化的保值和增值。规划理财共有4个步骤,分别为摸清自己的资产状况、设定自己的理财目标、明确风险类型、制定理财规划并执行,如图2.10所示。

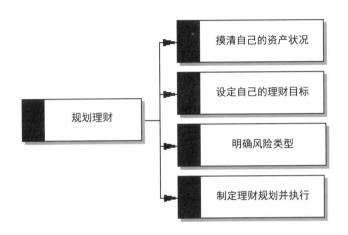

图2.10　规划理财

2.8.1 摸清自己的资产状况

在规划自己的理财之前,首先要摸清当前自己的资产状况。建议你建立一个财务档案,里面包括你或家庭的现在资产、负债、收入、费用等所有与钱有关的资料,这样就能对自己的财富一目了然。

> 提醒:知道有多少财可以理,这是规划自己理财的最基本前提。

2.8.2 设定自己的理财目标

无论做什么事情,都要有目标。当然,每个人的情况不一样,目标也会有所不同。

长期目标一般指的是从现在开始,一直到退休或死亡前想达成的财务目标,因此期限一般都是10年以上。比如说有些人希望自己的孩子将来受高等教育,因此必须累积足够的资金作为孩子的学费及生活费;有些人希望自己能在30岁前有资金自己创业,成就事业的巅峰。

也有一些人希望自己退休后能拥有可随心所欲支用的财富,这样就不必向孩子索取生活费,能够靠自己维持一定的生活水准;还有一些人希望能留给孩子一些固定或流动资产等。

根据每个人的需要和年龄段的不同，目标也会不同，因此很有必要对目标进行分期设定、定期修正。

2.8.3 明确风险类型

投资理财都有风险，只不过有些投资理财品种风险较小，有些投资理财品种风险较大，还有些投资理财品种风险极大，不适合一般投资者。

风险较小的投资理财品种：储蓄（如活期、定期、大额存单）、债券、银行理财产品（如保本理财产品、浮动收益理财产品）、货币基金、保险、信用卡等。

风险较大的投资理财品种：股票、基金、房地产、新三板、融资融券、纸黄金、纸白银、纸原油、P2P 网贷等。

风险极大的投资理财品种：期货、外汇、黄金、白银、现货、期权等。

总之，在投资理财之前，一定要根据自己的实际情况，考虑各种风险因素，找到适合自己的投资理财品种。

> 提醒：不要做不考虑任何客观情况的风险偏好的假设，比如说很多客户把钱全部都放在股市和期市里，没有考虑父母、子女，没有考虑家庭责任，这个时候他的风险偏好就偏离了他能够承受的范围。

2.8.4 制定理财规划并执行

心动不如行动，做好理财规划后，就要执行了，否则一切仍只是纸上谈兵，不会让你的财富增加。例如，根据现状，你可以考虑是否应该将套牢的股票认赔卖出，得到一笔资金，去做其他更有报酬率的投资，如购买基金、交给专家来帮你投资。或者还可以充分利用网络，以较优惠的费率通过网络购买，可节省许多时间与投资成本。此外，如果最近新添了一位家庭成员，在保险方面可能金额不够，应重新购买或增加保额。

另外，你也可以经常浏览投资理财网站的理财信息，关注理财动态，常读理财方面书籍，增进理财功力，再加上身体力行，必定可使你的财富能更有效地累积及应用。

第 3 章

如何利用股票进行理财

当前,最流行、最火爆的投资理财工具就是股票。很多人在规划自己的投资理财方案时,股票肯定是不会被忽略的一种投资工具,这样必然会涉及股票方面的一些基础知识和技巧。

本章首先讲解股票理财的优势及怎样才能成为股票理财的赢家,然后讲解股票理财的基本常识、分析技术,技术分析的类型及正确认识K线,接着讲解正确识别股市的底部和顶部,然后讲解股市买卖技巧、资金管理技巧、制订交易计划、良好的交易心态和江恩24条守则,最后讲解股票理财案例。

3.1 股票理财的优势

股票理财的优势主要表现在以下六个方面。

第一，每年有可能得到上市公司回报，如分红利、送红股。

第二，能够在股票市场上交易，获取买卖价差收益。

第三，能够在上市公司业绩增长、经营规模扩大时享有股本扩张收益。这主要通过上市公司的送股、资本公积金转增股本、配股等来实现。

第四，投资金额具弹性，相对于房地产投资，投资股票并不需要太多资金。由于股票价位多样化，投资者可以选择自己财力足可负担的股票买入。

第五，容易变现。如果投资者急需用钱，通常都能在当天卖出股票，则下一个交易日便可以收到股款。与房地产相比较，易变现。

第六，投资好的股票还能避免货币的贬值，有保值的作用。

另外，股票理财有助于提高我们对很多事物的判断能力，特别是价值判断能力。这些能力无论是对投资还是对工作都很重要。同时，收入渠道的拓宽，也能够让我们在职场上打拼的时候，有更从容的心态。所以投资和工作应该是相辅相成的。

总之，对新一代职场人群来讲，股票理财将是一生资产配置、财富管理最重要也是最不可或缺的领域。俗话说，人无股权不富。全世界最富裕的人都在投资股市。只要掌握了正确的投资方法，长期实践，你也能够像那些聪明、富有的人一样，获得长久稳定的回报。

3.2 怎样才能成为股票理财的赢家

很多没有投资经验的新股民，往往会急不可耐地步入股市。在本应该学习和实践的时间里，将资金轻松地送入股市，然后永久性地离开。他们如此地慷慨，以至于失去了多年的财富积蓄，甚至需要资金启动的更多机会。

无视学习、轻视经验、不尊重市场，是所有新股民常犯的错误。另外，还有一部分投资者忽视了知识的全面性，而一味追求某一类知识或技能，最终出现输资金、输时间、输精力的"三输"状态。

金钱飞舞的股市，对于不肯认真学习的投资者来讲，确实是一部绞肉机，绞碎了他们的财富梦想；对于专心学习并能灵活应用的投资者来讲，就是一部提款机，长期实现丰厚收益，甚至每周都会有取款获利的机会。

股市是一个大的逐利场，逐利者拼的是知识、是情商，如果你想成为股票理财的赢家，就需要拥有更丰富的知识和经验。所以说，全面学习、努力实践，做到比你的对手了解更多、付出更多,才是盈利的基础。

要想成为股票理财的赢家,就必须过以下4关。

第一关:买卖什么股票,即选股。选股与公司分析、政策分析等有关,当然短线、中线、长线不同投资者也不同。

第二关:何时买卖股票,即股票买卖的时机。股票买卖的时机与技术分析、主力分析等有关,当然短线、中线、长线不同投资者也不同。

第三关:使用什么方法进行股票交易,这与资金大小、知识结构、资料收集、盯盘时间等有关。

第四关:如何控制股票交易,这与交易心理、交易素质、操作规则、资金管理等有关。

3.3 股票理财的基本常识

股市理财常识是很多投资者最不重视的部分,但这恰恰是交易对象和交易市场的本质。很多看似莫名其妙的股价波动,其实往往来自市场属性和市场要求。

3.3.1 什么是股票

股票是股份证书的简称,是股份公司为筹集资金而发行给股东作为持股凭证并借以取得股息和红利的一种有价证券。每股股票都代表股东对企业拥有一个基本单位的所有权。

> 提醒:证券是多种经济权益凭证的统称,用来证明持券人有权按其券面所载内容取得应有权益的书面证明。

> 提醒:有价证券是一种具有一定票面金额,证明持券人或证券指定的特定主体拥有所有权或债权的凭证。钞票、邮票、印花税票、股票、债券、国库券、商业本票、承兑汇票、银行定期存单,等等,都是有价证券。

下面来举例说明。

例如,你和两位朋友三人一起开了一家公司,你出20万元,他俩各出10万元。这样,你们公司总投资就是40万元,你就享有50%的股权,他俩各享有25%的股权。则你们的公司共3个股东。

所谓股权,就是某人在企业中所占的股份的权利。其包括决策权和分红权。决策权,就是说话的分量,占股份多的决策权就大。分红权,就是按照股份比例分配利润的权利,股份大的分红就多。

如果把上述的股份情况,用一张纸印刷成一个证书,上面印有:某某人,在某公司占有百分之多少的股份。这个证书就称为股票。

所以,股票只是股权的一个表现形式。就像被工作单位录用,会发一张工作证,证明你是该单位的职工一样,如果给你一张股票,就证明你是该公司的股东了。

3.3.2 股票的类型

按照不同的分类方法,股票可以分为不同的种类。

按股票持有者可分为国家股、法人股、个人股三种。三者在权利和义务上基本相同。不同之处是国家股投资资金来自国家,不可转让;法人股投资资金来自企事业单位,必须经中国人民银行批准后才可以转让;个人股投资资金来自个人,可以自由上市流通。

按股东的权利可分为普通股、优先股及两者的混合等多种。普通股的收益完全依赖公司盈利的多少,因此风险较大,但享有优先认股、盈余分配、参与经营表决、股票自由转让等权利。优先股享有优先领取股息和优先得到清偿等优先权利,但股息是事先确定好的,不因公司盈利多少而变化,一般没有投票及表决权,而且公司有权在必要的时候收回。优先股还分为参与优先和非参与优先、积累与非积累、可转换与不可转换、可回收与不可回收等几大类。

股票按票面形式可分为有面额、无面额及有记名、无记名四种。有面额股票在票面上标注出票面价值,一经上市,其面额往往没有多少实际意义;无面额股票仅标明其占资金总额的比例。我国上市的都是有面额股票。记名股将股东姓名记入专门设置的股东名簿,转让时须办理过户手续;无记名股的名字不记入股东名簿,买卖后无须过户。

按享受投票权益可分为单权、多权及无权三种。每张股票仅有一份表决权的股票称单权股票;每张股票享有多份表决权的股票称多权股票;没有表决权的股票称无权股票。

按发行范围可分为A股、B股、H股和F股四种。A股是在我国国内发行,供国内居民和单位用人民币购买的普通股票;B股是专供境外投资者在境内以外币买卖的特种普通股票;H股是我国境内注册的公司在香港发行并在香港联合交易所上市的普通股票;F股是我国股份公司在海外发行上市流通的普通股票。

3.3.3 股票的价格

股票的价格有 5 种，分别是面值、净值、清算价格、发行价和市价，如图 3.1 所示。

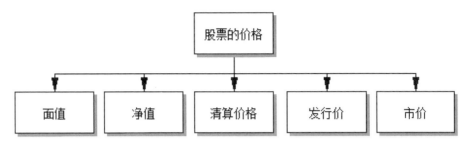

图3.1 股票的价格

1）面值

股票的面值，是股份公司在所发行的股票票面上标明的票面金额，它以元/股为单位，其作用是用来表明每一张股票所包含的资本数额。在我国上海证券交易所和深圳证券交易所流通的股票的面值均为壹元，即每股一元。

股票面值的作用之一是表明股票的认购者在股份公司的投资中所占的比例，作为确定股东权利的依据。例如，某上市公司的总股本为 1000000 元，则持有一股股票就表示在该公司占有的股份为 1/1000000。第二个作用是在首次发行股票时，将股票的面值作为发行定价的一个依据。一般来说，股票的发行价格都会高于其面值。当股票进入流通市场后，股票的面值就与股票的价格没有什么关系了。股民爱将股价炒到多高，它就有多高。

2）净值

股票的净值，又称为每股净资产，是用会计统计的方法计算出来的每股股票所包含的资产净值。其计算方法是用公司的净资产（包括注册资金、各种公积金、累积盈余等，不包括债务）除以总股本，得到的就是每股的净值。股份公司的净值越高，则股东实际拥有的资产就越多。由于净值是财务统计、计算的结果，数据较精确而且可信度很高，所以它是股票投资者评估和分析上市公司实力的重要依据之一。我们应注意上市公司的这一数据。

3）清算价格

股票的清算价格是指一旦股份公司破产或倒闭后进行清算时，每股股票所代表的实际价值。从理论上讲，股票的每股清算价格应与股票的净值相一致，但企业在破产清算时，其财产价值是以实际的销售价格来计算的，而在进行财产处置时，其售价一般都会低于实际价值。所以股票的清算价格就会与股票的净值不一致。股票的清算价格只是在股份公司因破产或其他原因丧失法人资格而进行清算时才被作为确定股票价格的依据,在股票的发行和流通过程中没有意义。

4)发行价

当股票上市发行时,上市公司从公司自身利益以及确保股票上市成功等目的出发,对上市的股票不按面值发行,而制定一个较为合理的价格来发行,这个价格就称为股票的发行价。

5)市价

股票的市价,是指股票在交易过程中交易双方达成的成交价,通常所指的股票价格就是指市价。股票的市价直接反映股票市场的行情,是股民购买股票的依据。由于受众多因素的影响,股票的市价处于经常性的变化之中。

3.3.4 股票的交易流程

在要进行股票交易时,其一般流程如下。

(1)在证券公司开立沪深证券账户。
(2)选择合适的证券营业部开立资金账户。
(3)设立银证转账账户。
(4)开户时向证券公司提出网上交易的需求,同时设置网上交易密码和通信密码。
(5)在证券公司指定网站下载相关的网上交易软件和行情分析软件。
(6)登录交易软件,输入资金账户号码、交易密码、通信密码等信息。
(7)银证转账。
(8)随时交易下单。

3.3.5 如何开户

新股民要做的第一件事就是为自己开立一个证券账户(即股东卡),然后选择合适的证券营业部开立资金账户,再设立银证转账账户,这样新股民就可以进场交易了。

办理沪深证券账户是走进股市的第一步。沪深证券账户可以视为投资者进入股票交易市场的通行证,只有拥有它,才能进场买卖证券。

无论是深圳证券账户,还是上海证券账户,一张证券账户卡可以在全国任何一家交易所会员券商处开户,两者不同的是,深圳证券账户可以在多家证券营业部开户并可同时交易;而上海证券账户必须办理指定交易,即在指定的一家证券营业部办理手续。

> 提醒：证券账户卡可分为深圳A股、深圳B股、上海A股、上海B股、基金账户卡等几种。由于证券账户不能通用，所以投资者要同时办理多个证券账户卡。注意，上海证券账户，可以购买上海挂牌上市的股票、基金和债券；深圳证券账户，可以购买深圳挂牌上市的股票、基金和债券。另外，应注意基金账户卡只能购买基金，不能购买股票。

办理证券账户卡的具体方法如下。

1）个人投资者办理证券账户卡

持本人身份证及复印件到当地证券登记机构办理；由他人代办的，须提供代办人身份证及其复印件、授权委托书。登记公司收费标准：上海证券交易所40元/户，深圳证券交易所50元/户。

> 提醒：现在证券登记机构为了吸引客户，这部分费用常常给省了，即不需要交纳这部分费用。

2）机构投资者办理证券账户卡

机构投资者须提供的资料：营业执照（副本）及其复印件（须加盖公章）、法人代码证、法人代表证明书、法人委托书、开户银行名称及账号、经办人身份证及复印件。登记公司收费标准：上海证券交易所400元，深圳证券交易所500元。

3）办理B股证券账户卡

投资者须提供境外人士身份证明护照。深圳证券交易所开户收费标准：个人120港元/户，机构为580港元；上海证券交易所开户收费标准：个人为19美元/户，机构为85美元。

3.3.6 如何选择营业部

开立了股票账户卡，只是具备了进行股票交易的资格，还不能立即进行股票交易。要买卖股票，还必须选择一家证券营业部作为证券交易的经纪商，代理人到交易所进行交易，并办理交割、清算、过户等手续。所以选择合适的证券营业部，可以为投资者以后的操作方便。选择证券营业部要注意以下几点。

> 提醒：现在很多证券营业部可以直接办理股票账户，这样就给投资者提供了极大的方便。

1）选择离自己较近的证券营业部

一般情况下，采用就近原则，这样更方便自己常去证券大厅了解行情。

2）选择服务质量较好的证券营业部

证券营业部接受投资者的股票买卖委托，要从中收取一定的交易费用，所以从某种意义上来说，投资者是证券营业部的"上帝"，即证券营业部应提供良好的服务，并为投资者提供相应的理财知识。

很多实务强、信誉好的券商常常有一批高素质的研究人员，能够为投资者提供全方位的理财服务，如定时提供盘后分析、个股推荐、操作建议等。

3）选择设备齐全的证券营业部

投资者在证券公司看盘、交易、全部依赖券商提供的行情显示、行情分析、委托交易的设备。这些设备主要有大盘分时走势系统、成交回报系统、自助委托系统、自助交割系统等。设备齐全有助于投资者及时作出正确决策。

投资者选定证券营业部后，即可在这里办理资金账户，具体步骤如下。

（1）个人开户须提供身份证原件及复件印、深沪证券账户卡原件及复印件；如果是代理人，还须与委托人同时临柜签署《授权委托书》并提供代理人的身份证原件和复印件。法人机构开户应提供法人营业执照及复印件、法人代表人证明书、证券账户卡原件及复印件；法人授权委托书和被授权人身份证原件及复印件、单位预留印鉴。

（2）填写开户资料并与证券营业部签订《证券买卖委托合同》，同时签订有关沪市的《指定交易协议书》。

（3）证券营业部为投资者开设资金账户。

（4）开通网上交易、电话委托业务功能的投资者，须当场签订开通议书。

3.3.7 股票的交易时间

沪深市场股票的交易日：周一至周五（法定节日除外），交易时间具体如下。

9:15～9:25 集合竞价

9:30～11:30 前市，连续竞价

13:00～15:00 后市，连续竞价

(14:57～15:00 深圳为收盘集合竞价)

中国香港股票，周一至周五：早市 9:30～12:00，午市 13:00～16:00，周六、周日及香港公众假期休市。

上午 9:15 开始，股民就可以下单，委托价格限于前一个营业日收盘价的加减 10%，即在当日的涨跌停板之间。9:30 前委托的单子，在上午 9:30 时撮合，得出的价格便是所谓"开盘价"。

如果投资者委托的价格无法在当个交易日成交，在收盘时，该单子会自动撤销。如果投资者还想以该价格买进股票，需要在下一个交易日重新挂委托单。

3.3.8 股票的限价委托与市价委托

投资者下单报价时,有两种选择,分别是限价委托与市价委托。

1) 限价委托

限价委托,即限定想买进的价格。

例如,如果投资者想买进招商银行(600036)2000千股,价格为36.80元,这表示其最高愿意买招商银行(600036)的价格为36.80元。如果招商银行的价格始终高于36.80元,投资者委托的单子,就不会成交;如果招商银行的价格低于36.80元时,投资者的单子就会全部成交。如果招商银行的最低价格为36.80元,投资者的单子可能全部成交,也可能部分成交,也可能一点也不会成交。原因是股票在交易时,采取时间优先、价格优先,即先输入委托单者先成交,若同时输入,则市价优先于限价。

2) 市价委托

市价委托,就是以当时的行情价格买进。

例如,如果投资者想买进招商银行(600036)一手股票,是按市价委托的,这表示其愿意不惜代价买进招商银行(600036),在这种情况下,成交价格是多少纯粹看当时的行情走势。

不过,由于我国股市有涨跌停的限制,一档股票再怎么抢手,当天也只能涨10%,然后锁涨停,一档股票再怎么被嫌弃,一天也只能跌10%,所以,这里所谓的"不惜代价"还是在涨跌停的范围内,挂市价买,最高只可能买到涨停价,挂市价卖,最低只可能卖到跌停价。

3.3.9 股票的交易单位

每100股是一个成交单位,也称为1手。即1手=100股。不到1手的股票,如1股、10股,称为零股。

在委托买入股票时,只能以100股的整数倍进行委托,在卖出时可以有尾数(零股)。比如,可以买进300股,但不可以买进340股。卖出则不然。例如,投资者有600股股票,可以卖出100股、200股、500股等,但不能卖出150股。如果只剩100股(已经卖出了500股),则此时卖出股票,可以用零股进行委托。

3.3.10 股票的交易代码

在上海证券交易所,证券交易的证券代码具体规定如下。

(1) A股股票代码为"60"开头的6位阿拉伯数字,如"60××××",其中"××××"是根据公司在上海证交所申请上市的次序排列的。

（2）B股股票代码为"900"开头的6位阿拉伯数字，如"900×××"，后三位数字是公司上市排序。

（3）科创板股票代码为"688"开头的6位阿拉伯数字，如"688×××"，其中"×××"是根据公司在上海证交所申请上市的次序排列的。

（4）配股的代码为"700×××"，后三位数字是该股票代码的后三位数字。

（5）新股申购增发的代码为"730×××"，后三位数字是新股代码的后三位数字。

（6）指数的代码为"000×××"，如上证指数、沪深300指数等。

在深圳证券交易所，证券交易的证券代码具体规定如下。

（1）A股股票代码为"00"开头的6位阿拉伯数字，如"00××××"，其中"××××"是根据公司在深圳证交所申请上市的次序排列的。

（2）B股股票代码为"200"开头的6位阿拉伯数字，如"200×××"，后三位数字与A股的后三位相同。

（3）创业板股票代码为"300"开头的6位阿拉伯数字，如"300×××"，其中"×××"是根据公司在深圳证交所申请上市的次序排列的。

（4）A股增发的代码为"070×××"，后三位数字是该股票代码的后三位数字。

（5）指数的代码为"39××××"，如深证领先、中小板指数等。

3.3.11 股票名字前的字母含义

指数名字前的"G"是指"贡"字，也就是"贡献"的意思。单击一下可以看见所有股票对该指数的涨跌贡献度。

股票名字前面"L"是指"联"，也就是指关联品种，是指该股可能有B股、H股，或者是债券、权证。

下面介绍股票名称中的英文含义。

分红类：

XR，表示该股已除权，购买这样的股票后将不再享有分红的权利；

DR，表示除权除息，购买这样的股票后将不再享有送股派息的权利；

XD，表示股票除息，购买这样的股票后将不再享有派息的权利。

其他类：

ST，是对连续两个会计年度都出现亏损的公司施行的特别处理。ST即为亏损股。

*ST，表示连续三年亏损，有退市风险的意思。购买这样的股票要有比较好的基本面分析能力。

N，新股上市首日的名称前都会加一个字母N，即英文New的首字母。

S*ST，是指公司经营连续三年亏损，进行退市预警和还没有完成股改。

SST，是指公司经营连续两年亏损，进行特别处理和还没有完成股改。

S，是指还没有进行或完成股改的股票。

NST，是指经过重组或股改重新恢复上市的 ST 股。

3.3.12 股票交易的报价方式

上交所的股票交易报价方式有两种，分别为最优五档即时成交剩余撤销申报和最优五档即时成交剩余转限价申报。

1）最优五档即时成交剩余撤销申报

该申报在对手方实时最优五个价位内以对手方价格为成交价逐次成交，剩余未成交部分自动撤销。

【例】 某股票的卖方五档情况为：

卖 5   7.08   20
卖 4   7.07   15
卖 3   7.06   500
卖 2   7.05   40
卖 1   7.04   25

假如买方选择按最优五档即时成交剩余撤销申报方式进行申报，申报手数为 1000 手，那么该笔买入的最后成交情况为 7.04 元 25 手、7.05 元 40 手、7.06 元 500 手、7.07 元 15 手、7.08 元 20 手，剩余未成交的 400 手则自动撤单。

2）最优五档即时成交剩余转限价申报

该申报在对手方实时五个最优价位内以对手方价格为成交价逐次成交，剩余未成交部分按本方申报最新成交价转为限价申报。

例如，同上例的卖方挂单，选择最优五档即时成交剩余转限价申报方式进行申报，同样申报 1000 手，成交的 600 手分布状况同前例，但未成交的 400 手自动转为最新成交价 7.08 元进行买入申报。

深交所的股票交易报价方式有 5 种，分别为对手方最优价格申报、本方最优价格申报、最优五档即时成交剩余撤销申报、即时成交剩余撤销申报、全额成交或撤销申报。

1）对手方最优价格申报

该申报以申报进入交易主机时集中申报簿中对手方队列的最优价格为其申报价格。

【例 1】 某股票的卖方五档情况为：

卖 5   7.08   20
卖 4   7.07   15
卖 3   7.06   500
卖 2   7.05   40

卖1　7.04　25

假如买方选择按对手方最优价格申报方式进行申报，申报手数为1000手，那么该笔买入的申报价为对手方的最优价格——卖一价7.04元作为申报价格进行申报。

2）本方最优价格申报

该申报以申报进入交易主机时集中申报簿中本方队列的最优价格为其申报价格。

【例2】　某股票的买方五档情况为：

买1　7.08　20
买2　7.07　50
买3　7.06　300
买4　7.05　40
买5　7.04　25

假如买方选择按本方最优价格申报进行方式申报，申报手数为1000手，那么该笔买入的申报价为本方的最优价格——买一价7.08元作为申报价格进行申报。

3）最优五档即时成交剩余撤销申报

该申报以对手方价格为成交价格，与申报进入交易主机时集中申报簿中对手方最优五档价位的申报队列依次成交，未成交部分自动撤销。此方式同上海市价委托方式一。

4）即时成交剩余撤销申报

该申报以对手方价格为成交价格，与申报进入交易主机时集中申报簿中对手方所有申报队列依次成交，未成交部分自动撤销。此方式同方式三的区别在于前者的申报对手方仅为最优五档的对手方，而后者的申报对手方为所有对手方。

5）全额成交或撤销申报

该申报以对手方价格为成交价格，如与申报进入交易主机时集中申报簿中对手方所有申报队列依次成交能够使其完全成交的，则依次成交，否则申报全部自动撤销。此方式同方式四的区别在于使用前一种申报方式进行申报可能会产生部分成交，部分撤单的情况；而采用后一种申报方式如果不能全部成交，则会全部撤单。

3.4　股票理财的分析技术

股票理财的分析技术有两种，分别是基本面分析和技术分析。

3.4.1　基本面分析的特点

基本面分析重在对经济政策、行业动态、股票的价值等因素进行分析，以此来研究股票的当前价格是否合理。

基本面分析的目的是判断股票现行的价格是否合理,并描绘出其长远的发展空间。

通过基本面分析,投资者可以获知应该购买何种股票,但却不知道何时才是价格的顶部或底部,何时才是最佳的进、出场时机。

利用基本面分析,可以预测股票的中长期趋势,这样有利于我们在股市低迷时挖掘出潜力品种,低价买入。但前提是投资者对自己的分析要有信心,买入之后不被短期内的市场悲观情绪影响,回避股价内短期的波动。

3.4.2 技术分析的特点

技术分析是通过图表上价格的涨跌变化和成交量等数据,来研究市场过去及现在的行为反应,以推测股票未来价格的变化趋势。一般来说,技术分析只关注股票在市场中的变化,而不考虑经济、政治等外部影响因素,是一种以结果推导结果的经验之谈。

技术分析注重短期分析,在预测旧趋势结束和新趋势开始的时机方面优于基本面分析,但在预测较长期趋势方面不如基本面分析。

因此,投资者可以用基本面分析来决策该不该入市及买进何种股票。同时,利用技术分析来决策该在何时、何种价格买卖更有利可图。

3.4.3 技术分析与基本面分析的联系

技术分析和基本面分析,都认为股票价格是由供求关系决定的。但基本面分析主要是根据对影响供求关系的种种因素的分析来预测股票未来的价格走势;技术分析则是根据价格本身的变化来预测股票价格的未来走势。

技术分析的逻辑:只要价格上涨,不论是什么因素,需求一定超过供给,后市理应看好;如果价格下跌,不管是什么原因,供给一定超过需求,后市就应该看跌。

技术分析所依赖的图表本身并不能导致市场的涨跌,它只是简明地显示了市场投资者现行的乐观或悲观心态,而技术分析者则正是从中窥出价格后期变化的可能性。

大多数投资者,要么说自己是技术分析派,要么说自己是基本面分析派,实际上很多投资者两手兼备。绝大部分基本面分析者对图表分析的基本立场有基本的了解,同时,绝大部分技术分析者对经济基础也至少有个走马观花的印象。

但问题是,在大多数情况下,图表的预测和基本面的分析南辕北辙。当一场重要的市场运动初露端倪时,市场常常表现得颇为奇特,从基本面上找不出什么缘由。

恰恰是在这种趋势萌生的关键时刻，两种分析方法分歧最大。等趋势发展一段时间后，两者对市场的理解又协调起来，可这个时候往往来得太迟，投资者已经无法下手。

总之，市场价格是实体经济的超前指标，即是大众常识超前指标。实体经济的新发展在被统计报告等资料揭示之前，早已在市场上实际发生作用，已经被市场消化吸收了。所以说，一些最为剧烈的牛市或熊市在开始的时候，几乎找不到表明实体经济已改变的资料，等到好消息或坏消息纷纷出笼时，新趋势早已滚滚向前了。

技术分析者往往非常自信，当大众常识同市场变化大相径庭时，也能够"众人皆醉唯我独醒"，应对自如。他们乐于领先一步，当少数派，因为他们明白，个中原因迟早会大白于天下，不过那肯定是事后诸葛亮，他们既不愿意也没有必要坐失良机。

3.5 技术分析的类型

技术分析发展到今天，形成了多种技术分析门派，创造了多种独立的技术分析体系。主要的技术分析方法有4种，分别为K线分析技术、趋势分析技术、形态分析技术和指标分析技术。

3.5.1 K线分析技术

K线分析技术，主要是利用单纯的K线图来预测价格的未来走势。价格是一切变化的前提，是趋势运动最重要的研究部分。最高价、最低价、开盘价、收盘价等都显示在K线图上，是绝大部分技术指标的先行指标和统计基础。

所以，研究K线就可以获得当前股票市场多、空力量的对比状况，并能进一步判断出市场多、空双方谁更占优势，以及这种优势是暂时的，还是决定性的。

K线分析技术包括两种，分别为单K线模式和多K线模式，如十字星、大阳线、空方尖兵、红三兵等。

3.5.2 趋势分析技术

趋势分析技术，是按照一定的方法和原则，在价格走势图中绘制直线，然后根据K线和这些直线的穿越情况来预测价格未来走势的方法。

当然，切线不是凭空乱画的，通常是根据股价阶段性的高点或低点，以及趋势的支撑部位或阻力部位来画线的，当然也有的是根据神秘的自然法则或数学规律来画线的。这些线条的产生符合一定的市场交易心理和自然规律，因而在某些时候也会产生一定的作用。

常用的趋势分析技术有趋势线、通道线、支撑线、压力线、黄金分割线等。

3.5.3 形态分析技术

在股价起起落落的时候，常常会在K线图表中留下一些投资者购买或抛售的预兆。形态分析技术，是根据K线图中过去所形成的特定价格形态，来预测价格未来发展趋势的一种方法。当然，这也是一种纯粹的经验性统计，因为在股票抛售或抢购的过程中，K线图表常常会表现出一些可以理解的、重复的价格形态。

著名的价格形态主要包括反转形态（双底、V形底、头肩顶、M顶）和各种持续形态（上升旗形、收敛三角形）。

3.5.4 指标分析技术

指标分析技术，是通过对原始数据（开盘价、收盘价、最低价、最高价、成交量、成交金额、成交笔数）的处理，来反映市场在某一方面深层的内涵，这些内涵是很难通过原始数据直接被看出来的。不同的处理方法产生不同的技术指标，即每一种技术指标都对应着一种处理原始数据的方法。

目前，应用于股市的技术指标有几百种，按照不同的计算原理和所反映状况，可大致分为趋向指标、反趋向指标、量价指标、压力支撑指标等。

1）趋向指标

趋向指标是识别和追踪有趋势的图形类指标，其特点是不试图猜顶和测底。如均线、MACD指标、SAR指标等。

2）反趋向指标

反趋向指标，又称振荡指标，是识别和追踪趋势运行的转折点的图形类指标，其特点是具有强烈的捕顶和捉底的意图，对市场转折点较敏感。如随机指标KDJ、强弱指标RSI等。

3）量价指标

量价指标就是通过成交量变动来分析捕捉价格未来走势的图形类指标，其特点是以"成交量是市场元气"为依据，揭示成交与价格涨跌关系。如OBV指标、VOL指标等。

4）压力支撑指标

压力支撑指标，又称通道指标，是通过顶部轨道线和底部轨道线，试图捕捉行情的顶部和底部的图形类指标，其特点是具有明显的压力线，也有明显的支撑线。如 BOLL 指标、XSTD 指标。

> 提醒：对于指标的应用，要记住经典图形的意义，但要根据大势和主力特征进行认真识别，因为有时很可能是主力发的假信号，即通过操纵价格绘制假指标图形，如果投资者信以为真，很可能一买就套，一卖就涨。

总的来讲，从时间上来看，K 线分析技术和指标分析技术有利于短线交易；趋势分析技术和形态分析技术有利于中长线交易。从结果上来看，这 4 类技术分析方法尽管考虑的出发点和表达方式不尽相同，但是彼此并不排斥，在使用上可以相互借鉴和融合。但投资者要明白，市场上不存在确切无误的指标或公式，即便是那些最常见的、总体上最可靠的分析方法和分析结论，也只能以一种概率性的表述而存在，不可有百分之百的准确。因为市场的本质是博弈对立的，正与反的界限不可能那么明确，否则就没有人会输钱，更不会有人赢钱。

3.6 正确认识K线

无数的 K 线组成一幅连续的 K 线分析图，但每根 K 线都有其自身的含义。K 线可以分为强势 K 线、较强势 K 线、弱强势 K 线和无势 K 线。

3.6.1 强势K线

强势 K 线共有 4 种，分别是光头光脚阳线、光头光脚阴线、大阳线和大阴线。注意这些强势 K 线出现在趋势的末端，则很可能物极必反，如图 3.2 所示。

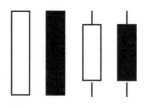

图3.2　强势K线

光头光脚阳线：意味着极端强势上涨，后市看多。
光头光脚阴线：意味着极端强势下跌，后市看空。
大阳线：意味着强势上涨，后市看多。
大阴线：意味着强势下跌，后市看空。

3.6.2 较强势K线

较强势K线共有4种，分别是光头阳线、光头阴线、光脚阳线和光脚阴线。注意这些较强势K线出现在趋势的末端，则已显示疲软之势，如图3.3所示。

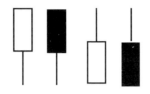

图3.3 较强势K线

光头阳线：意味着较强势上涨，影线表示曾一度遭遇空方反击。
光头阴线：意味着较强势下跌，影线表示曾一度遭遇多方反击。
光脚阳线：意味着较强势上涨，影线表示遇到空方反击了。
光脚阴线：意味着较强势下跌，影线表示遇到多方反击。

> 提醒：这4种K线都说明对方曾经反击过，尽管尚未成功，但要注意，反击开始了。

3.6.3 弱强势K线

弱强势K线从图形上来看是4种，其实是两种，1和2是一种，3和4是一种。如果弱强势K线出现在趋势的末端，往往有变局的意味，如图3.4所示。

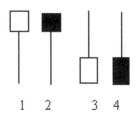

图3.4 弱强势K线

1和2如果出现在连续上涨的顶部，则称之为上吊线，表示曾遇到剧烈反击，后市有变；如果出现在连续下跌的底部，则称之为锤子线，表示曾遇到剧烈反击，后市有变。

3 和 4 如果出现在连续上涨的顶部,则称之为射击之星或流星线,意味着摸高受阻,后市有变;如果出现在连续下跌的底部,则称之为倒锤子线,意味着曾经大涨,后市有变。

> 📶 提醒:弱强势K线都有较长的影线,出现在连续运动后,说明对手剧烈反击过,后市有变。

3.6.4 无势K线

无势 K 线表示趋势僵持不下,但如果出现在趋势的末端,比前面的大阴阳线,更有变局之意味,如图 3.5 所示。

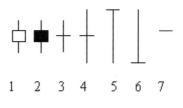

图3.5 无势K线

1、2 和 3 分别表示小阳线、小阴线、十字星线,当它们出现时,一般不能确定后市运动方向。但在连续上涨后出现,说明涨势停顿,后市有变;在连续下跌后出现,说明跌势停顿,后市有变。

4 表示长十字线,又称为长十字星线,其意义与十字星线相同,但疲软的性质和僵持的意义更强烈。

5 如果出现在连续上涨的顶部,称之为风筝钱,表明曾遇到剧烈反击,后市有变;如果出现在连续下跌的底部,则称之为多胜线,表明曾遇到剧烈反击,后市有变。

6 如果出现在连续上涨的顶部,称之为灵位线,表明摸高受阻,后市有变;如果出现在连续下跌的底部,则称之为空胜线,表明曾遇到剧烈反击,后市有变。

> 📶 提醒:前面这6种无势K线,说明多、空双方僵持不下,失去了方向感,但在连续涨、跌势的末端,则往往意味着情况不妙。

7 表示一字线,说明开盘价、收盘价、最高价、最低价在同一价位,出现于股市中的涨跌停板处。

总体来说,阳线实体越长,越有利于价格上涨,阴线实体越长,越有利于价格下跌;但连续强势上涨后,谨防盛极而衰;连续强势下跌之后,可能否极泰来。如果影线相对实例来说非常小,则可以忽略不计,即等同于没有;如果影线很长,则说明多、空双方争斗非常激烈，后市不确定。十字星的出现往往是过渡信号，而不是反转信号，意味着市场暂时失去了方向感，投资者可以继续观察几个交易日。

3.7 正确识别股市的底部

无论是大盘或个股，一旦走熊，最终的底部是很难预测的。但底部区域来临时，具有丰富实战经验的理性投资者可以凭借知识和经验作出正确判断。股市底部可分为三大类，分别为长期底部、中期底部和短期底部。

3.7.1 如何识别长期底部

长期底部，又称大底，是熊市和牛市的产界点。长期底部的形成有两个重要前提，第一，导致长期弱势的宏观基本面利空因素正在改变过程当中，无论利空因素消除速度的快慢，最终结果必须消除；第二，在一个极低股价水平的基础上，投资者的信心开始恢复。

长期底部最终形成可能是利用某种利好题材促成的，但利好题材只是一个开头，绝不是反转的全部原因。只有市场存在空翻多的内在因素，才有走出大牛市的可能性。图 3.6 显示的是上证指数大幅下跌后出现的长期底部。

图3.6　上证指数大幅下跌后出现的长期底部

长期底部的特征共有以下 9 点。

1）投资者普遍亏损

绝大多数投资者出现亏损，并且亏损幅度在 50% 以上，甚至会导致股民跳楼事件发生；即便是主力机构也未能幸免。

2）股指快速下跌

当股指走势形成顶部后,一旦趋势反转的迹象出现,即使股指连续下跌 20% 也往往不会出现反弹的行情;同时,在跌势途中出现连续数日的巨幅阴线,促使股指快速下滑。

3）市场大面积跌停

在市场需要释放空头卖压时,由于无人愿意进场承接,于是往往会出现大面积的跌停现象,有时跌停的个股会达到沪深两市股票总数的 70% 以上,即 1400 多家。

4）抗跌股补跌

当绝大数股票都已经深幅下跌后,前期一些较为抗跌的强势股也开始出现补跌行情,无论是大盘蓝筹股,还是绩优股,还是基金重仓扎堆股,纷纷开始破位下行。

5）股指连续破位

一些具有历史意义的、曾被认为牢不可破的重要支撑位往往会被轻易击穿,而股指的某些整数关口也常常接连丢失,市场形成了"熊市不言底"的状态。

6）股民纷纷离场

在新股民开户数量不断下降的同时,旧股民开始不断离场,同时部分股民发誓不再进入股市,而在交易大厅里,也已经很难看到股民了。

7）融资功能衰竭

由于市场交易日趋低迷,导致新股上市和增发融资被迫减少或停止,使证券市场的融资功能出现衰竭的现象;此时,往往会有政策性利好消息出现,但投资者却普遍逢高减仓。

8）舆论反思不断

熊市思维畅通无阻,股民对各种利好消息充耳不闻,同时怨声载道;而新闻舆论则不断对股市现象进行反思或抨击,促使政策改良。

9）末期成交量增加

在股市持续下跌时间超过一年且下跌幅度超过 50% 以后,如果市场上的成交量开始持续增加,说明有新资金开始进场,等想卖股票的股民几乎都卖光后,市场底部就会出现。即只有等到中长线筹码和严重套牢盘不计成本地抛售,且市场出现巨大承接力量时,才说明市场已经临近长期的重要底部。

3.7.2 如何识别中期底部

中期底部,一般是在跌势持续时间较长、跌幅在 50% 以上之后才会出现的中级反弹。中期底部的出现不需要宏观基本面因素的改变，但往往需要消息面的配合，即先利用重大利空使股价加速下跌，然后再利用利好消息配合市场形成触底反弹走势。图 3.7 是深证指数大幅下跌后出现的中期底部。

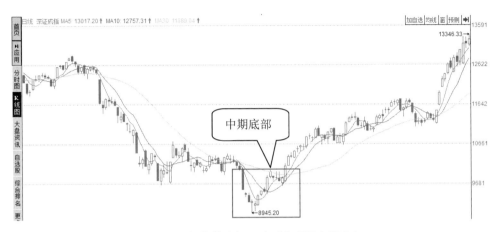

图3.7　深证指数大幅下跌后出现的中期底部

中期底部的特征共有以下 5 点。

（1）个股往往通过半个月至 2 个月的周期，形成头肩底、W 底、V 形底、圆弧底等形态。

（2）股价常常运行在 45 日均线之上，即使出现回调，通常也不会有效跌破 90 日均线。

（3）股价回调的幅度往往会比较深，但通常不超过前面上涨幅度的 50%。

（4）股价回调的时间往往不会太长，通常不超过 2 个月。

（5）个股往往呈现出上涨有量而回调无量的现象，说明市场抛压较轻，主力没有出局。

3.7.3　如何识别短期底部

短期底部是指股价经过一段时间的连续下跌之后，因导致短期技术指标超卖，从而出现股价反弹的转折点。

短期底部以 V 形居多，在探出底部前常常出现 2～3 根比较大的阴线，然后出现见底的 K 线组合，如好友反攻、曙光初现、早晨之星等。图 3.8 是深证指数下跌时出现的短期底部。

图 3.8　深证指数下跌时出现的短期底部

短期底部的特征共有以下 5 点。

（1）个股日 K 线图上常常会出现长下影线或锤子线等带有触底反弹意义的 K 线。

（2）股价回落到 5 日、10 日、20 日均线时常获得支撑，或快速上穿 5 日、10 日等均线。

（3）股价的回落幅度往往很小，回落时间一盘以天来计算。

（4）由于时间太短，成交量可能放大也可能不放大，但基本上不会改变股价上涨的趋势。

（5）市场人气比较旺盛，热点持续不断，人们仍然积极看多。

3.7.4　千万不能把下跌途中的腰部当成底部

没有实战经验的投资者，常常把下跌途中的腰部当成底部，以致上主力的当，被主力套在高位。那么，投资者该如何理解股价的腰部呢？如何区分股价的腰部与底部呢？

一般来说，在下跌趋势中，股价腰部的形成常常是由以下三种原因造成的。

（1）由于基金掌控的品种无法形成真正的联合坐庄，大盘走势不好时就往往无法控制股价的跌势，而某些基金一旦认为大盘仍无法扭转熊市的状态，就会出现调整品种和减仓的动作。如此，现在的股价底部就会成为将来的股价腰部。

（2）当主力不愿意在股价顶部继续支撑时，就会暗中派发筹码并控制交易节奏，导致股价缓慢降到某一低位后好像会止跌回升；而事实上，如果大盘有向上的趋势，主力就会借反弹出货，如果大盘继续下跌，则主力会快速出局。那么，现在股价的底部就会成为将来股价的腰部。

（3）某些主力急于出局，往往就会快速拉低股价，把其他投资者套在高位而无法与之竞争出货，而后再在低位制造一波反弹行情，等短线投资者蜂拥而至时，主力则乘机完成筹码的派发工作。如此，现在的股价底部就会成为将来的股价腰部。

投资者应该如何区分股价的腰部和底部呢？常用的方法有以下三种。

（1）如果熊市已经来临或正在进行中，则"底部"一说不成立，真正的股价底部可能遥遥无期。

（2）如果没有经过下跌有量的过程，出现股价底部也是不现实的，因为卖压还没有释放。

（3）当股价从顶部跌下来时，如果连续跌幅没有达到40%，则该股真正的反弹行情难以出现；即使股价下跌幅度深且出现反弹行情，股价后期仍然会继续下跌，因为股价底部尚在下面。

3.8 正确识别股市的顶部

"底部三月，顶部三天"，这是股市描述顶底的谚语。虽然这并不是顶底准确的定义，却充分说明了"底部运行时间长，顶部运行时间短"的市场特征。一个投资者要想成为高手，必须熟知股市顶部的运行特征，这样才能准确判断顶部，从而更早地逃顶。中国股市顶部特征主要体现在三个方面，分别为顶部市场特征、利好顶部特征、顶部技术特征。

3.8.1 如何识别顶部市场特征

当各种新闻媒体天天被股市暴涨及各种财富神话充斥的时候，当菜场的买菜大妈和卖菜小贩谈论的不是菜价而是股价的时候，当证券类报纸杂志买不到的时候，当银行排队买基金的人已经发展到老大妈和老大爷的时候，当证券公司开户都需要排长队的时候，当周围新股民都开始互相推荐股票的时候，当遍地都有人自称"股神"的时候，当大型股票报告会人满为患的时候，这就是股市接近顶部的时候，投资者就要注意了。

这个道理很简单，市场怎么可能让每个人都赚钱呢？股市又不是生钱的地方，当大多数人都争先恐后购买股票时，就是大资金开始撤离的时候。股市只有"人弃我取，人取我予"才能赚到钱，在股市中，争抢股票的人往往是亏钱的人。

3.8.2 如何识别利好顶部特征

信息的传播是由点到面，逐渐散开，直到信息成为大家的"常识"。对于股市，从大处而言，股市对经济有预见性；从小处说，个股对利好也有预见性。股市对经济有预见性，是因为在下行周期的后期已经跌无可跌，在上行周期的后期已经涨无可涨；物极必反，最终开始变换趋势。而个股在服从大趋势的同时也有其自身的个性，对利好的预见性大多是因为信息的不对称造成的。

主力一般利用其掌握的未向外界公开的重大利好信息在低位悄悄吃货，吃够货后逐渐拉升，等一路走高，主力就要考虑到消息兑现时的情形，最终借机在高位派发筹码。这就是很多个股"见光死"的重要原因。

3.8.3 如何识别顶部技术特征

当顶部出现时，技术分析方法可以给出明确的顶部信号和卖出信号。掌握好这些技术，投资者完全可以提高逃顶成功率，特别是逃离大顶的成功率。

（1）顶部反转形态：当高位出现头肩顶、双顶、圆顶时，这些都是明显的顶部信号。

（2）当股价经过数浪上升，涨幅已很大时，如果5日均线下穿10日均线，形成死亡交叉，并且股价跌破20日均线，这里就至少形成一个阶段性顶部。

（3）在K线图上，如果在高位出现穿头破脚、身怀六甲、黄昏十字星、黄昏之星、长十字线和螺旋桨，这表明股价很可能已见顶。

（4）当股价跌破长期上升趋势线时，股价很可能已见顶。

（5）MACD指标在高位形成死亡交叉，股价很可能已见顶。

逃顶时要果断、坚决，一旦发现信号，就要毫不犹豫地卖出，绝不能手软和抱有幻想。如果卖错了，还有机会再战，但如果错过卖出机会，则损失可能是致命的。

3.8.4 千万不能把上涨途中的腰部当成顶部

没有实战经验的投资者，常常把上涨途中的腰部当成顶部，以致上主力的当，被主力早早甩下马。那么，投资者该如何理解股价的腰部呢？如何区分股价的腰部与顶部呢？

一般来说，在上升趋势中，股价腰部的形成常常因以下三种情况。

（1）当股价从底部上涨到一定程度时，大量短线获利盘急于出手，于是主力就会顺势打压股价，吃掉恐慌出逃的获利筹码，导致成交量激增；等浮动筹码消清后，主力随即开始大幅拉升股价。于是，过去的股价头部就成为如今的股价腰部。

（2）当股价从底部上涨到一定程度时，主力往往会因为筹码太多而开始减仓，同时促使跟风者与其他持股者交换筹码，以提高股票持有者的平均成本。一旦整个过程完成，个股就会继续上涨，直至主力完成最后的出货任务。于是，过去的股价顶部就成为如今的股价腰部。

（3）主力在第一波拉升过程完成后，往往会做暂时的休整，或者察看此时大盘的动态，或者等待该股利好消息的出台，或者等待投资者跟上自己的节奏；一旦消息、时间、人气跟上，主力就会立刻发动第二波主升浪行情。于是，过去的股价顶部就成为如今的股价腰部。

投资者应该如何区分股价的腰部和顶部呢？常用的方法有以下三种。

（1）从大盘和个股基本面来看，若该行情不应只到这里就结束，则此处往往不是股价的顶部。

（2）从成交量来看，如果上涨有量而下跌无量，能量形态较好，则此处往往不是股价的顶部。

（3）从 K 线图来看，如果主力刻意打压股价的痕迹较为明显，则此处往往不是股价的顶部。

3.9 股市买卖技巧

下面来讲解一下，如何通过股票的买卖操作技巧提高投资者的投资收益。

3.9.1 先计划后买股

股市投资高手都是按照"调查研究—形成想法、观点—拟订计划书—按照计划书执行—总结经验"这样的程序一步一步实现收益的。

每个人做事，都必须遵循一定的程序。例如，工人生产一件合格的产品需要按照操作程序来执行，农民种好庄稼也需要遵循季节规律去耕耘。

在股市中想赚钱，就必须有一定程序，从一只股票买入至卖出的整个过程都要按照步骤进行，只有认真履行操作纪律，才能达到避险趋利的目的。

"开车要靠方向盘，投资要有计划书。"买卖股票之前制订投资计划是十分必要的。计划要针对各种可能出现的情况作出充分和全面的评论。分析利多因素时不能忽略利空因素，分析利空因素时也不能忽略利多因素。

例如，看涨时，目标位在哪里，支撑位又在哪里？看跌时，阻力位在哪里，支撑位又在哪里？买进某一股票的依据是什么？卖出一只股票的理由又是什么？如何调动资金，把有限的资金用在刀刃上？如何止损，防止被套在高位上？等等这些都要写在投资计划书中。

总而言之，买卖之前是否制订严格的操作计划，是职业投资者与一般投资者的根本区别。

注意，制订计划不是口头讲讲而已，也不是草草拟几条提纲，而是要像办一家公司、做一个项目那样，写成一份详细完备的可行性操作报告。

计划制订后，一定要用铁的纪律来保证它的贯彻实施，如有监督人，那就更好。为什么在制订计划之后，要特别强调一定要严格按照计划来执行呢？主要原因有以下两点。

1）不会破坏心态

因为买卖计划是提前制订的，买入有充分的理由，不是受盘面影响而随意制订的计划。特别是在买入设定之后，如果没有成交，也不会轻易改变计划而形成追涨，可以效控制冲动的风险。

2）省时省力

一旦制订好买入计划，自己完全可以去做别的事情，这对于上班族是十分有益的。例如，一个电话委托，就可以投资者你比较放心地去做自己应该做的事情，完全可以忽略盘面的变化。

在执行计划的过程中，中小散户最容易犯的错误就是三心二意、举棋不定。如有人明明决定了自己的入市时机，即选择连续下跌后众人害怕时入市买股，但一到股市，看看没有人敢买进股票，于是信心开始动摇了，结果最好的买进时机被错过。

更有一些人明明确定了股票的卖出价位和止损界限，临到头，却东问一句张三"如何看"？西问一句李四"怎么办"？往往别人一句话就把自己努力制订的计划给全部推翻了，以致该卖出时因有人继续看好而惜售不抛，该继续持有或买入时，因有人反对而临时改变了初衷，致使投资者损失惨重。

当然，计划实施后，即股票买进卖出之后要及时进行总结，想一想计划制订得是否客观、科学，与事实有哪些出入，买进卖出的理由是否充分，止损点设计得是否合理，钱赚得是否稳当，亏损是怎样出现的，等等。

把成功的经验与失败的教训记录下来，以便未来操作时作参考。因此，事后的总结也是贯彻执行计划的一个必要程序，是千万不可忽略的。

3.9.2 牛市买股的切入点

在牛市中，主力做多意愿较为强烈，股价整体处于上升阶段。因此，作为个股上涨，遇到的阻力主要是获利盘和以前套牢盘的抛压，特别以套牢盘为主。套牢盘主要套在两个地方，如图 3.9 所示。

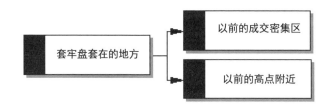

图3.9 套牢盘套在的地方

成交密集区是比较好理解的；而前期高点附近成为上涨的阻力的原因，可能不太好理解。我们可以这样想一下，前期高点一般都为上涨的顶部或阶段性的顶部，投资者心理上有在高价区和顶部的防范意识，所以刚股价上涨到这些高点时，一般不再追多，所以就形成了较大的压力，同时，这些高点大多伴随着较大的成交量，甚至巨大的成交量，待将来股价再上涨至这些高点时，自然也会受到解套盘的抛压。

因此，在上升趋势中，当股价有效向上突破以前的成交密集区和以前所成形成的高点时，就意味着以前在这些高点的套牢盘都变成了获利盘或新买入者的主要成本区，股价就会继续上涨，直至再遇到以前更高的高点阻力。

所以，我们买入股票的股价应远离前期高点才会有上升空间，或者是有效突破前期高点后才会打开新的上升空间。

总的来说，在牛市中"股价突破前期高点"是买入时机，但要注意以下几点。

第一，股价在突破前期高点时，应是流利和快速的，不应拖泥带水，同时应有明显放大的成交量与之相配合。否则可能就不是买点，反而是卖点。

前期高点成功突破，如图3.10所示。

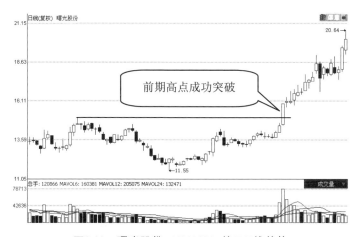

图3.10 曙光股份（600303）的日K线趋势

前期高点突破失败，买点变成卖点，如图3.11所示。

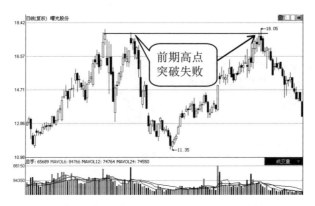

图3.11　曙光股份（600303）的日K线趋势

第二，离现在时间越近的高点阻力越大，越远的阻力越小；以前受阻次数越多或阻力越大的高点有效突破后的意义越大。前期高点突破后，就由阻力变成了支撑，股价上涨的目标将是比以前更高的另一个高点。

第三，一旦确认股价有效突破前期高点就应果断跟进，一般其后的上涨是快速的，偶有回抽，一旦确认也是买入时机。如果是假突破或主力骗线，当股价很快又跌回前期高点之下时应及时止损出局。

第四，前期的高点可以是上升趋势中数月前、数星期前，甚至是数日前创下的高点，也可以是股价在以前的下跌趋势中反弹的某一高点。

前面讲的是，在牛市中股价突破前期高点时的操作要领。然而，在熊市反弹中，股价突破前期高点，就不能这样操作了，必须逢高卖出是必需的。为何要这样操作呢？道理很简单，在熊市中，主力缺乏做多意愿，短期做多也只是为了在反弹中减仓。

主力在熊市中反弹减仓最好机会之一就是股价突破前期高点时，唯有此时，主力才能用虚假的价升量增和虚假的上升空间来蒙骗散户，吸引大量的跟风盘，达到出货的目的，如图3.12所示。

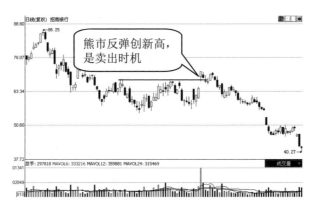

图3.12　招商银行（600036）的日K线趋势

3.9.3 卖股票的关键点

如果不在股价的顶部及时卖出,很容易把获得的收益吐回去,甚至被套或深套。为了在顶部形成之前或形成过程中及时卖掉股票,必须把握以下几个卖出股票的关键时机。

1)大盘行情形成大顶部时,坚决清仓全部卖出

大盘指数大幅上涨之后,形成中期大顶部时,是卖出股票的关键时刻。不少市场评论认为抛开指数炒个股,这种提法不科学。只关注个股走势,是只见树木不见森林的做法。

根据实战经验可知,大盘形成大顶部时,竟有90%～95%以上的个股形成大顶部下跌;大盘形成大底部时,有80%～90%以上的个股形成大底部。

大盘与个股的联动性相当强,少数个股在主力介入操控下逆市上扬,这仅仅是个别现象,只能作为关注的对象而不能立即介入。因此,大盘一旦形成大顶部,是果断卖出股票的关键时刻。

2)大幅上涨后,成交量大幅增大,是卖出股票的时机

当股价大幅上涨后,持股者普遍获利,一旦某天该股大幅上涨过程中出现大卖单,特别是主动性抛盘很大时,反映主力开始出货,这是卖出的强烈信号。

尽管此时买入的投资者仍多,买入仍踊跃,这很容易迷惑欠缺看盘经验的投资者,有时甚至作出换庄的误判。其实,主力是把筹码集中抛出,没有大主力愿意在高价区来收集筹码,以实现少数投资者期盼的"换庄"目的。成交量创下近数个月来的最大值,是主力卖出的有力信号,是持股者卖出的时机。没有主力拉抬的股票难以上涨,仅靠广大中小散户很难推高股价。上涨末期成交量创下天量,90%以上形成顶部区域,如图3.13所示。

图3.13 超生电子(000823)的日K线趋势

3）大幅上升之后，日K线出现长十字线、带有上影线，是卖出股票的时机

股价经过较长时间、较大幅度上涨之后，日K线图中出现了长十字线或带有上影线的K线，表明卖方力量开始加强，局面很可能由买方市场变成卖方市场。

高位出现长十字线或带有上影线，犹如开车遇到十字路口的红灯，反映市场将发生转折，如图3.14所示。

图3.14　高鸿股份（000851）的日K线趋势

4）股价大幅上涨之后，公布市场早已预期的利好消息时是卖出股票的时机

5）股价大幅上涨之后，除权日前后是卖出股票的时机

上市公司年终或中期实施送配方案，股价大幅上涨后，股权登记日前后或除权日前后，往往形成冲高出货的行情，一旦该日出货抛售股票连续出现卖单时，应果断卖出，否则很容易被套在高位，如图3.15所示。

图3.15　航天晨光（600501）的日K线趋势

只要牢牢把握以上 5 点卖出时机，何时卖出的问题，便可迎刃而解。

3.9.4 炒短线要选准时机

在短线具体操作过程中，买卖点的选择是相当重要的，具体可以考虑以下 7 点。

第一，底部有明显的量能堆积。被选中的股票，要求其月、周线技术状态位置处于低位。

第二，3 日均线和 3 日均量线带量上场，最好是首次放量。

第三，日线或 60 分钟的技术指标放量，并显示金叉向上。

第四，盘口必须有持续性放量，不断有大买单连续向上攻击。

第五，除了满足以上条件外，股票还必须是目前热点板块，最好是刚刚启动。

第六，一旦股票第二次走高，立即清仓，回避调整风险。

第七，严格按照操作纪律，不抱任何幻想，获利了结，或者微亏就杀跌出来。

遇到以下 5 种情况，可以逢低买进。

第一，跌了一段时间后，行情必定出现反抽，短线可以抓住反抽行情获利。连续性下跌之后，今日的最低点比昨日的最低价位还要低，但今日的收盘价却比昨日的收盘价高，这是单日转向的信号，逢低可短线买入，如图 3.16 所示。

图3.16 济南钢铁（600022）的日K线趋势

第二，今日的低点高于昨日的低点，今日的高点也高于昨日的高点，在连续下跌的情况下，表明有止跌反弹的可能，如图 3.17 所示。

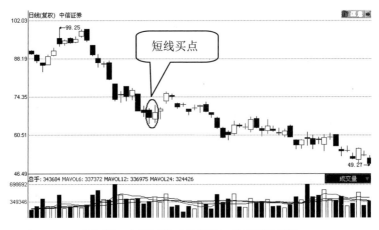

图3.17　中信证券（600030）的日K线趋势

第三，股价在近期有构成短线上升通道的趋势和迹象，或已在上升通道内运行并接近上升通道的下轨，有在下轨处获得支撑的迹象，如图3.18所示。

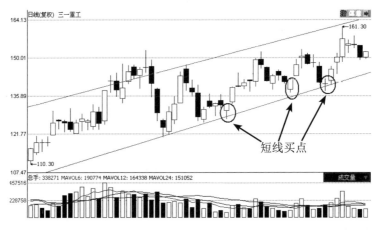

图3.18　三一重工（600031）的日K线趋势

第四，行情快速暴跌后，成交量萎缩，马上就有止跌反抽迹象，应快速择低介入捕捉随之而来的反弹行情。

第五，近来股价不断缓步攀升，没有创出新低却创出新高，这是一个上升趋势，值得短线介入。这时所指创出新低点或新高点并不需要和历史上的最低点、最高点进行比较，只要参考近一两个月或一两周的股价便可。因为这是一个短线炒作的方法，并不需要太多的数据，用一些最新的数据反而是最适当的做法。注意，该方法不适合中长线操作。此外，当市场出现水平盘整，即行情方向不明时，该方法不可用。

3.10 资金管理技巧

在股市中，很多投资者偏重选股和选时，却忽略交易资金的使用管理。实际上，这里面隐藏着巨大的风险，因为投资者不可能准确把握行情趋势，操作成功的概率一般不超过60%，所以如果不会合理地管理资金，赢时小赢、亏时大亏的现象就不可避免。

3.10.1 报酬/风险比与获胜率

报酬/风险比是预期回报与未来风险的比值。假设某段时间内某股即将上升的空间为4元，而可能下跌的空间为1元，那么报酬/风险比就是4∶1。报酬/风险比是职业投资者每次进场之前都必须深思的问题，因为资金有限，而机会是无穷的，只有专注于大机会，集中资金打歼灭战，才有获取大利润的可能性。

获胜率是买入股票后在某一段时间内最终盈利的可能性，即将来是获利卖出而不是亏损卖出的概率。

报酬/风险比和获胜率之间具有紧密的联系。假设投资者有10万元资金，始终选择报酬/风险比为3∶1的行情满仓做10次，同时设置止损位为买入价的-3%，即盈利目标为买入价的9%，那么

0胜时：亏损3万元

1胜9负时：亏损1.8万元

2胜8负时：亏损0.5万元

3胜7负时：盈利0.6万元

4胜6负时：盈利1.8万元

5胜5负时：盈利3万元

6胜4负时：盈利4.2万元

7胜3负时：盈利5.4万元

8胜2负时：盈利6.6万元

9胜1负时：盈利7.8万元

10胜时：盈利9万元

可见，只要投资者能在10次交易中赢得3次，即可小有盈利。如果报酬/风险比为4∶1时入场，则10次只要赢2次就可以保本。10次实现2次或3次获胜，则是比较容易达到的，关键是报酬/风险比，所以报酬/风险比是职业投资者需要考虑的问题。

一般来说，在能确定报酬/风险比的情况下，交易保本时所需的获胜率＝1÷（报酬/风险比的分子和分母之和）×100%。

例如，某投资者打算买入一只股票，经过周密分析后，预计买入价为 10 元，止损价为 9.7 元，止赢价为 11.2 元，那么报酬/风险比为 (11.2 −10)：(10-9.7) = 4：1，所需获胜率 = 1÷ (4+1) × 100% =20%。即在不计算交易成本的情况下，交易者只需要 20% 有胜率就可以保住本金。

3.10.2 获胜率与入市资金

在报酬/风险比固定的情况下，是不是获胜率越高的行情投入的资金越多，其投资回报就越高呢？有研究者在长期获胜率分别为 63%、60%、57% 且报酬/风险比恒定的基础上，以计算机随机的方式进行了 100 次模拟交易，在不计算交易成本的情况下，得出结果如表 3.1 所示。

表 3.1　长期获胜率与入市资金的关系

获胜率	投入 5%	投入 10%	投入 14%	投入 20%	投入 30%	投入 40%
63%	3.24 倍	8.22 倍	14.50 倍	25.28 倍	27.99 倍	9.95 倍
60%	2.40 倍	4.50 倍	6.23 倍	7.49 倍	4.37 倍	0.78 倍
57%	1.78 倍	2.46 倍	2.67 倍	2.22 倍	0.68 倍	0.06 倍

可见，在长期获胜率为 63% 的情况下，资金收益的增长倍数似乎一直随着入市资金的增加而增大；但当入市资金达到 30% 的比例时，资金收益的递增速度开始变慢；当入市资金达到 40% 的比例时，资金收益则开始大幅递减。为什么会出现这种现象呢？这是因为大资金上所产生的小概率损失会影响总资金的收益率，这一点特别应被大资金投资者所关注。

3.10.3 建仓的方法与技巧

建仓是一个比较专业的问题，通常有两种方法，一种是根据自己的交易原则来调配仓位，即先明确资金投入额度，再考虑最大亏损承受额度。例如，投资者将 9 万元资金三等分，计划买三只股票。在购买第一只股票时，无论如何看好该股行情，都只会投入 3 万元；开始购买股票时，按照小单试场，顺势加仓，势明满仓的原则，将 3 万元资金全部投入。在资金分批投入的时候，再根据技术止损的方法，设置止损点位并随股价的上涨而抬高止损点位；止损点可以是现今股价的 −5%，也可以是 −10%，还可以根据个股股性和技术形态来设置止损点。

另一种建仓方法比例死板，是一种先确立止损额度，后考虑资金投入的方法。例如，假设投资者有 10 万元资金，单次交易能承受的最大亏损额为 3%，即 3000 元，如果股价为 100 元，则投资者考虑止损点位是 90 元，那么可购买的股数是 3000 元 ÷（100 −90）=300 股，能投入的资金为 100 元 ×300 股 = 3 万元，这样投资者可以一次性将这 3 万元投入该股中，也可以分批买入，但当股份下跌到 90 元时，投资者要以亏损 3000 元清仓离场。

一般来说，第一种方法适合有资金管理经验的人，而后一种方法适合按计划执行交易或没有资金管理经验的人，两者最终要达到的结果都是一样的。

> 提醒：投资者首次建仓的资金不应超过可用资金的30%，剩余70%资金应视个股趋势发展情况而追加。总之，在趋势刚刚启动时或即将终止时，只持有少量的筹码，而在趋势上行的运行空间里持有大量的筹码。

3.10.4 加仓或减仓的方法与技巧

对于资金的加仓与减仓，常常有递减加码法、递增加码法和平均加码法三种方法。

1）递减加码法

当投资者认为未来股价还能上涨但涨幅空间有限时，即可采用递减加码的方式建仓，这种方式又称金字塔加码法。例如，首次建仓的资金为 8 万元，第二次加仓资金为 5 万元，第三次加仓资金为 3 万元。

2）递增加码法

当投资者认为未来股价还有很大增长空间时，即可采用递增加码法，这种方式又称倒金字塔法。例如，首次建仓的资金为 3 万元，第二次加仓资金为 5 万元，第三次加仓资金为 8 万元。这样操作是一种比较提倡的操作方法，因为在行情开始，只能用少量资金谨慎测试行情。

3）平均加码法

平均加码法是一种简单的加码方式，只需将备用资金分为 2 ～ 4 等份，在行情看好的时候继续追加即可，每次追加的资金为 1 等份。这种方法介于前种两种方法之间，较为中庸。

上述三种方法同样适用于减仓。当行情不易判断时，投资者可以采用递增减码法，即先少量减仓，见势不好时再加大减仓量；当行情犹豫退缩时，交易者则可采用递减减码法，即先大量减码，保住大部分利润，只留少量仓位在市场中继续承受风险。当然面对上述行情，也可以采用平均法进行减仓。

注意，上述三种方法只适用于市场上升趋势或下降趋势明朗的情况，当行情在震荡盘整时，只适合轻仓入场，做快进快出的短线交易。

下面通过具体实例讲解，当股价已经大幅下跌并探明底部区域，然后在震荡盘升的过程中，股价向上突破重要阻力位时的建仓技巧。

难点：如果买入股票的时机较早，则风险较大；如果买入股票的时机较晚，则失去交易机会；同时投资者还要考虑股价突破的概率和空间，如果股价突破阻力后涨幅空间不大，则可以放弃这次机会；如果股价突破后的涨幅空间较大，且突破的概率在70%左右，那么操作方法如下。

（1）20%的资金在股价即将向上突破阻力位时入场；
（2）30%的资金在股价向上突破阻力位的过程中入场；
（3）50%的资金在股价回抽后并再次掉头向上时入场。

如果股价突破后的涨幅空间较大，且突破的概率在50%左右，那么操作方法如下。

（1）20%的资金在股价向上突破阻力位一定幅度后入场；
（2）30%的资金在股价回抽后并再次掉头向上时入场；
（3）50%的资金在股价继续上升过程中以递减加码的方式入场。

下面通过具体实例讲解，当股价上涨至重要阻力位附近时的减仓技巧。

难点：如果卖出股票的时机较早，则损失较大；如果等股价到达阻力区后再卖掉，可能无法顺利出局；同时还要考虑个股当前是上涨趋势还是震荡趋势，如果个股当前处于上涨趋势，且不易判断股价是否会突破阻力区间时，操作方法如下。

（1）股价接近阻力位时，减掉20%的仓位；
（2）股价到达阻力位且出现震荡现象时，减掉30%的仓位；
（3）在阻力位下方一定幅度处设置止损点，如果股价回落到止损点，则清除剩余的50%仓位；
（4）如果股价未到止损点，且又突破该阻力区形成有效突破，则可以将已平掉的50%仓位分批补回。

如果个股当前处于震荡趋势，那么阻力区往往会产生很强的阻力作用，操作方法如下。

（1）股价接近阻力位时，减掉30%的仓位；
（2）股价到达阻力位时，减掉40%的仓位；
（3）在阻力位下方一定幅度处设置止损点，如果股价回落到止损点，则清除剩余的30%仓位；
（4）如果股价未到止损点，且又突破该阻力区形成有效突破，则可以将已平掉的70%仓位分批补回。

3.10.5 止损的方法与技巧

在股市中，资金管理是交易过程中的重中之重，而止损又是资金管理的核心所在，只有落实交易策略并严格按规则进行止损，投资者才能在股市中长久生存下来。

止损是职业投资者的常规动作，但止损又常常是一把难用的"钝刀"，它将一点一点地割去投资者的资金，使投资者难以接受连续亏损的现实，因而容易回到持股期盼的状态。所以，对于立志成为职业投资者的投资者，合理运用止损是其必须具备的交易能力。

止损的方法有两大种，分别是固定止损和技术止损。

1）固定止损

对于入股资金来说，有固定金额止损法和固定比例止损法；对于个股价格来说，有固定价格止损法和固定比例止损法。

固定金额止损法是指设定某一明确的止损金额，在资金亏损达到该金额时执行止损。例如，某股上投入 3 万元，可选择亏损达到 3000 元时止损离场。

固定比例止损法是指设定某一明确的止损比例，当资金亏损幅度达到该比例时执行止损。例如，某股上投入 1 万元，可选择当资金缩水到 90% 时止损出局。

固定价格止损法是指设定某一明确的止损价格，当股价跌破该价位时执行止损。例如，买入某股的价格为 20 元，可以选择当股价跌破 18 元时止损出局。

固定比例止损法是指设定某一明确的止损比例，当股价跌幅达到该比例时执行止损。例如，买入某股的价格为 10 元，可以选择当股价下跌 10% 的时候止损出局。

上述方法中，个股价格上的固定比例止损法最常用，如果做短线交易，止损比例在 3%～5%，因为这种交易只追强势趋势，允许行情折返的余地很小；做中线交易，止损比例 10%～15%，因为这种交易允许行情有较大的折返，以避免在个股调整时自动出局；做长线交易，其止损比例在 20%～50%，允许行情有大的折返，其锁定的是公司长期价值而非短期的市场价格波动。

2）技术止损

技术止损是技术分析者最常用的止损方法。技术分析者认为股价将在某些技术形态的关键点处获得支撑（这几乎是所有技术分析者的共识），这道心理上的支撑往往难以破除，所以应该在这根支撑线的附近设置止损点，以防范股票行情出现超出预期的反转情况。

常用的技术止损法有指标止损法、形态止损法、切线止损法，这些技术在前面章节已做详细讲解，这里不再赘述。

> 📌 **提醒**：市场主力都是技术分析高手，要防止他们利用筹码多的优势，故意砸盘击破股价的支撑位，迫使投资者止损出局，而后立即展开反弹行情或反转行情，为自己谋取最大的利益。

在具体运用止损时，投资者还要注意以下几个问题。

（1）在止损时，投资者要灵活处理。例如，在有趋势的市场中，止损幅度可以适当放宽；在震荡盘整行情中，止损的幅度要小一些。另外止损还要考虑个股的主力操盘情况，这是一个个性化问题，投资者要灵活处理。

（2）当投资者被迫止损时，肯定是原有预测出现了重大失误，或市场出现了较大的意外状况，无论是什么原因，投资者都应停下来冷静思考。止损后，投资者最需要做的事情就是等待和反省，每次交易后心态重新归零，且不带主观立场再次入场，才是明智的。

（3）投资者还要明白，主力是不需要止损的，因为他们的筹码太多，在市场不好的时候，抛售行为难以进行，他们要么有资金实力以抵抗股价的跌势，要么做波段交易以获取差价收益，要么加仓以摊低持仓成本并等待大盘趋势好转，要么压低股价以快速出货。

> 📌 **提醒**：只有以自有资金运作的主力，才会波段操作度过熊市期，而拿着别人的钱来投资的基金一般不会这样操作。

4）投资者要明白，止损不一定是明智的做法，明智的做法是选择要投资的股票和时机。在牛市中尽量做长线，在熊市中最好不操作，在震荡市中利用少量资金短线操作。

> 📌 **提醒**：融资融券已推出，投资者可以做多或做空，但融券做空限制太多，如证券商具有的融券股票个数很少，并且不同证券商具有不同的融券品种。在熊市中，投资者可以在股指期货市场做空。

3.10.6 止赢的方法与技巧

止赢就是放弃风险日益增高的盈利机会，转而收获已有的获利成果的行为，其本意是防止到手的盈利变成损失，因而宁可放弃高风险的继续获利机会。注意，止赢和有利就落袋为安的做法有本质区别，它放弃的是高风险部分的盈利机会，而且是有技术依据和理性原则的放弃，并非放弃一切的上涨机会，更非是凭想象作自我了断。

如果说止损是对恐惧和侥幸心理的挑战，那么止赢就是对贪婪和期盼心理的挑战,这需要投资者具有前瞻性的眼光和大度的胸怀,敢于舍弃后续的小利润而勇于收获眼前的胜利果实。

实际上,很多投资者对止损相当重视,但对止赢则没有什么概念,因为投资实战有一条法则:看住你的亏损,让你的盈利奔跑。但是,股价不会涨到天上去,适时止赢也是投资者必须学会的功课。股票的买卖是有风险的,夜长梦多的现象比比皆是,只有离场才意味着风险的终结,才能彻底回避不确定的价格波动,所以止赢是投资者在市场上持续获利的最后一道关口。

在股市中,买入股票的理由必须是充分的、有把握的、审慎的,而卖出股票的理由则可以是简单的、直觉的、朦胧的。只要趋势发生了变化,投资者就要主动止赢,这样就可以最大限度地回避市场风险。

3.11 学会做交易计划

在股市中要想成为职业投资者,第一步就是学会做交易计划,这是投资者的作战计划和实施框架。一般而言,交易计划需要事先考虑行情所有的变化方向与相应对策,虽然比较复杂,但却可以使投资者降低压力、提高信心,并形成自律性的规范动作。而非职业性的投资者是没有这套计划的,他们常常无法应对行情的非预期性变化或市场的突发性状况,并由此输在职业投资者手中。

做交易计划的目的,是在充分认识市场的状况下,寻找成功率较高的投资机会,并确保实施过程在自己的考虑之内。其具体形成过程如下。

(1)辨认出当前大盘趋势属于基本、次级、短暂趋势里的上涨、盘整还是下跌趋势;

(2)分析当前大盘短期趋势形成的主要原因,并搜集后期影响因素对趋势进行预测;

(3)当大盘趋势开始向自己预测的有利方向前进时,证明预测可能正确,准备进场;

(4)观察目标股和大盘趋势之间的关联度,挑选适合的目标股做进一步分析研究;

(5)按照自己习惯的短、中、长线交易风格,挑选目标股之后考虑何时进场和出场;

(6)分析目标股后期可能出现的涨、平、跌三种走势,做好应对措施和止损准备;

(7)按既定的买入价格区间、买入股数、买入时间购进目标股,同时记录交易日志;

（8）观察，考虑是否加仓或减仓，或按计划止损，或提高浮动止损点，或止盈出局；

（9）达到预期目标或认为风险增大时止盈出局，同时做好交易过程的总结评估工作。

需要注意的是，在交易计划中，最不容易确定的是出局时间，但凡是不确定出局时间的计划，往往都会出问题。而出局时间和计划的操作成败，均与投资者对行情性质的判断以及交易风格的选择息息相关，如果它们出现了问题，那么交易计划多数是难以成功的。

通过写交易日志，投资者可以对自己所做交易计划进行统计评估，这样就可以帮助投资者评估自己的操作绩效，认识自己的交易风险和交易优劣，从而不断完善自己操作规范。投资者最好动笔记录或利用电脑进行记录，不能仅凭记忆进行总结，具体格式如表 3.2 所示。

表 3.2 交易日志

日期：

记录对象	具体内容	自我分析
交易对象	买入哪只股票	
股票性质	买入股票的性质，此项可使投资者知道什么股票适合自己的交易风格	
交易时间	几点几分要买/卖它，此项可以使投资者知道什么时间段最适合自己的交易	
交易动机	为什么要买/卖它，此项可以使投资者知道自己的交易动机是否合理	
预期获利目标	计划的卖出点，此项有助于投资者掌握盈利情况，且分析自己的止盈水平	
预期止损目标	计划的止损点，此项有助于投资者分析自己的止损水平	
实际资金管理	加仓/减仓的变化，此项有助于投资者知道自己在资金管理上的策略是否合理	
实际盈亏情况	在该股上的盈亏，此项有助于投资者知道自己的成功率和平均获利及亏损额	
预期/实际持有时间	持有该股的时间，此项有助于投资者知道自己适合做多长时间的交易	
决策过程分析	亏损交易的认赔速度是否够快？盈利交易的持有时间是否太长？是否太快出场？是否确实遵守了交易规则？等等	

3.12 良好的交易心态

交易素质代表着投资者在交易时的价值观、市场观、思维方式、行为动机,以及操作时的行为准则、习惯作风、优良品质、心理素质等。这些都是指导交易者采取行动的指挥系统和判断系统,是成功交易的重点。

心态,即心理状态。无论做任何事情,心态往往会决定人的判断与抉择,甚至可以说是心态决定结果。很多投资者投入的都是名副其实的血汗钱,看着数字的蹦跳,心情自然跟着反复变化,从大喜到大悲往往是瞬间的事。殊不知,很多时候正是因为心态的变化影响了自己的正常思维,以致影响了生活的秩序,最终影响身心健康。但身处投资市场中的人,是很难克服这种困扰,做到心态平稳的,这也是为什么只有少数人能获利的原因之一。

那么,该如何培养良好的交易心态呢?首先要学会做人,做一个积极向上、诚实负责的人。因为你的人生态度会如实地反映到你的投资活动中,并由此形成你的投资哲学和投资理念。所以从这个角度来说,成功的投资者并不是只在投资市场中磨炼自己的心理素质,而是会在日常生活中将心理素质调整好,再把它拿到市场上去应用。投资者在日常生活中培养自己的心理素质可以从以下三个方面入手。

1)积极的生活态度

当一次次失败的打击让你的心灵一次次阵痛时,慢慢地你就会失去斗志。原因是人太自私、太看重自己的得失,所以感觉每次打击的力量越来越重,最终会使你失去斗志和理智,进而变得无知直至爆仓。同理,一个在日常生活中只爱自己的人是没有真正的积极心态的,也是不会誓不言败、誓不低头的。只有内心坦荡无私才会在无形中产生一种积极向上的力量,这种力量往往可以克服很多困难,直至看到收获的成果。在证券市场中,一切良好的心态都得益于日常生活中的培养,绝非妙手偶得。

2)努力挣钱的动机

有些投资者投资为了短期获得暴利;有些投资者认为这是自己的爱好;有些投资者认为投资可以磨炼意志、修炼身心,不同的认知将导致不同人的挣钱能力和最终结果。如果你的挣钱动机不明确、不积极,挣钱的行为不正确、不高效,那么你很可能最后败离这个市场,因为最终的胜利总属于那些目的明确并能坚持到底的人。

3)内心冲突的平衡

天下没有精神无问题的人,只是问题的大小而已。当日常生活中的事情超过了心理底线,就会造成心理秩序无法恢复,但这对投资交易是致命的,所以成功的投资者往往在生活中不断扩大自己的心理容量,平衡多方矛盾和冲突,使自己能承受更多的负载。内心的冲突有情感上的、利益上的、压力上的、欲望上的,等等,平静它们最简单的方法是心平气和地面对它们、分析和理解它们,并作出局部的妥协。

3.13 江恩的24条守则

江恩留给后人的著作很多，其预测技术涵盖了数学、几何学、星相学、宗教等方面的知识，但他的投资规则来自其多年的投资经验和市场统计。他认为，投资者在市场买卖中受到损失的原因有以下三项。

1) 在有限的资本上过度买卖，即操作过分频繁

在市场中做短线和超短线是要求具备很高的操作技巧的，在投资者没有掌握这些操作技巧之前，过分强调做短线通常会导致不小的损失。

2) 投资者没有设立止损点以控制损失

很多投资者遭受巨大损失就是因为没有设置合适的止损点，结果任其错误无限发展，损失越来越大。因此，学会设置止损点以控制损失是投资者必须学会的基本功之一。还有一些投资者，甚至是一些市场老手，虽然设置了止损点，但在实际操作中并不坚决执行，结果因一念之差，遭受巨大损失。

3) 缺乏市场知识，是在市场买卖中损失的最重要原因

一些投资者并不注重学习市场知识，而是想当然办事或主观认为市场如何如何，不会辨别消息的真伪，结果造成误导，遭受巨大的损失。还有一些投资者仅凭一些书本上学来的知识就指导实践，不加区别地套用，造成巨大损失。江恩强调的是市场的知识，实践的经验。而这种市场的知识往往要在市场中摸爬滚打相当一段时间才会真正有所体会。

江恩在晚年总结了其45年来在华尔街的投资经验，最后认为规则重于预测，其中24条买卖守则（在国内的旧译本中是21条）作用相当大，具体如下。

（1）将你的资本分为十份，每次入市买卖，损失不会超过资本的十分之一。

（2）设下止损位，减少买卖出错时可能造成的损失。

（3）不可过量买卖。

（4）不让所持仓位由盈转亏。

（5）不逆市而为，市场趋势不明显时，宁可在场外观望。

（6）入市时要坚决，犹豫不决时不要入市。

（7）只在活跃的市场买卖，买卖清淡时不宜操作。

（8）分散风险，如果资金量大，可交易四种到五种股票。

（9）避免限价出入市，要在市场中买卖。

（10）可用止损位保障所得利润。

（11）在市场中连战皆胜后，可将部分利润提出，以备急时之需。

（12）买股票切忌只望收息。

（13）买卖遭遇损失时，切忌加码，谋求拉低成本，可能积小错而成大错。

（14）不要因为不耐烦而入市，也不要因为不耐烦而清仓。

（15）赔多赚少的买卖不要做。

（16）入市时设下的止损位，不宜胡乱取消。

（17）做多错多，入市要等待机会，不宜炒卖过密。

（18）与趋势保持一致，不应只做单边。

（19）不要因为价位过低而吸纳，也不要因为价位过高而看空。

（20）避免在不适当的时候金字塔式加码。

（21）挑选小盘股加码做多，挑选大盘股做空。

（22）永不对冲。

（23）如无适当理由，避免胡乱更改所持仓位的买卖策略。

（24）避免在长期成功或盈利后增加交易。

> 提醒：投资者不要变成规则的收集者，而应理解它们产生的本意，要灵活应用，甚至自行修改，以为己用；另外，对于交易规则，只须领会其含义，而在具体执行和细节上，需要投资者发展自己的交易规则。只有自己在实战中获利的教训和规则，才更符合自己的交易习惯，并创造最大的价值。还要记住，是市场产生了规则，而不是规则产生了市场，切不可把市场当作规则里的市场。

3.14 股票理财案例

投资者凭借其持有的股票，有权从公司领取股息或红利，获得投资收益。一般而言，股票收益比基金、债券的收益要高。另外，投资者还可以通过低买高卖来赚取差价利润。而且通货膨胀时，股票的价格会随着公司原有资产的重估而造成价格上涨，从而避免资产贬值。

但投资者还要明白，股票投资收益与公司的经营状况、供求关系等多种因素有关，所以其波动性很大。正是这种波动，很可能使投资者受到损失，并且价格波动的不确定性越大，投资者的风险也就越大。因此，股票是一种高收益和高风险的投资产品。

下面举例来说明。

股民小李在 2014 年 6 月到 2015 年 4 月的牛市中，资金已实现了翻倍。2015 年 5 月，股市又开始上涨，小李的大姨和小姨从来没有碰过股票，但听到股市可以让资金翻倍，于是拿出一笔积蓄让小李帮她们买股票。

小李大姨的女儿快要结婚了，大姨希望能陪嫁一辆车。本来车款准备了 18 万元，能买一辆本田 Civic，大姨盘算着反正还有一年多的时间，如果钱能翻倍，那就直接上了个档次，能买一辆奥迪 A6。相比之下，小李的小姨就"盲目"得多，随便拿出一笔闲钱来，说让小李"练练手，反正也没啥用"。

  2015 年 5 月 7 日，小李帮大姨和小姨选择了一只股票，20 多天后，该股股票上涨了 20.3%，她们高兴坏了。这时小姨的儿子小王看到老妈挣钱这么容易，于是拿着向亲友借来的买房首付款炒股，刚开始一买就涨，小王高兴极了。

  这时，小李看到股价有滞涨现象，就竭力劝说亲友注意风险，但在利润面前小李的劝说显得苍白无力。对此，小李只有沉默，这时小李 80 多岁的奶奶用她的大蒲扇敲小李的脑袋，告诫他"出来混，迟早是要还的"的道理。

  到了 2015 年 6 月 15 日，股市从 5178.19 点开始一泻千里，直至 2016 年初的 2638.30 点。这时，大姨的奥迪 A6 慢慢缩水成了马自达 3。到了 2016 年 6 月，大姨心里实在受不住了，无奈地割肉离开了股市，并发誓再也不投资了。小姨一直没有动，到了 2018 年初还有意外之喜。而小王无奈地背上了一身债，只想利用手头剩下的一点钱翻本。

第 4 章

如何利用基金进行理财

基金,作为一种新兴的投资方式日益为广大投资者青睐。面对纷繁复杂的基金种类、数量众多的基金公司,作为投资者,特别是新基民,应该如何选择基金呢?

本章首先讲解基金理财的优势、什么人适合基金理财及基金理财的基本常识,然后讲解基金理财的费用计算和收益计算,接着讲解选基金的方法、基金理财的原则和技巧,以及如何利用网上银行进行基金理财及基金理财的风险,最后讲解基金理财案例。

4.1 基金理财的优势

选择基金理财，我们不必关心某只股票的涨跌，也不必关心资金的投向，只要把资金交给值得信任的基金公司即可，它们就会为我们做好一切。基金理财的三大优势为集合理财，专业管理；组合投资，分散风险；利益共享，风险共担。

4.1.1 集合理财，专业管理

"众人拾柴火焰高"，随便一只基金都可以筹集上亿元的资金。所有投资者每人付出不多的管理费，就足够雇用最专业的基金经理和调研团队。

基金公司雇用的基金经理，不仅具有广博的投资理论知识，而且在投资领域积累了非常丰富的经验，具有一般投资者不可比拟的优势。

4.1.2 组合投资，分散风险

作为股民都知道："不要把鸡蛋放在同一个篮子里。"意思是说，买股票应该尽量把资金分布在多只股票上，这样万一某只股票大幅下跌，整体的资金也不至于出现太大损失。根据这一理念，投资者要想在股市中充分分散风险，就要持有多只股票，而且这些股票最好能分布在不同的行业和不同的价格区间。但对于普通散户而言，因为个人精力有限，根本没有能力构建这样的股票组合。有一些股民在购买多只股票后，甚至连股票名称、代码都记不清，更不要说充分关注了。散户如果盲目地追求"分散投资"，只能让自己的股票清单越来越长，股票市值越来越低。

但基金管理公司就不同了，因为它们有足够的人力、财力同时购买几十种，甚至上百种股票或债券，充分分散风险。即使它们的投资组合中，有一二只股票出现了大幅下跌，对基金整体收益影响也不太大。投资者花不多的钱买入一只基金，就相当于买了一个由几十只股票组成的投资组合。特别的是，这个投资组合中的每只股票或债券，都由专业人员盯着。

4.1.3 利益共享，风险共担

投资就会有风险，因为风险是获利收益的本钱，即风险和收益是一对孪生兄弟。所有的基金理财者都会按所持有的基金份额平分收益或平摊损失，即"利益共享，风险共担"。例如，某只基金在 2019 年上半年的盈利为 30%，所有基金持有人都可以按照自己的投资份额分享这部分收益。持有 2000 元基金可获 600 元收益；持有 2

万元，可以获 6000 元收益。

当然，如果基金亏损 30%，则所有基金持有人也应该共同承担损失。持有 2000 元基金亏损 600 元；持有 2 万元，亏损 6000 元。

基金公司、托管银行与投资者之间是服务关系，它们只提供服务，按照资金的比例收取劳务费，并不参与收益分配，当然也不承担风险。当基金盈利大幅提高时，基金的各项费率不会提高；当基金盈利减少时，基金的各项费用也不会降低。

有不少投资者会担心基金公司因此会不会不负责任地操作。事实上，每个基金公司都会尽全力去运作旗下的基金品种，因为基金管理公司的收益与基金规模有关，它们只有管理好基金品种，吸引更多的投资者持有基金，才能获得更多的收益。

4.2 什么人适合基金理财

现在我们可以投资的金融理财产品有很多，如股票、期货、黄金、白银、外汇等。这时，你也许会问，既然基金募集资金的投资类型也是这些品种，我们为什么还要投资基金呢？到底什么样的人才适合投资基金呢？

我们可以把进入金融投资市场的人分为两类，一类是投机者，另一类是投资者。

投机者通常持有金融品种的时间较短，目的仅仅是通过买卖差价来获得超额收益。投机者的预期收益一般都较大，但他们需要面临巨大的风险。股市和期市中的短线交易者都是投机者，甚至所谓的波段操作者也是投机者。投机者需要有专业的金融知识、高超的实战分析经验、充足的看盘时间。投机者一般不适合基金理财。

封闭式基金，虽然可以通过二级市场进行低买高卖，从而获取差价来博取利润，但这是很不明智的，因为基金价格的波动通常较小，并且手续费比股票、期货都高得多。总而言之，基金是一种用于投资的工具，而不太适用于投机。

> 提醒：现在很多投机者，为了防范风险，常常也配置一部分基金，主要是为了获得稳定的收益。另外他们也根据基金经理提供的信息，指导自己的金融投资。

投资者具有较强的理财意识，但又不属于风险偏好者，即他们理财的目的就是希望在资产保值的基础上获得比银行储蓄高的收益。他们投资目标明确，更关注基本面分析，如果他们没有专业的金融知识、充足的看盘时间，就更适合基金理财。同样，基金品种多种多样，不同品种所表现出来的不同特性几乎能够满足所有投资者的需要。所以，基金理财特别适合普通人投资理财，这也是近年来我国基金能快速发展的原因。

在金融投资市场中，收益和风险是一对孪生兄弟，所以基金理财也存在风险。我们一定要根据自己的实际情况，把握好自己基金理财占总资产的比重，即做好风险防范。

一般来说，基金理财的比重不要超过银行存款的比重，而且这个比重也要随投资的基金类型不同进行调整。债券类基金虽然收益不高，但收益稳定，所以比重应该大一些，而股票及其他金融衍生品型基金的投资比重要小一些，因为它们的收益虽然很高，但风险也是很大的。

4.3 基金理财的基本常识

前面讲解了基金理财的优势及什么人适合基金理财，下面来讲解基金理财的基本常识。

4.3.1 什么是基金

假如你现在手中有一部分余钱，不想放在银行了，想拿出来投资。开公司或办公厂对你来说比较难，一来没有好的项目，二来投资实业太麻烦。所以只想投资债券、股票、期货、黄金等这类证券进行保值增值。

投资这类证券，自己一无精力二无专业知识，而且钱也不算多，于是就想到与其他8个人合伙出资，雇用一个投资理财高手，操作大家合出的资产进行投资增值。

注意，如果所有投资人都与投资高手随时交涉，那还不乱套，于是就推举其中一个最懂行的牵头进行。

当然办事就要有工资，所以就会定期从大伙合出的资产中按一定比例提成给他，由他代为付给投资高手报酬，当然，他自己牵头出力张罗大大小小的事，包括挨家跑腿，有关风险的事向高手随时提醒，定期向大伙公布投资盈亏情况，等等，不可白忙，提成中的钱也有他的劳务费。上面这些事就叫作合伙投资。

将这种合伙投资的模式放大200倍、2000倍，就是基金。

这种民间私下合伙投资的活动如果在出资人之间建立了完备的契约合同，就是私募基金。如果这种合伙投资的活动经过国家证券行业管理部门（中国证券监督管理委员会）的审批，允许这项活动的牵头操作人向社会公开募集吸收投资者加入合伙出资，这就是发行公募基金，也就是大家现在常见的基金。

基金是一种间接的证券投资方式。基金管理公司通过发行基金单位，集中投资者的资金,由基金托管人(即具有资格的银行)托管,由基金管理人管理和运用资金,从事股票、债券等金融工具投资,然后共担投资风险、分享收益。

4.3.2 基金管理公司和基金托管人

基金管理公司是什么角色?基金管理公司就是合伙投资的牵头操作人,不过其是一个公司法人,资格要经过中国证监会审批。

基金公司与其他基金理财者一样也是合伙出资人之一,另外由于其牵头操作,要从大家合伙出的资产中按一定的比例每年提取劳务费(即基金管理费),替投资者代雇代管负责操盘的投资高手(即基金经理),还有帮高手收集信息搞研究打下手的人,定期公布基金的资产和收益情况。当然基金公司的这些活动是证监会批准的。

为了保障大家合伙出的资产的安全,中国证监会规定,基金的资产不能放在基金公司,基金公司和基金经理只管交易操作,不能碰钱,记账管钱的事要找一个擅长此事又信用高的人负责,这个角色当然非银行莫属。于是这些出资(即基金资产)就放在银行,开设一个专门账户,由银行管账记账,称为基金托管。当然银行的劳务费(即基金托管费)也得从大家合伙的资产中按比例抽取按年支付。所以,基金资产相对来说除因那些高手操作不好而被亏损的风险之外,基本没有被偷挪走的风险。从法律角度而言,即使基金管理公司倒闭甚至托管银行出事,向它们追债的人都无权碰大家基金专户的资产,因此基金资产的安全是很有保障的。

投资者、基金管理公司和托管银行之间的关系,如图 4.1 所示。

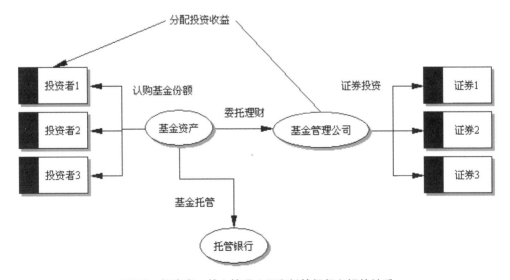

图4.1 投资者、基金管理公司和托管银行之间的关系

4.3.3 基金的类型

常见的基金理财产品有 4 种，分别为固定收益理财产品、最低收益理财产品、保本浮动收益理财产品和非保本浮动收益理财产品。不同的投资者可以选择不同的基金理财产品。

根据基金单位是否可增加或赎回，可分为开放式基金和封闭式基金。

◎ 开放式基金：不上市交易，一般通过银行申购和赎回，基金规模不固定。

◎ 封闭式基金：有固定的存续期，期间基金规模固定，一般在证券交易场所上市交易，投资者通过二级市场买卖基金单位。

根据投资对象的不同，可分为股票基金、债券基金、货币市场基金、混合基金。

◎ 股票基金：60% 以上的基金资产用于投资股票。

◎ 债券基金：80% 以上的基金资产用于投资债券。

◎ 货币市场基金：仅用于投资货币市场，即央行票据、短期债券、债券回购、同业存款和现金。

◎ 混合基金：可以投资股票、债券、货币市场，但股票投资不能超过 60%，债券投资不能超过 80%。

根据组织形态的不同，可分为公司型基金和契约型基金。

◎ 公司型基金：基金通过发行基金股份成立投资基金公司的形式设立。

◎ 契约型基金：由基金管理人、基金托管人和投资人三方通过基金契约设立。

> 提醒：目前，我国的证券投资基金均为契约型基金。

根据投资风险与收益的不同，可分为成长型、收入型和平衡型基金。

◎ 成长型基金：是以资本长期增值为目标的基金，其投资对象主要是市场中有较大升值潜力的小公司股票和一些新兴行业的股票。

> 提醒：成长型基金一般很少分红，经常将投资所得的股息、红利、盈利进行再投资，以实现资本增值。

◎ 收入型基金：是以追求基金当期收入为目标的基金，其投资对象主要是绩优股、债券、可转让大额定期存单等收入比较稳定的有价证券。

> 提醒：收入型基金一般把所得的利息、红利都分配给投资者。

◎ 平衡型基金：其目标介于成长型基金与收入型基金之间，既追求长期资本增值，又追求当期收入。在投资对象方面，兼顾股票和债券的成长性和收益性，其收益与风险状况介于成长型基金和收入型基金之间。

除了上述类型的基金外,还有几种特殊类型的基金,分别为 ETF 基金、LOF 基金、QDII 基金、对冲基金。

◎ ETF 基金:ETF 是 Exchange Traded Fund 的英文缩写,中译为"交易型开放式指数基金",又称交易所交易基金。ETF 是一种在交易所上市交易的开放式证券投资基金产品,交易手续与股票完全相同。ETF 管理的资产是一揽子股票组合,这一组合中的股票种类与某一特定指数(如上证 50 指数),包含的成分股票相同,每只股票的数量与该指数的成分股构成比例一致,ETF 交易价格取决于它所拥有的一揽子股票的价值,即"单位基金资产净值"。ETF 的投资组合通常完全复制标的指数,其净值表现与盯住的特定指数高度一致。比如,上证 50ETF 的净值表现就与上证 50 指数的涨跌高度一致。

◎ LOF 基金:LOF 英文全称是 Listed Open-Ended Fund,中译为"上市型开放式基金",在国外又称共同基金。其在产品特性上与一般开放式基金没有区别,只是在交易方式上增加了二级市场买卖这一新渠道。

◎ QDII 基金:QDII 是 Qualified Domestic Institutional Investor(合格的境内机构投资者)的首字母缩写。它是在一国境内设立,经该国有关部门批准从事境外证券市场的股票、债券等有价证券业务的证券投资基金。

◎ 对冲基金:英文名称为 Hedge Fund,意为"风险对冲过的基金",起源于 20 世纪 50 年代初的美国,当时的操作宗旨是利用期货、期权等金融衍生产品以及对相关联的不同股票进行实买空卖、风险对冲操作技巧,一定程度上可以规避和化解投资风险。

4.3.4 购买基金的渠道

购买基金的渠道一般有以下三种。

1)基金公司直销中心

优点:可以通过网上交易实现开户、认(申)购、赎回等手续办理,并且享受交易手续费优惠,不受时间、地点的限制。

缺点:客户需要购买多家基金公司产品时,需要在多家基金公司办理相关手续,投资管理比较复杂。

另外,还需要投资者有相应设备和上网条件,具有较强网络知识和应用能力。

2)银行代销网点

优点:银行网点众多,投资者存取款方便。

缺点:通过银行购买基金一般不能享受申购优惠,并且单个银行代理销售的基金品种非常有限,通常以新基金为主。托管行一般不会代理一家基金管理公司旗下的所有基金品种,所以我们办理基金转换业务手续时可能要往返多个网点,相对操作烦琐。

3)证券公司代销网点

优点:代销的基金品种比较齐全,并且支持网上交易。证券公司的客户经理可能主动作出产品介绍,基金理财者能够享受到及时到位的投资咨询服务。在证券公司购买基金,资金存取通过银证转账进行,可以将证券、基金等多种产品结合在一个交易账户管理,极大便于投资者操作。

缺点:证券公司的网点较银行网点少,首次办理业务需要到证券公司网点办理,并且要在证券公司开立资金账户才能进行购买操作。在证券公司购买基金一般不如到基金公司直接购买费用低廉,因为基金公司要付给券商一些佣金。

对于具备较强专业能力(能对基金产品进行分析、能上网办理业务)的投资者来说,选择基金公司直销是比较好的。只要自己精力足够,可以通过产品分析比较以及网上交易,实现自己对基金的投资管理。

对于中老年基金理财者来说,适合选择银行网点及身边的证券公司网点。因为银行网点众多,比较便利;去证券公司则可依靠证券公司客户经理的建议,通过柜台等方式选择适合自己的基金产品。对于工薪阶层或年轻白领来讲,更加适合通过证券公司网点实现一站式管理,通过一个账户实现多重投资产品的管理,利用网上交易或电话委托进行操作,辅助以证券公司的专业化建议以提高基金理财收益水平。

4.4 基金理财的费用计算

基金理财的费用包括认购费、申购费、赎回费、转换费、管理费和托管费,下面进行详细讲解。

4.4.1 认购费和申购费

购买基金有两种方式,分别为认购和申购。

认购:投资者在基金募集期按照基金的单位面值加上需要交纳的手续费购买基金的行为。

目前国内通用的认购费计算方法是:

认购费用 = 认购金额 × 认购费率

净认购金额 = 认购金额 − 认购费用

申购：投资者在基金成立之后，按照基金的最新单位净值加上手续费购买基金的行为。

目前国内通用的申购费计算方法是：

申购费用 = 申购金额 × 申购费率

净申购金额 = 申购金额 – 申购费用

我国《开放式投资基金证券基金试点办法》规定，开放式基金可以收取认（申）购费用，但该费用率不能超过申购金额的 5%。目前该费用率通常在 1% 左右，并且随着投资金额的增大而相应地减让。

开放式基金收取认购费和申购费的目的是用于销售机构的佣金和宣传营销费用等方面的支出。

> 提醒：单从手续费来看，认购基金费用一般低于申购基金费用，这是因为认购的是新基金，基金公司为了保证发行规模鼓励认购。但投资者要明白，认购基金有几个月的封闭期，这几个月几乎没有运作收益，并且封闭期后，基金的运作水平也不可知，因为认购的是新基金。

4.4.2 费用的外扣法和内扣法

外扣法和内扣法是基金申购费用和份额的两种计算方法。外扣法是针对申购金额而言的，其中申购金额包括申购费用和净申购金额；而内扣法针对的是实际申购金额，即从申购总额中扣除申购费用。

内扣法的计算公式是：

申购费用 = 申购金额 × 申购费率

净申购金额 = 申购金额 – 申购费用

申购份额 = 净申购金额 ÷ 当日基金份额净值

外扣法的计算公式是：

净申购金额 = 申购金额 ÷ （1 + 申购费率）

申购费用 = 申购金额 – 净申购金额

申购份额 = 净申购金额 ÷ 当日基金份额净值

假如，投资者投资 10 万元申购某基金，申购费率为 1.5%，基金单位净值为 1 元。

按内扣法计算：

申购费用 = 100000 × 1.5% = 1500 元

净申购金额 = 100000 – 1500 = 98500 元

申购份额 = 98500 ÷ 1 = 98500 份

按外扣法计算：

净申购金额 = 100000 ÷ （1+1.5%） ≈ 98522.17 元

申购费用 = 100000 − 98522.17 = 1477.83 元

申购份额 = 98522.17 ÷ 1 = 98522.17 份

根据上述计算结果，可以看出外扣法可以多得约 22 份的基金份额。所以采用外扣法计算申购份额，在同等申购金额条件下，投资者可以少付一些申购费用，多收一点申购份额，这对投资者来说显然是件好事。

4.4.3 赎回费和转换费

赎回费是指基金的存续期间，已持有基金单位的投资者向基金公司卖出基金单位时所支付的手续费。赎回费设计的目的主要是对其他基金持有人安排的一种补偿机制，通常赎回费中的至少 25% 归属基金资产，由基金持有人分享其资产增加。

我国《开放式投资基金证券基金试点办法》规定，开放式基金可以收取赎回费，但赎回费率不得超过赎回金额的 3%。目前赎回费率通常在 1% 左右，并且随着持有基金份额的时间增加而递减，一般持有两年以上就可以免费赎回。

> 提醒：封闭式基金可以通过二级市场的买卖交易变现，开放式基金的赎回价格是以基金单位净值为基础计算得出的。

转让费是指投资者按基金管理人的规定，在同一基金管理公司管理的不同基金之间转换投资所需支付的费用。基金转让费的计算方式有两种，分别为费率方式和固定金额方式。采取费率方式收取时，应以基金单位资产净值为基础计算，但费率不得高于申购费率。通常情况下，此项费率很低，一般只有百分之零点几。

转让费的有无或多少，具有较大的随意性，同时与基金产品性质和基金公司的策略有密切关系。

> 提醒：买卖封闭式基金的手续费俗称佣金，用以支付给证券商作为提供买卖服务的代价。目前，法规规定的基金佣金上限为每笔交易金额的3‰，佣金下限为每笔5元，证券商可以在这个范围内自行确定费用比率。这与股票的佣金是相同的。

4.4.4 管理费和托管费

在基金的运作过程中发生的一些开支需要由基金持有人负担。基金管理人管理和运作基金，需要给基金公司员工和经理人发工资，基金公司的各项设施设备等的开支都属于管理费用。

为了确保基金资金的安全，需要委托银行等信誉度较高的机构进行资金的托管，托管过程所要支付的费用属于托管费。管理费和托管费的最终承担者都是基金购买者，即投资者。

1）基金管理费

基金管理费是指支付给实际运作基金资产、为基金提供专业服务的基金管理人的费用，也就是管理人为管理和操作基金而收取的报酬。

支付给基金管理人的基金管理费的数额一般按照基金净值的一定比例从基金资产中提取。基金管理人是基金资产的管理者和运作者，对基金的保值和增值起到决定性的作用。因此，基金管理费收取的比例比其他费用要高。

基金管理费是基金管理人的主要收入来源，基金管理人的各项开支不能另外向投资者收取。在国外，基金管理费通常按照每个估值日基金净资产的一定比例（如年利率）逐日计算，定期支付。

管理费的高低与基金的规模有关。一般来说，基金的规模越大，基金管理费率相对越低。但同时，基金管理费率与基金类别及不同国家和地区也有关系。一般来说，基金风险程度越高，基金管理费率越高，其中费率最高的基金为证券衍生工具基金，如期货期权基金、认股权证基金等；最低的是货币市场基金。

我国目前的基金管理年费率约在 1.5%。为了激励基金管理公司更有效地运用基金资产，有的基金产品还规定可向基金管理人支付基金业绩报酬。基金业绩报酬通常是根据所管理的基金资产的增长情况规定一定的提取比例。

2）基金托管费

基金托管费是指基金托管人为基金提供托管服务而向基金或基金公司收取的费用。托管费通常按照基金资产净值的一定比例提取，逐日计算并累计，至每月月末支付给托管人，此费用也是从基金资产中支付，无须另向投资者收取。基金托管费计入固定成本。

基金托管费收取的比例同基金管理费类似，这与基金规模和所在地区有一定关系，通常基金规模越大，托管费率越低；新兴市场国家或地区的托管费收取比例相对较高。例如，国际上托管费率通常在 0.2% 左右，而我国内地、香港地区则为 0.25%。

> 提醒：基金管理费和托管费是管理人和托管人为基金提供服务而收取的报酬，是管理人和托管人的业务收入。管理费率和托管费率一般须经基金监管部门认可后，在基金契约或基金公司章程中标明，不得任意更改。另外，基金管理人和托管人，因未履行或未完全履行义务导致的费用支出或基金资产的损失，以及处理与基金运作无关的事项发生的费用，不得列入基金管理费和托管费。

基金交易主要费用及其费率如表 4.1 所示。

表 4.1 基金交易主要费用及其费率

费用	费率
基金管理费	基金资产的 1.5%
基金托管费	基金资产的 0.25%
认购费	不超过认购金额的 5%
申购费	不超过申购金额的 5%
赎回费	不超过赎回金额的 3%
转让费	不超过申购费率

> 提醒：这里的数据，仅供参考，具体数据投资者可以参考基金公司相关规定。

4.4.5 前端收费和后端收费

前端收费和后端收费是针对基金认（申）购费而言的。

- ◎ 前端收费：是指投资者在认（申）购基金时，就交纳费用。通常这部分费用的收费标准按照购买金额的大小递减。
- ◎ 后端收费：是指投资者在认（申）购基金时，不交纳费用，等基金购回时一起交纳。这样收取的费用会按照基金持有时间的长短递减。如果投资者持有基金时间超过一定年限，还可以免交相关费用。

为了鼓励长期投资，不少基金公司推出"后端收费"模式，即先投资后买单。投资者如果看好某只基金，并且打算长期持有，采用后端收费模式要比前端模式好，因为这样可以省下不少费用。下面举例说明。

张先生和王先生三年前各自同时投资 3 万元，在同一天同一个价位买入了同一只开放式股票基金。现在，这只基金的净值已经实现翻倍，两人决定落袋为安，即把浮动账面收益换成真金白银，于是一起购回了这只基金。而结果却是张先生比王先生的实际投资收益高出 1200 多元，这是什么原因呢？

原因在于，王先生选择的是前端收费，申购费率为 1.5%，赎回费率为 0.3%，合计为 1.8%；而张先生采用的是后端收费，持有满三年，赎回费率为 0.2%，支付的申购费率只有 0.8%，合计为 1%。

同样投资 3 万元，张先生比王先生省了 0.8%，即手续费省了 30000×0.8%=240 元。

同时，由于张先生选择后端收费，即先投资后买单，所以购买的基金份额要比王先生多。

具体来看，三年前购买时，申购日的基金单位净值为 1.08 元，这样张先生可获得的基金份额为 30000÷1.08≈27778 份；而王先生先要付申购费，然后再购买基金，所以其获得的基金份额为 30000×（1–1.5%）÷1.08≈27361 份。

在这里可以看到，张先生和王先生用同样的钱，却比王先生多买了 27778 – 27361 = 417 份。所以，同样的投资，张先生比王先生收益要高不少。

4.5 基金理财的收益计算

前面讲解了基金理财的费用计算，下面来讲解基金理财的收益计算。

4.5.1 基金收益的组成

基金收益是基金资产在运作过程中所产生的超过自身价值的部分。具体地说，基金收益包括基金理财所得红利、股息、债券利息、买卖证券差价、存款利息和其他收入。

1）红利

红利是基金因购买公司股票而享有对该公司净利润分配的所得。一般而言，公司对股东的红利分配有现金红利和股票红利两种形式。

基金作为长线投资，其主要目标在于为投资者获取长期、稳定的回报，红利是构成基金收益的一个重要部分。所投资股票红利的多少，是基金管理人选择投资组合的一个重要标准。

2）股息

股息是指基金因购买公司的优先股权而享有对该公司净利润分配的所得。股息通常是按一定的比例事先规定的，这是股息与红利的主要区别。与红利相同，股息也是构成投资者回报的一个重要部分，股息高低也是基金管理人选择投资组合的重要标准。

3）债券利息

债券利息是指基金资产因投资于不同种类的债券（国债、地方政府债券、企业债、金融债等）而定期取得的利息。我国《证券投资基金管理暂行办法》规定，一个基金理财于国债的比例、不得低于该基金资产净值的 20%，由此可见，债券利息也是构成投资回报的不可或缺的组成部分。

4）买卖证券差价

买卖证券差价是指基金资产投资于证券而形成的价差收益，通常也称资本利得。

5）存款利息

存款利息是指基金资产的银行存款利息收入。这部分收益仅占基金收益很小的一个组成部分。开放式基金由于必须随时准备支付基金持有人的赎回申请，应保留一部分现金存在银行。

6）其他收入

其他收入是指运用基金资产而带来的成本或费用的节约额，如基金因大额交易而从证券商处得到的交易佣金优惠等杂项收入。这部分收入通常数额很小。

4.5.2 基金收益计算方法

认/申购基金收益的计算方法：
份额 ＝ 投资金额 × （1－认/申购费率）÷ 认/申购当日净值＋利息
收益 ＝ 赎回当日单位净值 × 份额 × （1－赎回费率）＋红利－投资金额
用此方法可以计算自己每日的盈利情况。

4.5.3 基金收益分配原则

基金收益分配原则共有以下 6 点。

（1）每份基金份额享有同等分配权；

（2）基金当年收益先弥补上一年度亏损后，方可进行当年收益分配；

（3）如果基金理财当期出现亏损，则不进行收益分配；

（4）基金收益分配后基金份额净值不得低于基金面值；

（5）按照《证券投资基金管理暂行办法》（以下简称《暂行办法》）的规定，基金分配应采用现金形式，每年至少一次；基金收益分配比例不得低于基金净收益的 90%；

（6）单个基金账户中不得对同一基金同时选取两种分红方式，红利再投资部分以权益登记日的基金份额净值为计算基准确定再投资份额。

4.5.4 基金收益分配方案

基金收益分配方案主要包括以下 5 个方面。

1）确定收益分配的内容

基金分配的客体是净收益，即基金收益按照有关规定扣除应扣除的费用后的余额。这里所说的费用一般包括支付给基金管理公司的管理费、支付给托管人的托管费、支付给注册会计师和律师的费用、基金设立时发生的开办费及其他费用等。

一般而言，基金当年净收益应先弥补上一年亏损后，才可进行当年收益分配；基金理财当年净亏损，则不应进行收益分配。需要特别指出的是，上述收益和费用数据都须经过具备从事证券相关业务资格的会计师事务所和注册会计师审计确认后，方可实施分配。

2）确定收益分配的比例和时间

一般来讲，每只基金的分配比例和时间各不相同，通常是在不违反国家有关法律法规的前提下，在基金契约或基金公司章程中事先载明。在分配比例上，美国有关法律规定，基金必须将净收益的95%分配给投资者。而我国《证券投资基金管理暂行办法》则规定，基金收益分配比例不得低于基金净收益的90%。在分配时间上，基金每年应至少分配收益一次。

3）确定收益分配的对象

无论是封闭式基金还是开放式基金，其收益分配的对象均为在特定时日持有基金单位的投资者。基金管理公司通常须规定获得收益分配权的最后权益登记日，凡在这一天交易结束后列于基金持有人名册上的投资者，方有权享受此次收益分配。

4）确定分配的方式

确定分配的方式一般有三种：第一是种分配现金，这是基金收益分配的最普遍的方式；第二种是分配基金单位，即将应分配的净收益折为等额的新的基金单位送给投资者，这种分配方式类似于通常所言的"送股"，实际上是增加了基金的资本总额和规模；第三种是不分配，既不送基金单位，也不分配现金，而是将净收益列入本金进行再投资，体现为基金单位净资产值的增加。

> 📡 提醒：我国《证券投资基金管理暂行办法》仅允许采用第一种方式，我国台湾地区则采用第一和第三种相结合的分配方式，而美国用得最多的分配方式是第一种和第二种。

5）确定收益分配的支付方式

收益分配的支付方式关系到投资者如何领取应归属于他们的那部分收益的问题。通常而言，支付现金时，由托管人通知基金持有人亲自领取，或汇至持有人的银行账户；在分配基金单位的情况下，指定的证券公司将会把分配的基金单位份额打印在投资者的基金单位持有证明上。

4.6 选择基金的方法与技巧

在选择基金之前，首先要对自己的财务状况和承受风险能力进行分析，并且确定自己的投资目标，然后再选择基金，以便获得所预期的收益。

4.6.1 寻找更能赚钱的基金

在保证达到投资目的前提下,投资者应追求更高的收益。

1)尽可能多地投资股票型基金

从证券市场的长期发展来看,持有股票资产的平均收益要远远超过其他类别资产。所以,如果一个投资者把基金作为家庭长期财务规划的一部分,追求长期的资本增值,就应该将投资重点放到股票型基金上。如果家庭风险承受能力较差,则可以选择债券基金,但从投资实践来看,债券基金的收益并不比投资单个债券好,同时,购买该类型基金还要支付昂贵的申购费和管理费。

很多投资者担心股市行情不好时,股票型基金很难盈利,但随着证券业的发展,有做空机制后这种现象可以避免。另外,投资基金不是一两年的事,从长期来看,投资股票型基金的收益是相当不错的。

> 提醒:投资是一种理财,不投资也是一种理财,在股票行情不明朗的时候,投资者没有必要冒险买进股票型基金,而应等待机会,在大势向好时再买入。

2)根据基金类型对基金做评价

不同类型的基金在不同的市场时期和市场环境下可能会有不同表现,所以在为基金做评价之前要进行分类。价值型投资基金比较注重的是投资的增值潜力,如果因为某只基金近期表现持续落后市场而就认为该基金不佳,可能就会错过一只很好的价值型基金理财机会。选择价值型投资基金,要有耐性,如果没有耐性很可能会抛弃价值型基金而追求成长型基金,结果是介入时机正好是成长型基金走向衰退之时。

> 提醒:如果想在基金市场取得较高收益,就要求投资者专注于比较同一类投资型基金的收益情况,发现有增值潜力的基金要长期持有。

3)选择行业型投资基金

如果希望在基金市场获利更多,就要对基金投向的行业有所了解。所谓行业型基金,是指投资范围限定在某个行业的上市公司的基金。从国内基金的情况来看,国内专门投资于某个行业的基金较少,因此目前对行业型基金的投资空间还比较有限。不过对于投资者来说,少数投资行业明确的基金更有投资价值,所以投资者应对基金理财前景进行分析,并及时调整基金投向和投资策略。

4.6.2 参考基金以往投资业绩

如何选择表现优异的价值型基金、成长型基金或资本增值型基金呢?大多数投资者都是通过基金以往的表现来选择的，尤其是热衷于研究基金最近一段时间的表现。投资者可能会选择排行榜上最近一年或半年表现最好的基金管理公司，并将资金投资于该基金。其实这种参考基金以往业绩的方法并不可行，因为这可能是基金公司将大部分资金冒险投资于一个行业或一种热门类型的公司短期内获得了成功，而在下一个年度这一基金公司可能没有原来那么好的运气而排到收益榜后几名。

经验告诉我们，基金领域的短跑"冠军"不一定是长跑健将，更重要的是投资者要弄清楚支持基金获得"冠军"的内在原因。基金收益情况的短期排行只能作为投资的参考，该基金是否能在未来几年甚至更长时间取得稳定的收益才是我们更应该考虑的内容。业绩是大多数投资者能够找到的唯一参考标准，所以选择基金业绩还是硬道理。尽管不能简单地依据基金上一年度的业绩按图索"基"，但基金以往的业绩对选择基金的重要参考意义仍然是毋庸置疑的，关键要看如何去运用。一年的业绩表现随机性很大，看看就可以了，三年以上的运营业绩更为重要。除了多看长期业绩表现外，在考察基金以往业绩时还要关注这些业绩是如何取得的。例如，一只总是处在正常申购和赎回状态中的基金和一只长期处于封闭状态下的基金，若取得了一样的业绩，则要买入前者。

> 📶 提醒：对于个人投资者而言，可能不能深入地分析某只基金最近取得高收益的原因，那就应该更多关注基金的长期业绩，因为这更能体现出一只基金的发展潜力和基金经理人的投资管理能力。

4.6.3 选择基金考察基金规模

在考察基金管理公司的状况时，最主要的一个指标是基金公司的资金规模，它决定了基金实力的强弱。此外基金的管理费用取决于基金的规模，丰厚的管理费用才是留住优秀投资团队的保证。我国《基金法》规定基金管理人员的报酬以基金净资产的 1.5% 年费率计提，这就意味着基金规模越大，提取的管理费用就越多。一些管理规模较小的公司，很难让人相信它能留住实力不俗的投资团队。例如，一家管理 3 亿元资金的公司每年能够收到的管理费用只有 450 万元，扣除公司的各种经营成本后结余的费用很难支持基金经理团队的百万年薪。所以仅从这一方面考虑，基金公司的规模决定了其发展前景和经营业绩。

但投资者还应注意，并不是说基金的资金规模越大越好，规模过大的基金反而有弊端。俗话说"船大掉头难"，大规模基金的建仓和出货都很难，而小规模基金具有调整持仓灵活的优势，所以取得好的成绩也比大规模基金更容易一些。

4.7 基金理财的原则

由于金融投资市场变化无常,所以想要精准入市是相当困难的事。但如果我们坚持一些正确的投资原则,那么就会为我们的基金理财带来更好的收益。基金理财的原则如图4.2所示。

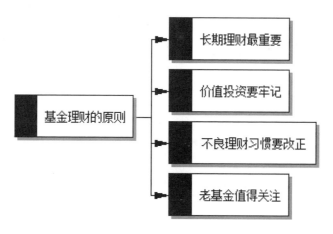

图4.2 基金理财的原则

4.7.1 长期理财最重要

基金理财是一项长期的投资理财活动,其本质是让理财专家帮我们来投资,即让理财专家帮我们挖掘市场中那些中长期有增值潜力的金融投资品种。虽然封闭式基金可以像股票一样在二级市场买卖交易,但如果不是专业的短线高手很难成功地抓住市场的波动行情,频繁买卖却不是明智之举。

> 提醒:如果你是短线高手,可以炒股票、炒期货、炒外汇,这些理财品种波动大,短线盈利可观,并且手续费较低。

在2014年后半年到2015年前半年的牛市行情中,大部分基金的净值都超过了60%的年增长率,但大多数基金理财者的平均收益却仅有20%左右,这是为什么呢?大多投资者不能获得基金净值增长带来的平均收益的主要原因是未能坚持长期投资原则。

不少投资者认为做波段更赚钱,也许你运气好,也许你某一段时间的收益比长期持有收益高,但从长远来看,一般收益都会低于长期持有。原因是频繁买卖基金要付高额的交易费用，并且基金的价格波动比股票要小，另外常常出现卖出后，基金价格又上涨了，你怕踏空，不得不再次追高买进，即"低卖高买"。

总而言之，基金不是适合频繁买卖的金融投资品种，如果你擅长投机，就不应该选择基金，如果选持基金，就要坚持长期投资理念。

在熊市行情中，如2015年后半年，股市持续大跌，在这种宏观环境下是否依然要保证长期投资呢？

投资者要明白，坚持长期投资的前提是价值投资，在经济泡沫、股市泡沫高涨时期入市投资本身就是错误的。另外，从价值投资角度来看，在到处是泡沫的股市中，应该选择果断离场，而不是继续持有。

投资基金一定要以长期闲置的资金为前提，因为长期投资可能是一年，也可能是几年、几十年。投资大师索罗斯曾说："如果你没有做好承受痛苦的准备，那就离开吧，别指望你会成为常胜将军，要想成功，必须冷酷。"

另外，股神巴菲特所持股的平均时间为17年，并且其年平均回报率为21.5%，即如果你投资巴菲特管理的伯克夏公司1万美元，那么41年后，你拥有2935.13万美元，这是很诱人的。但是，41年来能够一直持有伯克夏公司股票的股东少之又少，甚至连巴菲特自己的女儿也早早抛出了父亲送给她的股权。

4.7.2 价值投资要牢记

在股票市场震荡或下跌行情中，相当一部分投资者慢慢抛弃了价值投资理念，尽管这个理念在牛市行情中受到过他们的追捧。同时，被贴上价值投资"标签"的基金业在熊市中也受到了冷落，投资者对基金在熊市中的表现相当不满。例如，在2014年后半年到2015年前半年牛市行情中，价值投资得到了淋漓尽致的表现，这也促进了基金业规模急速扩张。但2015年后半年，市场再度走熊，失去赚钱效应的价值投资理念受到了质疑。

价值投资的着眼点在于挖掘价值，而价值的体现则需要时间的配合，并且价值投资并不是在错误的时间入市然后盲目地长期持有。

国内基金业自成立以来，就打着价值投资的旗号，但实际上多数的基金经理未能做到价值投资，他们敢于在股票市盈率过百时继续入市，投资这种经济泡沫下的股票算不上价值投资，这样长期持有只能是亏损。

基金经理要选择有价值的股票，基民则是选择有发展空间的基金公司。好的基金公司就如同好股票一样，只要是当价格被市场低估了，随着时间的推移，具备投资价值的基金最终会为我们带来丰厚的投资回报。选择封闭式基金就要选择严重折价的基金进行投资，当一只封闭式基金的市场价格远低于其净值时，我们就可以毫不犹豫地买入并长期持有。

选择开放式基金，就要选择业绩长期稳定、在熊市中能够表现出良好抗风险能力的基金。

4.7.3 不良理财习惯要改正

有些投资者投资基金盈利了，有些投资者投资基金失败了，同样是基金理财，为什么会这样呢？

有些投资者抱怨自己运气不好？有些投资者怪自己的入市时机不对？其实这些都不是最重要的。不良的交易习惯常常是影响投资成败的最重要原因。

1）关心过度

买基金是让理财专家帮我们理财，所以不同于炒股、炒期、炒外汇，我们没有必要时时刻刻盯盘，时时记着自己的投资。

我们既然把钱托付给了基金公司，就应该相信它们，相信它们的理财能力，所以没有必要每天关注基金的行情走势。凡事过犹不及，对基金理财关注得太多，不是好事，反而可能坏事。所以如果你没有良好的心理素质，没有做好长期投资的准备，最好不要投资基金。

2）盲目跟风

为了加大基金理财产品的营销和推广，开放式基金营销宣传单内容应有尽有，各种形式的宣传品一应俱全。不管基金公司成立以来运作业绩如何，但看宣传单，就足以让我们流连忘返。

某些基金公司在设计宣传内容时，对基金经理的以往业绩和基金运作能力进行大力的介绍和推荐，从而提高基金产品的知名度和影响力。这些基金同时也受到投资者的吹捧。总之，购买的人越多，就越有吸引力，即盲目跟风。

买基金与买一般物品不同，并不是抢购的人越多说明其质量越好。一旦基金成立，基金的运作状况却与宣传材料大相径庭，基金经理也频繁更换，这些因素都会使基金变得不稳定起来。

另外，在购买时点的选择上，我们也常常盲目跟风。例如，当股市在 5000 点时，股票型基金卖得相当火爆，而当股市在 2900 点时，股票型基金却无人问津，这些问题都说明基金理财具有盲目跟风性。

4.7.4 老基金值得关注

老基金由于成立时间较早，推出的产品较多，一般都已形成完善的理财产品线，所以老基金更容易受到投资者的青睐。

衡量基金的优劣不是一两年的事情，投资市场变化无常，短期的业绩说明不了任何问题。新成立的基金由于没有运作经验，也没有可靠的数据供我们参考，所以抢购新基金是不明智的。我国的基金市场正处于发展阶段，大多数投资者都比较注重股票型基金的短期收益，导致了基金公司以牺牲稳定性为代价盲目追求短期收益，目的是获得更大的市场份额。例如，2015年的牛市到熊市的逆转过程中，投机的狂热和跌幅的巨大让投资者颇受震撼，也深刻地意识到股票型基金理财的巨大风险。在这次牛熊转换中，很多股票型基金的收益和亏损甚至大于上证指数的波动。所以投资者在选择基金时，一定要关注其运营时间及长期盈利水平，从而形成合理的财富理财观。

4.8 基金理财的技巧

俗话说，买得好不如卖得巧。不能根据市场的行情变化买卖基金，比选择了不合适的基金更可怕。金融市场风云变幻，一种方法可能在某一个行情中适用，可在另一种行情中就不适用了。例如，在牛市行情中，基金理财方法可以在回调时不断加仓买进；但在熊市行情中，如果在回调时不断加仓就会持续扩大亏损。

所以基金理财最重要的原则之一，就是根据不同行情，进行灵活应变。

4.8.1 入市时机很重要

对于股票、期货、外汇短线交易来说，好的入场和出场点是相当关键的，当然也是一件相当困难的事。不用说普通的投资者，就是经验丰富的短线高手也难以精准掌握最佳出入时机。基金作为一种长期投资理财产品，在一定程度上把握较高的入市时机完全是有可能的，即便没有太多专业知识的投资者也可以做得到。

判断目前基金理财是否是入市时机，这就需要我们认真分析宏观经济和证券市场的运行情况。

一般来说，在宏观经济降温或股市低迷之际，应该谨慎进行基金理财，特别是股票型基金；在股市回暖或宏观经济增速提升时，应抓住机遇，果断入市；在经济滑坡、证券市场不好的情况下，要果断地赎回基金。

在熊市行情中，投资者应该加大债券型基金的投资比重，减少股票型基金的比重；在牛市行情中，投资者应该减少债券型基金的投资比重，加大股票型基金的比重。在选择入市时机时，投资者应该尽量选择大盘指数的底部区域入市，但不要总想着能在最低点入市。金融市场变幻莫测，投资者很难准确判断大盘指数的最低点，投资者能做的是顺势而为。在经济形式转暖时，大盘指数已经进入上涨行情，这时是投资股票型基金的最佳时期。

另外，如果实在难以把握买入时机，还可以选择定期定额投资方式。定期定额投资方式不必刻意地去选择入市时机，比一次性投资更省心、更稳妥。我们在不合适的时机进入基金市场，不但会增大投资的成本，而且还会面临被套牢的风险。一般来说，基金理财要抓住4大时机，如图4.3所示。

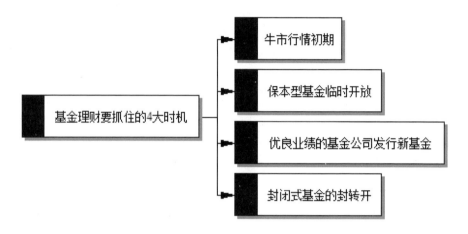

图4.3　基金理财要抓住的4大时机

1）牛市行情初期

只要投资者坚信目前正处于证券市场的牛市格局中，并且这个趋势短期内不会改变，那就可以大胆地进行基金理财。观察、了解和分析证券市场的大盘指数的变化，将有助于投资者对基金理财入市点的把握。

2）保本型基金临时开放

不是每只基金都会进行正常的申购和赎回，特别是对于保本型基金，由于有避险期的规定，为了保证基金公司的管理和动作，防止投资频繁地申购和赎回而影响基金的稳定性和收益的持续增长。因此，对于保本型基金来说，基金公司会在合适的时机进行短期的申购开放，这对于投资者来说，是一次不错的机会。

3）优良业绩的基金公司发行新基金

历史业绩优良的基金公司旗下发行新基金，通常可以享受到认购手续费的优惠，低成本购买的时机也不容错过。好的基金公司发行的新基金，虽然没有历史业绩可查，但在原来投资团队和管理模式下，通常也会有不错的表现。

4）封闭式基金的封转开

为了不让封闭期到期的封闭式基金结束运行，基金公司通常要将其转换为可以申购和赎回的开放式基金。基金的封转开可以把它看作新发行的基金上市，而这种新基金是有历史业绩可以参考的，所以基金的封转开也是一个不错的机会。

4.8.2 机会来时要敢于抓住

基金理财既要大胆，又要谨慎。大胆是指基金理财整体布局的大胆；谨慎是指基金理财局部战术的谨慎，两者并不矛盾。只要判断当前证券市场处于牛市上涨行情中，同时市场并没有因为过分投机导致到处是泡沫，那么就可以按照计划大胆重仓入市。基金理财要树立长期投资理念，但这并不意味着不分时机地死捂不放，在必要的情况下，要果断赎回，以免受到惨重损失。

例如，在2007年末，大盘指数开始从6000点的高位回调，当时股票市盈率很多都在60以上，整个股市存在着严重的泡沫。很多人在这时看不到危机，反而提高了自己的投资收益预期，即在这里增加了基金理财。这显然违背了价值投资的理念，这只是人性的贪婪在作祟，这种投资不失败才怪。

其实，投资者常常无法把握基金理财的赎回时机，主要原因是人性的弱点。要么是过于担心，常常赢得小小一点利润就跑了，结果发现价格不是越来越低，而是越来越高，禁不住诱惑又冲了进去，结果被套了，盈利变亏损了；要么是过于贪婪，看到基金在不断盈利，高兴过度、自信过度，从而忘记了风险，结果来不及出局，价格就出现了大幅下跌，最终还是亏损了。

巴菲特曾说过："在市场中，别人贪婪时我恐惧，别人恐惧时我贪婪。"他之所以能这样想，是因为他把价值投资作为衡量的尺度。

投资基金应该有一个属于自己的尺度，该投资时要敢于果断买入，不被行情的波动所困扰；该出手时果断赎回，不被上涨行情所诱惑。

4.8.3 认购与申购

一般来讲，同一只基金的认购费率要比申购费率低0.3%左右。因此，如果投资者在基金认购期内购买基金，就可以节省一定费用。但风险与收益是对应的，投资者获得了费率优惠就要承担更多风险。主要风险有两种，分别为市场行情可能在封闭期内发生变化、投资者难以了解基金运作水平。

1）市场行情可能在封闭期内发生变化

基金在发行期结束后会进入几个月的封闭期，这几个月内基金几乎没有任何运作收益。同时，投资者认购期内买入的基金不能立即卖出。等基金建仓完毕后，进入自由申购、赎回期，大盘行情可能已经转向。

2）投资者难以了解基金运作水平

新发行的基金没有过去的运作记录，投资者可以参考的资料很少，投资时比较盲目。因此，投资者只有在十分确定基金有发展潜力的情况下才可以大胆地选择认购方式。万一对基金信息把握不准确，就可能出现较大损失。相应地，如果投资者在基金运行一段时间后再申购买入，虽然需要交纳更多的费用，但却能得到更多的参考信息，更有针对性地投资，避免不必要的风险。

认购与申购的不同如表 4.2 所示。

表 4.2 认购与申购的不同

认购方式	申购方式
费用低	费用高
基金在发行期结束后的封闭期内收益很少；基金没有运作记录，可供参考的信息少，投资者很难判断基金盈利能力	投资者可以结合基金在一段时间内的运作记录，更全面地衡量基金运作水平，避免投资风险

总之，投资者在购买基金时，可以选择认购发行期内的新基金，也可以选择申购发行结束后的基金，这两种方式各有优劣。

4.8.4 基金转换技巧

基金买卖手续费比较高。投资者在市场行情不好时赎回基金，等待市场行情转好后再申购，这样一来一回，需要花费不少手续费。这时可以利用基金转换来节省这部分交易费用。同一基金公司旗下基金 A 转换为基金 B 的费用，要低于先赎回基金 A 再申购基金 B 的费用。

这样，投资者就可以利用基金转换功能，实现用比较低的成本规避市场波动带来的风险。例如，在行情不好时，将手中持有的股票型基金 A 转换为债券型基金 B，避免行情下跌造成的损失。当行情转好时，再将基金 B 转换回基金 A，享受行情上涨带来的投资收益。

基金转换费用包括两项，分别是转出赎回费和申购补差费。当转出基金申购费小于转入基金时，不收取申购补差费。

转出赎回费 = 转出基金的赎回费用

申购补差费 = 转入基金的申购费用 − 转出基金的申购费用

下面举例说明。

华夏基金公司旗下华夏成长混合型基金的申购费率为 1.8%，赎回费率为 0.5%。同为华夏基金公司旗下的华夏债券 A 的申购费率为 1%，赎回费率为 0。

如果你持有 10 万元的华夏成长基金，这时行情开始走坏。你希望规避投资风险，等行情好时再投资。

第一种情况：先赎回华夏成长混合型基金，持有现金，等行情好后再申购华夏成长混合型基金，在这种情况下，需要交纳华夏成长混合型基金的赎回费用和申购费用，总费用为 $100000 \times (1.8\% + 0.5\%) = 2300$ 元。

第二种情况：如果将华夏成长混合型基金转为华夏债券A，等行情见好后再转换回华夏成长混合型基金。因为华夏债券A的申购费用低于华夏成长混合型基金，所以你只需要交纳华夏成长混合型基金的赎回费用，不需要交纳申购补差费。所以这时交纳的费用为 $100000 \times 0.5\% = 500$ 元。

当行情转好时，再把华夏债券A转为华夏成长混合型基金，按规定只须交纳 $1.8\% - 1\% = 0.8\%$ 的申购费补差即可，即费用为 $100000 \times 0.8\% = 800$ 元。

所以，利用基金转换，你所交纳的费用为 500+800 = 1300 元。

在这里可以看到利用基金转换，可以省出1000元的申购、赎回费用。另外，你在基金转换时，还能得到持有华夏债券A期间的增值收益。如果赎回基金，只能得到持有现金期间不多的利息收入。

注意，基金转换只能在同一基金公司旗下的不同基金品种之间进行。因此我们在选择基金时，一定要选择基金公司旗下产品线齐全的基金公司。

4.8.5 建仓技巧

投资者在购入基金时，除了一次性买入，还可以选择分批买入，即金字塔法建仓、成本平均法建仓、价值平均法建仓、定额定点建仓，如图4.4所示。

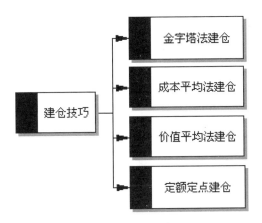

图4.4 建仓技巧

1）金字塔法建仓

这种方法在股票投资中常常用到，投资者使用这种方法效果也会不错。

当我们判断时机成熟，准备申购基金时，可以选择"金字塔法"分步申购。金字塔法是指将资金分成不同大小的几份，把这些资金按照从大到小的顺序分别投入到基金中。例如，首先用二分之一的资金申购，等一段时间之后，如果行情发展超出了预期，我们不应该继续追加资金，并选择时机将之前的投资赎回；如果行情发展和自己的预期判断一致，那么可以继续用剩余资金的二分之一，即总资金的四分之一买入。按照这样的方法，我们可以在行情发展的过程中不断买入基金，最终完成建仓，如图 4.5 所示。

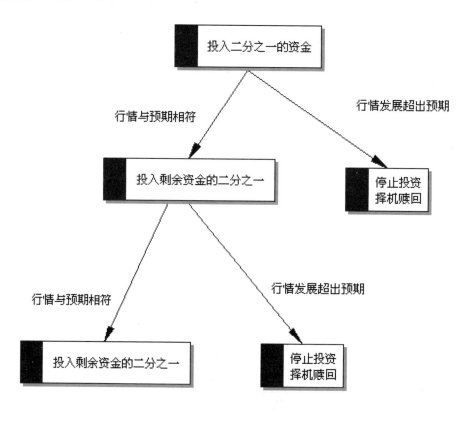

图4.5　金字塔法建仓

使用金字塔法建仓，投资者可以将最多的一份资金最早投入基金中，如果行情判断准确，就可以充分享受行情上涨带来的收益。万一行情判断失误，投资者也能及时停止投资，减少损失。

2）成本平均法建仓

成本平均法与定期定投思路完全相同，投资者在每个月的固定时间以固定的资金投资某一种相同的基金。这样做最大的好处是，在净值低时可以多买入基金；在净值高时少买入基金，最终基金可以通过长期投资降低平均成本。

用成本平均法申购基金虽然没有直接定投基金方便，但投资者可以更加灵活地投资，根据行情变化和自身情况灵活选择申购、赎回的资金比例，不用承担违约风险。

3）价值平均法建仓

成本平均法建仓和价值平均法建仓是两种从基金定投思路衍生而来的投资方法。而价值平均法是对成本平均法的进一步改进。这种方法是指投资者每次投入的资金量与市价成反比，也就是说市价越低时越增加投入资金；相反，在价格较高时则减少投资，甚至赎回一部分基金。

4）定额定点建仓

定额定点建仓是指在大盘的一定点位以等额的资金分批申购指数型基金的方法。

在利用这种方式建仓时，一定要控制好仓位，并且在首次建仓时应选择较低的指数点位，尽量减少成本。另外，投资者可以视行情适度调整投入的资金比例，做好长期投入的准备。

4.9 如何利用网上银行进行基金理财

下面具体讲解，如何利用网上银行进行基金理财，即买卖基金。

4.9.1 网上购买基金的方法

在浏览器地址栏中输入"http://www.icbc.com.cn"，然后按回车键，进入中国工商银行首页。

在中国工商银行首页中，单击"个人网上银行登录"，进入网上银行登录页面。

正确输入登录名（卡号、手机号、用户名）、登录密码、验证码，然后单击"登录"按钮，完成登录。

单击导航栏中的"财富广场"，弹出下拉菜单，单击"基金"命令，可以看到新发的基金产品的代码、名称、币种、产品种类、产品类型、发行日期、发行价、操作、关注、对比等信息，如图4.6所示。

图4.6　中国工商银行新发的基金产品信息

中国工商银行发行的基金产品的类型有股票型、混合型、债券型、指数型、QDII、货币及理财型、资产管理计划、T+0货币基金。单击不同类型，可以看到不同类型基金的产品信息。股票型基金信息如图4.7所示。

图4.7　股票型基金信息

如果要购买基金，单击其对应"操作"项的"购买"，如果是第一次购买基金，则需要进行风险评估，如图4.8所示。

图4.8 风险评估测试页面

根据自己的情况，进行风险评估，注意要通过垂直滚动条向下拖动就可以显示隐藏的风险评估内容，正确填写后，单击"确定"按钮即可。

风险评估后，单击"操作"项的"购买"，进入基金购买页面，如图4.9所示。

图4.9 基金购买页面

在该页面填写基金交易卡（账）号、购买金额、分红方式、营销代码等信息，然后单击"提交"按钮，进入信息确认页面，如图4.10所示。

图4.10　信息确认页面

确认信息无误，单击"确认"按钮即可。

4.9.2　网上基金定投的方法

在基金页面中，找到"随时投定期投"，如图4.11所示。

图4.11　随时投定期投按钮

单击"随时投定期投"选项，能够看到所有可以定投的基金产品信息，即代码、名称、单位净值、累计净值、日涨幅、近三个月涨幅、晨星评级、产品状态、定投和关注，如图4.12所示。

第 4 章
如何利用基金进行理财

代码	名称	单位净值	累计净值	日涨幅%	近三个月涨幅%	晨星评级	产品状态		
000216	华安易富黄金ETF联接基金A	1.4677	1.4677	-	-2.58	-	正常	定投	
000248	汇添富主要消费联接	2.9478	2.9478	-2.38	3.41	★★★★★	正常	定投	
000577	安信价值精选股票基金	4.1330	4.1330	-1.83	-3.25	★★★★	正常	定投	
000971	诺安新经济股票	1.4150	1.4150	-2.41	-5.16	★★★	正常	定投	
000991	工银瑞信战略转型股票基金	2.7610	2.7610	-1.07	12.24	★★★★★	正常	定投	
001180	广发中证全指医药卫生ETF...	1.2169	1.2169	-2.86	-8.94	★★	正常	定投	
001714	工银瑞信文体产业	2.8910	3.0800	-1.93	4.44	★★★★★	正常	定投	
002656	南方创业板ETF联接A	1.2698	1.2698	-2.59	-5.84	★★★	正常	定投	
005777	广发科技动力股票	1.9528	1.9528	-1.97	-5.70	-	暂停	定投	
161017	富国中证500	2.1030	2.4720	-1.87	-5.57	★★★	正常	定投	
360006	光大新增长	1.7710	4.0191	-2.09	1.11	★★★★	正常	定投	
460300	沪深300ETF联接	1.3201	1.9661	-1.16	0.27	★★★	正常	定投	
481012	工银深证红利联接	1.9255	2.1037	-1.37	3.07	★★★	正常	定投	

图4.12 定投的基金产品信息

想定投某只基金，单击其对应的"定投"按钮即可。例如，单击"汇添富主要消费联接"其后的"定投"按钮，进入基金定投页面，如图4.13所示。

图4.13 基金定投页面

在该页面填写基金交易卡（账）号、收费模式、定投方式，并勾选"已阅读并认可《中国工商银行基金定投业务须知》"选复框，然后单击"确定"按钮，进入基金定投信息输入页面，如图4.14所示。

图4.14 基金定投信息输入页面

在该页面设置分红方式、定投周期、定投日期、每期申购金额、营销代码相关信息，然后单击"提交"按钮，进入信息确定页面，如图4.15所示。

图4.15 基金定投信息确定页面

确认信息无误，单击"确认"按钮即可。

4.10 基金理财的风险

任何理财都会有风险。投资者一旦认购了基金,其投资风险就时时伴随。基金公司只能替投资者管理资产,但不承担在"基金契约"或"投资协议"的条款范围外的任何理财风险。

为了更大程度地降低基金理财的风险,就必须先认识风险。基金理财的主要风险有 8 种,如图 4.16 所示。

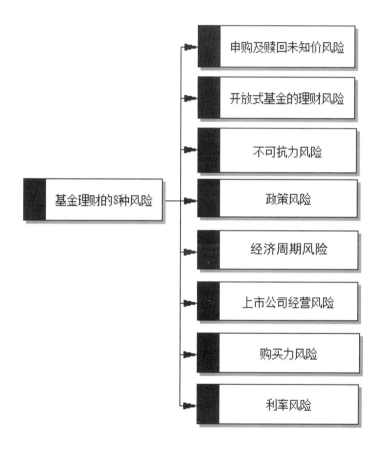

图4.16　基金理财的8种风险

1）申购及赎回未知价风险

开放式基金的申购及赎回未知价风险,是指投资者在当日进行申购、赎回基金单位时,所参考的单位资产净值是上一个基金开放日的数据,而对于基金单位资产净值在自上一交易日至开放日当日所发生的变化,投资者无法预知,因此投资者在申购、赎回时无法明确会以什么价格成交,这种风险就是开放式基金的申购、赎回价格未知风险。

2）开放式基金的理财风险

开放式基金的理财风险是指股票理财风险和债券理财风险。其中，股票理财风险主要取决于上市公司的经营风险、证券市场风险和经济周期波动风险等；债券理财风险主要指利率变动影响债券理财收益的风险和债券理财的信用风险。

基金的理财目标不同，其理财风险通常也不同。收益型基金理财风险最低，成长型基金风险最高，平衡型基金居中。投资者可根据自己的风险承受能力，选择适合自己财务状况和理财目标的基金品种。

3）不可抗力风险

不可抗力风险是指战争、自然灾害等不可抗力发生时对基金投资者带来的风险。

4）政策风险

政策风险是指因国家宏观政策（如货币政策、财政政策、行业政策、地区发展政策等）发生变化，导致市场价格波动而产生的风险。

5）经济周期风险

经济周期风险是指随着经济运行的周期性变化，各个行业及上市公司的盈利水平也呈周期性变化，从而影响个股乃至整个行业板块的股票市场的走势。

6）上市公司经营风险

上市公司经营风险是指上市公司的经营好坏受多种因素影响，如管理能力、财务状况、市场前景、行业竞争、人员素质等，这些都会导致企业的盈利发生变化。如果基金所投资的上市公司经营不善，其股票价格可能下跌，或者能够用于分配的利润减少，使基金投资收益下降。虽然基金可以通过投资多样化来分散这种非系统性风险，但却不能完全规避。

7）购买力风险

购买力风险是指基金的利润将主要通过现金形式来分配，而现金可能因通货膨胀导致购买力下降，从而使基金的实际收益下降。

8）利率风险

利率风险是指市场利率的波动导致证券市场价格和收益率的变动。利率直接影响国债的价格和收益率，影响企业的融资成本和利润。基金投资于国债和股票，其收益水平会受到利率变化的影响。

4.11 基金理财案例

2014年，对于小王来说是相当不寻常的一年。在连续多年的股票投资亏损后，小王开始转投基金，而且获利丰厚。

小王在大学期间就开始炒股，在大势较好时，自己略有盈利。不过自从 2000 年熊市行情开始之后，他几乎每次都追涨杀跌，一个来回下来是越套越深，最后心里实在受不住了，就割肉了，总体算下来，亏损了 50% 还多。2014 年 11 月，由于证券市场转好，小王炒股的念头又一次萌动。每天看到营业部屏幕上红色的一片，他开始留意各类证券信息。

小王当时听说中信证券不错，于是在股价 13.2 元左右买进，可是买进后，股价却一直在上下盘整，就是不涨。看到大盘在不断上涨，而自己手中的股票不涨，小王急了，于是在 16.5 元左右卖了这只股票。谁知卖了没几天，中信证券这只股票开始快速拉升，一路上涨，直涨到 37 元左右才开始调整，看着机会白白地溜走，小王是那么后悔。

让小王深有感触的另一只股票是招商银行。买招商银行时，股价才 10 元多一点，经过一段时间后，招商银行的股价上涨到了 12 元多。这时大盘开始大幅度震荡，原本长期持有招商银行的小王，看到震荡怕了，于时卖出换成了真金白银，并且决定当股价回落到 10 元左右时再买进。可谁知没几天，股价又开始大幅拉升，一直拉到 17 元才盘整。

小王仔细算了一下，自己不仅错过了中信证券和招商银行两只大牛股，而且在炒其他股票时还略有亏损。这样算起来，直到 2015 年 8 月，自己总体还是亏损的。

此时，小王却看到朋友的基金涨势喜人。他同事手中的一只基金，仅 2015 年前 1 个月，就上涨了 60%，小王按捺不住了。于是，在朋友的推荐下，买了一只基金，当时基金的净值才 1.8 元，买进后，3 个月时间就涨到了 2.6 元，小王乐坏了。之后，小王开始热衷于参加各类与基金相关的讲座、投资策略报告会。也是在这些会议上，小王开始了解什么是基金投资组合，应该如何配置家庭资产。在逐渐了解基金投资知识后，小王陆续买了四只基金，其中两只是股票型基金，一只是债券型基金，另一只是货币市场基金。在投资基金初期，小王也会犯错误。例如，当基金的收益率超过 20% 时，并且发现大盘开始震荡盘整，小王就坐不住了，认为行情到头了，开始赎回基金。谁知赎回基金不久，基金的净值又开始大幅上涨。

经过这次小错误后，小王意识到，基金投资确实不能像炒股一样做波段，长期持有才是最好的选择。小王总结道，基金投资的最高境界是"忘记"基金的存在，不要每天去查询其涨跌。另外，小王还发现，基金的波动幅度远远小于股价的波动。以前买股票，如果发生问题，动辄 20% 或 30% 的跌幅，甚至可能达到 50% 的跌幅，但基金的波动没有那么大，即便市场调整，基金净值的下跌幅度也非常小，通常维持在 3%～8%。

第 5 章

如何利用银行理财产品进行理财

随着各大商业银行对理财市场的争夺越发激烈,理财产品发售的频率也从"你方唱罢我登场"演变成"同台共舞,百花齐放"。一时间,人民币、外币理财产品琳琅满目:保本保息的、保本不保息的、不保本不保息的;挂钩汇率的、挂钩利率的、挂钩黄金的、挂钩股票的、挂钩石油的、挂钩水资源的,等等,可谓是"玩转了概念,赚足了眼球"。然而对于老百姓来说,要在这五花八门的理财产品世界中选择真正合适自己的产品,还真得好好做个研究和分析。

本章首先讲解银行理财产品的基础知识,如银行理财产品的定义、类型、构成要素等;然后讲解选择银行理财产品的技巧、利用网上银行操作理财产品的方法;最后讲解购买银行理财产品的注意事项和银行理财产品理财案例。

5.1 银行理财产品概述

银行理财产品是商业银行在对潜在目标客户群分析研究的基础上，针对特定目标客户群开发设计并销售的资金投资和管理计划。在理财产品这种理财方式中，银行只是接受客户的授权管理资金，投资收益与风险由客户或客户与银行按照约定方式双方承担。

银行理财产品分为广义和狭义两层概念，广义的银行理财产品包括本外币理财、基金、保险、券商集合理财等多种金融投资产品，是一个综合的概念；狭义的银行理财产品是指商业银行运用专业投资能力，按照既定的投资策略，归集投资者闲散资金，代理投资者集中进行投资的金融投资产品。银行理财产品如图 5.1 所示。

图5.1　银行理财产品

> 📶 提醒：个人理财时，资产配置不科学合理，风险管理不当。或极端保守，把资产绝大部分投入在银行储蓄上等；或极端激进，把绝大部分资产投入在期货、股票等投机市场上，呈"两边大中间小"的不合理的理财方式，称为哑铃式理财。本章主要讲解的是狭义的银行理财产品。

在浏览器的地址栏中输入"http://www.icbc.com.cn"，然后按回车，就进入中国工商银行的首页。鼠标指上"投资理财"，弹出子菜单面板，如图 5.2 所示。

图5.2　投资理财的子菜单面板

第 5 章
如何利用银行理财产品进行理财

在子菜单面板中，单击"理财产品"，向下拖动滚动，就可以看到理财的新产品，及不同类型的理财产品，如图 5.3 所示。

图5.3　理财的新产品及不同类型的理财产品

在这里可以看到理财产品类型有子公司理财、私人银行产品、精品主题、现金管理、优选净值、外币类。单击不同的类型，就可以看到不同类型的理财产品，精品主题理财产品如图 5.4 所示。

图5.4　精品主题理财产品

5.2　银行理财产品的类型

银行理财产品很多，如何选择适合自己的理财产品，首先我们要清楚银行理财产品都有哪些种类。下面就来看一下银行理财产品的类型。

5.2.1 人民币理财产品和外币理财产品

根据币种不同，理财产品可分为两类，分别是人民币理财产品和外币理财产品。

1）人民币理财产品

银行人民币理财是指银行以高信用等级人民币债券（含国债、金融债、央行票据、其他债券等）的投资收益为保障，面向个人客户发行，到期向客户支付本金和收益的低风险理财产品。

收益率高、安全性强是人民币理财的主要特点。银行推出的人民币理财产品，大致可分为两类。

第一类：传统型产品主要有基金、债券、金融证券等，此类产品风险低，收益确定，一般收益在3%左右。

第二类：人民币结构性存款，该类产品与汇率挂钩，与外币同类产品从本质上来说没有多少差异，风险略高于传统型产品。人民币理财产品更像是"定期储蓄"的替代品。例如：交通银行的"得利宝·深红3号"以高息和货币策略吸引投资人目光，这一款产品投资期限一年，分为人民币、澳元、欧元三种货币投资选择，产品收益率与"一篮子货币"（巴西、丹麦、挪威、土耳其）对美元的汇率表现挂钩。如果在投资到期时，"一篮子货币"表现不低于期初水平，即使只是持平，人民币产品就可获得不少于10%的收益。

2）外币理财产品

外汇理财产品是指个人购买理财产品时的货币只针对自由兑换的外国货币，收益获取也以外币币值计算。从银行外币理财产品来看，"多国货币""高息""短期"成为最热门的宣传词汇。

5.2.2 保证收益理财产品和非保证收益理财产品

根据客户获取收益方式的不同，理财产品分为保证收益理财产品和非保证收益理财产品。

1）保证收益理财产品

保证收益理财产品是指商业银行按照约定条件向客户承诺支付固定收益，银行承担由此产生的投资风险或者银行按照约定条件向客户承诺支付最低收益并承担相关风险，其他投资收益由银行和客户按照合同约定分配，并共同承担相关投资风险的理财产品。

保证收益的理财产品包括了固定收益理财产品和有最低收益的浮动收益理财产品。前者的收益到期为固定的,例如:4%;而后者到期后有最低收益,例如:2%,其余部分视管理的最终收益和具体的约定条款而定。保证收益理财产品如图5.5所示。

图5.5　保证收益理财产品

2）非保证收益理财产品

非保证收益理财又可以分为保本浮动收益理财产品和非保本浮动收益理财产品。

保本浮动收益理财产品是指商业银行按照约定条件向客户保证本金支付,本金以外的投资风险由客户承担,并依据实际投资收益情况确定客户实际收益的理财产品。

非保本浮动收益理财产品是指商业银行根据约定条件和实际投资收益情况向客户支付收益,并不保证客户本金安全的理财产品。非保证收益的理财产品的发行机构不承诺理财产品一定会取得正收益,有可能收益为零,不保本的产品甚至有可能收益为负。

在银行推出的每一款不同的理财产品中,都会对自己产品的特性给予介绍。各家银行的理财产品大多是对本金给予保证的,即使是打新股之类的产品,尽管其本金具有一定风险,但根据以往市场的表现,出现这种情况的概率还是较低的。

5.2.3　债券型、信托型、挂钩型及QDⅡ型理财产品

不同银行理财产品有着不同的投资领域,据此,理财产品大致可分为债券型、信托型、挂钩型及 QDⅡ型理财产品。

1）债券型理财产品

债券型理财产品指银行将资金主要投资于货币市场,一般投资于央行票据和企业短期融资券。因为央行票据与企业短期融资券个人无法直接投资,这类人民币理财产品实际上为客户提供了分享货币市场投资收益的机会。

在这类产品中，个人投资人与银行之间要签署一份到期还本付息的理财合同，并以存款的形式将资金交由银行经营，之后银行将募集的资金集中起来开展投资活动。

投资的主要对象包括短期国债、金融债、央行票据以及协议存款等期限短、风险低的金融工具。在付息日，银行将收益返还给投资人；在本金偿还日，银行足额偿付个人投资人的本金。

2）信托型理财产品

信托公司通过与银行合作，由银行发行人民币理财产品，募集资金后由信托公司负责投资，主要是投资于商业银行或其他信用等级较高的金融机构担保或回购的信托产品，也有投资于商业银行优良信贷资产受益权信托的产品。如新股申购，甚至房地产投资都可以纳入理财产品的投资标的，这意味着普通投资者投资信托的机会很多。

3）挂钩型理财产品

挂钩型理财产品，又称为结构性产品，其本金用于传统债券投资，而产品最终收益与相关市场或产品的表现挂钩。有的产品与利率区间挂钩，有的与美元或者其他可自由兑换货币汇率挂钩，有的与商品价格主要是以国际商品价格挂钩，还有的与股票指数挂钩。

为了满足投资人的需要，这类产品大多设计成保本产品，特别适合风险承受能力强，对金融市场判断力比较强的投资者。尤其是与股票挂钩产品，已经从挂钩汇率产品，逐渐过渡到挂钩恒生、国企指数，继而成为各种概念下的挂钩产品，种类十分丰富。

4）QDⅡ型理财产品

简单地说就是投资人将手中的人民币资金委托给被监管部门认证的商业银行，由银行将人民币资金兑换成美元，直接在境外投资，到期后将美元收益及本金结汇成人民币后分配给投资人的理财产品。

例如：光大银行发售的"同升三号"股票联结型理财产品，投资于全球著名的金融公司股票，精选了全球5个金融子行业中市值最大的公司，分别为：花旗集团、美国国际集团、高盛集团、汇丰控股、瑞士银行。理财期限是18个月，同样保证100%的本金归还。

虽然银行理财都会预期最高收益率，但不可否认收益率的实现存在着不确定性。同时，不同产品有不同的投资方向，不同的金融市场也决定了产品本身风险的大小。所以，投资人在选择一款银行理财产品时，一定要对其进行全面了解，然后再作出自己的判断。

5.2.4 基本无风险、较低风险、中等风险及高风险理财产品

根据风险等级的不同，理财产品分为4种，分别是基本无风险理财产品、较低风险理财产品、中等风险理财产品和高风险理财产品。

1）基本无风险理财产品

银行存款和国债由于有银行信用和国家信用作保证，具有最低的风险等级，同时收益率也较低，投资人保持一定比例的银行存款的主要目的是为了保持适度的流动性，满足生活日常需要和等待时机购买高收益的理财产品。

2）较低风险理财产品

较低风险理财产品主要是各种货币市场基金或偏债型基金，这类产品投资于同业拆借市场和债券市场，这两个市场本身就具有低风险和低收益率的特征，再加上由基金公司进行的专业化、分散性投资，使其风险进一步降低。

3）中等风险理财产品

中等风险理财产品包括三种，分别是信托类理财产品、外汇结构性存款和结构性理财产品，如图5.6所示。

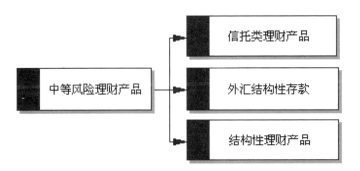

图5.6 中等风险理财产品

信托类理财产品：信托类理财产品由信托公司面向投资人募集资金，提供专家理财、独立管理，是投资人自担风险的理财产品。投资这类产品的投资人要注意分析募集资金的投向，还款来源是否可靠，担保措施是否充分，以及信托公司自身的信誉。

外汇结构性存款：外汇结构性存款作为金融工程的创新产品，通常是几个金融产品的组合，如外汇存款附加期权的组合，这类产品通常是有一个收益率区间，投资人要承担收益率变动的风险。

结构性理财产品：这类产品与一些股票指数或某几只股票挂钩，但是银行有保本条款。另外，也有机会获得高于定期存款的收益。

4）高风险理财产品

QDⅡ等理财产品即属于此类。由于市场本身的高风险特征，投资人需要有专业

的理论知识，这样才能对外汇、国外的资本市场有较深的认识，去选择适合自己的理财产品，而不是造成了损失才后悔莫及。

5.3 银行理财产品的构成要素

银行理财产品的构成要素有 7 项，分别是发行者、认购者、期限、价格和收益、风险、流动性、理财产品中嵌套的其他权利，如图 5.7 所示。

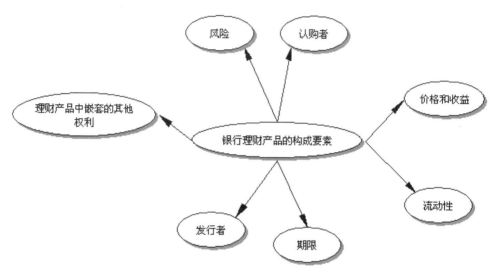

图5.7　银行理财产品的构成要素

5.3.1 发行者、认购者和期限

发行者也就是理财产品的卖家，一般是开发理财产品的金融机构。投资人一般应该注意发行者的研发、投资管理的实力。实力雄厚的金融机构发行的理财产品更加可靠一些。另外，一些投资渠道是有资格限制的，小的金融机构可能没有资格参与这些投资，这样就对发行者造成了投资方向的限制，最终会影响理财产品的收益率。因此，实力雄厚的机构的信用更加可靠。

认购者也就是银行理财产品的投资人。有些理财产品并不是面向所有公众的，而是为有针对性的认购群体推出的。

期限，任何理财产品发行之时都会规定一个期限。银行发行的理财产品大部分期限都比较短，但是也有外资银行推出了期限为 5～6 年的理财产品。所以投资人应该明确自己资金的充裕程度以及投资期内可能的流动性需求，以避免由此引起的不便。当投资长期理财产品时，投资人还需要关注宏观经济趋势，对利率等指标有一个大体的判断，避免利率等波动造成损失或者资金流动性困难。

5.3.2 价格和收益

价格是金融产品的核心要素。筹资者出售金融产品的目的是为了得到相当于产品价格的收入，投资人的投资额正好等于其购入的金融产品的价格。对理财产品而言，其价格就是相关的认购、管理等费用以及该笔投资的机会成本（可能是利息收益或其他投资收益）。

投资人投资于该产品的目的就是获得等于或高于该价格的收益。收益率表示的是该产品给投资人带来的收入占投资额的百分比。它是在投资管理期结束之后，按照该产品的原定条款计算所得的收益率。

5.3.3 风险和流动性

在有效的金融市场上，风险和收益永远是对等的，只有承担了相应的风险才有可能获得相应的收益。在实际运行中，金融市场并不是总有效或者说不是时刻有效的。

由于有信息不对称等因素的存在，市场上就可能存在低风险高收益、高风险低收益的可能。所以投资人应该详细了解理财产品的风险结构状况，从而对其作出判断和评估，看其是否与所得的收益相匹配。

流动性指的是资产的变现能力，它与收益率是一对矛盾，这也就是有些经济学家将利息定义为"流动性的价格"的原因。在同等条件下，流动性越好，收益率越低，所以投资人需在二者之间作出权衡。

5.3.4 理财产品中嵌套的其他权利

理财产品，尤其是一些结构性理财产品中，常常嵌入了期权等金融衍生品。例如：投资人可提前赎回条款，可提前赎回是一项权利（尽管不一定是最好的选择）；银行的可提前终止的权利则是有利于银行的条款。所以，投资人选择理财产品时应该充分发掘其中的信息，并充分利用这方面的权利。

5.4 选择银行理财产品的技巧

选择银行理财产品，要注意4个方面，分别是产品的预期收益和风险状况、产品的结构和赎回条件、产品的期限、产品的投资方向，如图5.8所示。

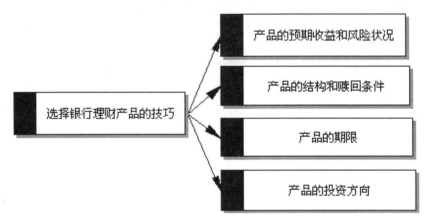

图5.8　选择银行理财产品的技巧

5.4.1 产品的预期收益和风险状况

银行理财产品的预期收益率只是一个估计值，不是最终收益率。而且银行的口头宣传不代表合同内容，合同才是对理财产品最规范的约定。特别是在股市处于弱市环境，投资者购买银行理财产品需要认真阅读产品说明书，不要对理财产品的收益预期过高。

5.4.2 产品的结构和赎回条件

"对于银行理财产品，投资者需要了解产品的挂钩标的；对于那些自己不熟悉、没把握的挂钩标的的理财产品，投资者需要谨慎对待。"理财专家说，有的理财产品不允许提前赎回，有的理财产品虽然能够提前赎回，但只能在特定时间赎回，且需要支付赎回费用；有的理财产品有保本条款，但其前提是产品必须到期，投资者提前赎回就有可能亏损本金。

5.4.3 产品的期限

银行理财产品的期限有长有短，一些半年期或一年期的理财产品可能是在股市高位发行的，如果股指出现"腰斩"，这类理财产品如果出现亏损，要想在短期实现"翻本"，难度较大。有的理财产品期限较长，设计的结构又比较好，即使现在亏损，但今后二三年内如果市场向好，这类理财产品完全有可能扭亏为盈。

5.4.4 产品的投资方向

银行会把资金投向哪些方面，因为资金投入方向与理财产品收益率直接相关。另外，银行并非专业的资产管理机构，许多银行理财产品特别是股票类理财产品实际上是由银行聘请的投资顾问负责管理，投资顾问一般由基金公司、证券公司担任，其投资研究能力的高低在很大程度上决定了产品的收益和风险控制能力，因此投资者在购买银行理财产品时应了解投资顾问的投资研究能力。

5.5 利用网上银行操作理财产品的方法

在浏览器的地址栏中输入"http://www.icbc.com.cn"，然后按回车键，就进入中国工商银行的首页。

在中国工商银行的首页中，单击 个人网上银行登录 按钮，进入网上银行登录页面。

正确输入登录名（卡号、手机号、用户名）、登录密码、验证码，然后单击"登录"按钮，就可以成功登录工商银行的网上银行。

单击导航栏中的"财富广场"，就会弹出下拉菜单，在下拉菜单中单击"理财"命令，就可以看到工商银行理财产品的预期年化收益率/业绩比较基准、单位净值、期限、起购金额等信息，如图5.9所示。

图5.9 工商银行理财产品的信息

根据理财产品的业绩比较基准、期限、起购金额、产品风险等级，来选择适合自己的理财产品。假如选中了"财富稳利42天 CFWL42"，如图5.10所示。

图5.10 财富稳利42天CFWL42

单击"财富稳利 42 天 CFWL42"对应的"购买"按钮,就会进入购买理财产品页面,如图 5.11 所示。

图5.11 购买理财产品页面

在购买理财产品页面中,单击"产品概况",就会打开"财富稳利 42 天 CFWL42"产品概况文件,可以查看该理财产品的特色,如图 5.12 所示。

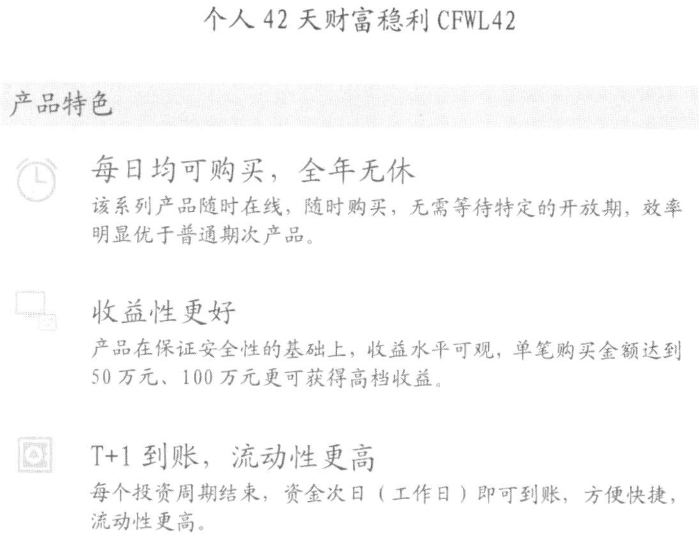

个人 42 天财富稳利 CFWL42
产品特色
每日均可购买，全年无休
该系列产品随时在线，随时购买，无需等待特定的开放期，效率明显优于普通期次产品。
收益性更好
产品在保证安全性的基础上，收益水平可观，单笔购买金额达到50 万元、100 万元更可获得高档收益。
T+1 到账，流动性更高
每个投资周期结束，资金次日（工作日）即可到账，方便快捷，流动性更高。

图5.12　财富稳利42天的特色

单击“理财产品协议、客户权益须知及理财产品说明书”，还可以查看该理财产品的相关信息，如图 5.13 所示。

全部
首页
财富广场
惠生活
账户列表
安全
设置
最爱
购买理财产品
ICBC 中国工商银行
中国工商银行个人高净值客户专属42天稳利人民币理财产品说明书
2.95%
3.15%
自动再投
风险揭示书
产品类型
非保本浮动收益型
产品期限
无固定期限
产品风险评级
PR2

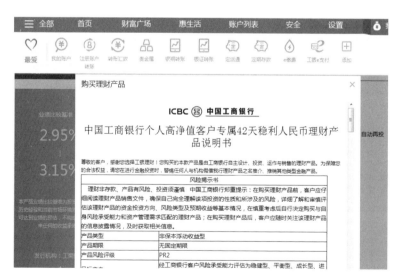

图5.13　理财产品的相关信息

确定要购买该理财产品，就可以输入购买金额和营销代码，然后单击“下一步”按钮，就进入信息确认页面，如图 5.14 所示。

图5.14 信息确认页面

信息确认无误后,单击"确定"按钮,就会显示交易成功信息,如图 5.15 所示。

图5.15 交易成功信息

下面来查看一下,购买这笔理财产品的相关信息情况。单击"我的理财",进入"我的理财"页面,单击"在途交易"选项卡,再单击"待查询",就可以看到这笔理财产品的开始计算收益日期、预计到期日、预计到账日,如图 5.16 所示。

图5.16 购买这笔理财产品的相关信息情况

单击"撤销",还可以撤销这笔交易。

5.6 购买银行理财产品的注意事项

每款理财产品在开发设计过程中,都是针对特定目标客户群进行的,在产品说明书中各银行也均会标明适合的购买人,因此,投资者在选择产品时,要先结合自己的收入状况、风险承受能力等搞清楚自己属于哪一类客户群,是否属于该产品的适合购买客户群。比如,风险承受能力差的人,可以选择保本型理财。不需要太多流动资金的人,可以选择长期理财。

购买银行理财产品的注意事项有三点,如图5.17所示。

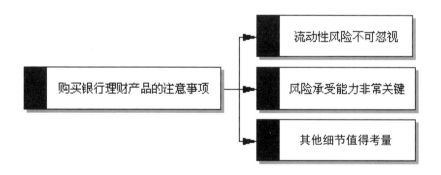

图5.17 购买银行理财产品的注意事项

5.6.1 流动性风险不可忽视

世上没有比现金流断裂更可怕的事了,对于企业来说致命,对于个人来说,则可能意味着一次重大投资机会的丧失，或者无力应对一起突发事件，其代价是高昂的。因此，在购买理财产品前，请明确这笔资金在多长的期间内是没有支付可能性的，然后再选择相应投资期限的产品。例如，工行上海分行的"聚金""汇神"系列产品涵盖了三个月、六个月、一年乃至更长期间的产品，适合投资者不同的流动性需求。并且在紧急情况下还可提前支取，灵活性更佳。

当然，具体投资期限的选择还要根据投资标的的市场情况来判断。比如，在美元升息进入尾声的时期，如不考虑美元兑人民币贬值的因素，那么选择较长期间的产品以锁定较高的收益率是上策。

5.6.2 风险承受能力非常关键

高收益伴随着高风险。产品更高预期收益的背后，往往是更高的风险。拿工行自身的产品进行比较，一年期港股挂钩产品的最高预期收益率为同期固定收益产品的 1.5 倍。投资者在此时可能会左右为难，并且疑惑到底取得高收益的可能有多大，就是这种市场的不可预测性，使得潜在投资风险依然存在。

这种情况下，投资者要考虑资金的用途以及自身的风险承受能力：资金用来养老、子女教育的，稳妥为上；资金富余的，不妨尝试一下；对市场风吹草动就寝食难安的，同样还是稳妥为上。工行的理财产品在销售前都会要求投资者填写风险测试问卷，这是对自己很好的一次评估。

另外，引入一个"资产配置、组合投资"的概念也是比较好的选择：投资者不妨有比例地进行产品组合，比如，将固定收益产品和风险型产品以一定比例进行组合，一旦达成最高收益，组合收益率就大幅提升，就算最高收益没达到，产品的组合收益率也远高于同期限定期存款税后收益率。对于这种通过产品组合降低单一投资风险的方法，投资者不妨在专业的金融理财师的帮助下进行尝试。

5.6.3 其他细节值得考量

在许多情况下，收益率不是投资的唯一考虑，如果为了提高零点几个百分点而将资金从银行搬来搬去，同时失去了熟悉的客户经理的周到服务，失去了强大信息系统的及时到期提醒，失去了多样化便利的渠道服务，还增加了人力成本、时间成本，这就"得不偿失"了。

另外，投资者在购买理财产品时要注意以下 4 点。

第一：产品的税收情况，有的产品收益率令你眼睛一亮，其实它标示的是税前收益；

第二：产品的年收益率折算，有的产品收益率高得吓人，其实写的是几年的总收益率；

第三：获取产品运作信息的便利情况，尤其一些不为非专业人士熟知的市场，通常信息比较封闭，投资者需要谨慎对待；

第四：产品汇兑损失的可能性，有的产品明确保证本金无损失，但是投资运作需要进行币种转换，结果产品到期后转成了另一种货币，再兑换回来收益率大大降低，甚至亏损。

总之，购买理财产品之前，评估自己、擦亮眼睛，必有一款适合你！

5.7 银行理财产品理财案例

李老师今年 36 岁，是一所重点中学的教师。李老师是教学骨干和领导，每月收入各方面加起来有 1.6 万元左右。李老师的妻子是公务员，收入比他少一些，一个月 6000 多元。目前，李老师家有一套房产，价值 200 多万。家庭有活期存款 30 多万，定期存款 10 万。在南京这种城市，李老师的家庭凭这些收入过得还算小康，不过如果算上自己有孩子后的家庭支出，就显得紧张了些。李老师想，自己是否要做一些其他的投资，弥补一下开支，也做一些长期的投资增值。

对此，理财师建议李老师，要想家庭资产能有较好的增值的话，可进行如下的理财。

1）处置好平时的零散资金

平时，李老师家里有不小的零散资金，比如剩余的工资、平时的活期储蓄等，这些可进行更好的管理，如放置在余额宝等理财工具当中，也能获得一些额外增值，至少获得的要比单纯的银行活期 0.35% 的利息要高。

宝宝类的余额宝，目前收益率在 2.7% 左右。当然，如果资金的流动性要求不是特别高，还可以放在 T+1、T+2 的货币型产品中，收益还能高 1% 左右。

2）配置一定的行理财产品

此外，理财师建议李老师家里配置一定的银行理财产品，银行理财产品平均收益在 4%～5% 左右，收益较高，并且做连续的复利式投资。

3）长期型的投资可选证券、基金等

而对于长期型的投资，目前看可配置一些股票、股票基金等。虽然目前股市行情一般，而且很多人对此也多有恐惧，但从长周期的投资来看，比如 3～5 年，投资在此还是有较大的概率获得正收益的。当然，也要选择好投资的个股及投资的主题行业基金，并避开估值过高的行业。

过去，很多投资者在股市的投资失败源于对投资收益的过高期望，经常进进出出想靠短线来赚钱。像即使是经历 2015—2016 的牛转熊市，如果投资者在几年前就进行投资的话，而且放着不动，那么绝大部分持股到今天都不会亏损。总之证券、基金等的投资，还是宜长期来进行，把眼光放长远对资产的增值就比较起作用了。

最后对于投资，理财师认为，如果李老师在这方面不是很懂的话，建议还是多向专业人士寻求帮助，并合理地调配投资资金。如此进行长期理财，就有把握获得更多的财富增值，让家庭过上更好的生活。

第 6 章

如何利用保险进行理财

保险就是给我们的未来幸福加保障,越早购买,不仅费用低,得到的保障早,而且交费的压力越轻。

本章首先讲解保险的定义、起源、类型、作用,然后讲解为什么要买保险、人生不同阶段的保险理财、保险理财的关键点、买保险的渠道、买保险的注意事项,接着讲解投保车险注意八大事项、保险在家庭理财中必不可少,最后讲解如何利用网上银行进行保险理财和保险理财案例。

6.1 保险概述

一则题为"上海发生惨烈车祸 疯狂比亚迪连夺三命"的消息,引起了社会的强烈关注。车祸现场惨烈,3 辆轿车相撞,3 人当场死亡。面对突如其来的意外,三个家庭的命运也被瞬间改变。

面对如此众多生活压力和社会风险,普通家庭该如何承受呢?所以,保险保障对普通人群来说更显重要。

6.1.1 什么是保险

保险是指以集中起来的保险费建立保险基金,用于补偿被保险人因自然灾害或意外事故所造成的损失,或对个人因死亡、伤残、疾病或者达到合同约定的年龄期限时,承担给付保险金责任的商业行为。

保险,本意是稳妥可靠保障;后延伸成一种保障机制,是用来规划人生财务的一种工具,是市场经济条件下风险管理的基本手段,是金融体系和社会保障体系的重要的支柱。

保险的内容可从两个视角来揭示:从经济的角度上看,保险是分摊意外事故损失的一种财务安排,少数不幸成员的损失由包括受损者在内的所有成员分担;从法律角度来看,保险是保险人和投保人双方的合同安排,保险人同意赔偿损失或给付保险金给被保险人或受益人,投保人通过购买保险把风险转移给保险人。

6.1.2 为什么说保险可以用来理财

我国从 1999 年 11 月 1 日开始征收利息税,利息收入的 20% 要作为税收被征收。而购买保险,保险受益人在获得保险金的时候是不用纳税的。因此,有保险公司推出了类似于银行存款的储蓄型保险产品,这种产品确实可以避开利息税。

购买保险公司的储蓄型保险产品,在为人身安全提供的同时,也是一种理财方式。作为一种理财方式,保险可以免去银行必征的个人利息所得税,具有较大的优点。另外,除了长期寿险产品,其他保险的理赔金也是不收税的。而中国保险业一直有个预定利率的问题,这个预定利率将在返还保金时一并支付给投保者,而国内保险的预定利率与银行利率非常接近。

当前,我国还没有开始征收遗产税,但这是一个发展趋势。如果开始征收遗产税,购买保险也是个避开遗产税的方式。在西方发达国家,一般都要征收遗产税。因此很多人为了避税采取了许多方式,比如以信托方式,以购买高额寿险的方式。其中很多人选择购买保险,将受益人确定为其遗产继承人。

6.1.3 保险的起源

人类社会从开始就面临着自然灾害和意外事故的侵扰,在与大自然抗争的过程中,古代人们就萌生了对付灾害事故的保险思想和原始形态的保险方法。我国历代王朝都非常重视积谷备荒。春秋时期孔子的"拼三余一"的思想是颇有代表性的见解。孔子认为,每年如能将收获粮食的三分之一积储起来,这样连续积储3年,便可存足1年的粮食,即"余一"。如果不断地积储粮食,经过27年可积存9年的粮食,就可达到太平盛世。

在国外,保险思想和原始的保险雏形在古代已经产生。据史料记载,公元前2000年,在西亚两河(底格里斯河和幼发拉底河)流域的古巴比伦王国,国王曾下令僧侣、法官及村长等对他们所辖境内的居民收取赋金,用以救济遭受火灾及其他天灾的人们。在古埃及石匠中曾有一种互助基金组织,向每一成员收取会费以支付个别成员死亡后的丧葬费。古罗马军队中的士兵组织,以收取的会费作为士兵阵亡后对其遗属的抚恤费用。

据传说,5000多年前的一天正午,一支横越埃及沙漠的骆驼商队正艰难地在沙丘间跋涉。酷热的太阳烘烤着毫无遮掩的沙漠,仿佛要把一切生命烤干,一只粗糙的水壶在商人间传递。突然,天空一下子变暗,乌云像横泻的浊浪在天空中翻滚,一场大风暴要降临了。商人们顾不得骆驼了,拼命地往沙丘高处爬去。风暴过后,原来他们丢弃骆驼和货物的地方已经堆起了几座新沙丘,30只骆驼只有8只跑得快的幸免于难,其余的无影无踪了。

要是在从前,损失货物、骆驼的商人就要面临着破产了。但这次的情况有些不同,因为商队在出发前,精明的商队领队就将商人们召集到一起,通过了一个共同承担风险的互助共济办法。这个办法规定,如果旅途中有商人的货物或骆驼遇到不测而损失或死亡,由未受损的商人从其获利中拿出一部分来分摊救济受难者;如果大家都平安,则从每个人的获利中提取一部分留存,作为下次运输补充损失的资金。由于有了这个约定,这次事故没有在商队中造成太大的波动,因为全商队还有8只骆驼和它们所载的货物,贸易所得的利润分摊下去,至少可以使商人们购置新的骆驼,以求东山再起。这种互助共济法,经过后来不断的完善后,被收入汉谟拉比法典中。

无独有偶,3000多年前,在中国长江上也有商人运用了这种互助共济的方法。长江是一条横贯中国东西的河流,在其上游地区,山高路险,交通不便,因此,长江就成了主要的交通要道。大批的货物源源不断地从四川、云南、贵州等地运往下游。由于当时造船技术有限,加上长江水急浪高,经常发生船只倾覆、货物损失的事故,商人们都在思考着用什么办法来避免这种损失。有一个年轻的四川商人名叫刘牧,提出了一个办法,要改变过去把货物集中装载在一条船上的做法,而把货物分装在不同的船上。开始时很多商人都反对这种做法,因为如果采取这种做法,就要与别的商人打交道,还增加了货物装卸的工作量。但经过努力地说服,刘牧成功了。采取这种办法后的第一次航行,果然发生了事故,船队中有一艘船沉没了。但由于采取了分装法,使损失分摊到每个商人头上后,损失就变成很小了,大家都避过了灭顶之灾。这种分散风险的方法在长江运输货物的商人们中被广泛地接受,进而得到了发展。其分散危险或由整个船队分担损失的做法,其实就是现代海上保险的原理与基础。

6.1.4 保险的作用

保险的作用有以下4点。

1)保险必须有风险存在

建立保险制度的目的是对付特定危险事故的发生,无风险则无保险。

2)保险必须对危险事故造成的损失给予经济补偿

所谓经济补偿是指这种补偿不是恢复已毁灭的原物,也不是赔偿实物,而是进行货币补偿。因此,意外事故所造成的损失必须是在经济上能计算价值的。

在人身保险中,人身本身是无法计算价值的,但人的劳动可以创造价值,人的死亡和伤残,会导致劳动力的丧失,从而使个人或者其家庭的收入减少而开支增加,所以人身保险是用经济补偿或给付的办法来弥补这种经济上增加的负担,并非保证人们恢复已失去的劳动力或生命。

3)保险必须有互助共济关系

保险制度是采取将损失分散到众多单位分担的办法,减少遭灾单位的损失。通过保险,投保人共同交纳保险费,建立保险补偿基金,共同取得保障。

4)保险的分担金必须合理

保险的补偿基金是由参加保险的人分担的,为使各人负担公平合理,就必须科学地计算分担金。

一是具有自愿性,商业保险法律关系的确立,是投保人与保险人根据意思自治原则,在平等互利、协商一致的基础上通过自愿订立保险合同来实现的,而社会保险则是通过法律强制性实施的。

二是具有营利性,商业保险是一种商业行为,经营商业保险业务的公司无论采取何种组织形式都是以营利为目的,而社会保险则是以保障社会成员的基本生活需要为目的。

三是从业务范围及赔偿保险金和支付保障金的原则来看,商业保险既包括财产保险又包括人身保险,投入相应多的保险费,在保险价值范围内就可以取得相应多的保险金赔付,体现的是多投多保、少投少保的原则,而社会保险则仅限于人身保险,并不以投入保险费的多少来加以差别保障,体现的是社会基本保障原则。

6.2 保险的类型

根据不同的标准来分,保险可以分为不同的类型,下面来具体讲解一下。

6.2.1 人身保险和损害保险

按保险标的是人还是物来分,保险分两种,分别是人身保险和损害保险。

人身保险,是指被保险人因病或意外事故伤残、死亡或丧失工作能力,年老退休或保险合同期满而给付保险金。人身保险又包括4种,分别是死亡保险、生存保险、年金保险、养老金保险等。

损害保险,是指财产或利益受到灾害事故损害,给予经济补偿。损害保险又包括4种,分别是财产保险、责任保险、保证保险和信用保险。

人身保险和损害保险,如图6.1所示。

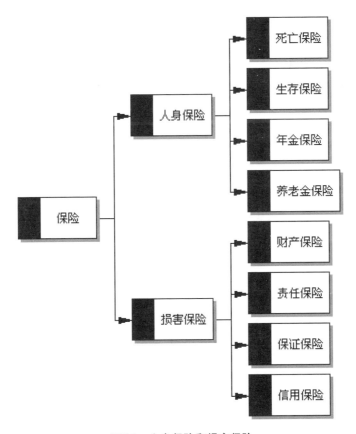

图6.1 人身保险和损害保险

6.2.2 原保险和再保险

按保险人是否承担全部责任来分,保险分两种,分别是原保险和再保险。

原保险指的是被保险标的选择的是直接向一保险公司投保保障的保险合同。

再保险又称分保,是保险人将承保的保险责任向另一个或若干保险人再一次投保,以分散风险。

再保验又分两种,分别是比例再保险和超额损失再保险。比例再保险可以再细分为成数再保险和溢额再保险;超额损失再保险可以再细分为超额赔款再保险和超额赔付率再保险。

6.2.3 政策性保险和商业性保险

按保险经营性质不同,保险可分为商业性保险和政策性保险。

绝大多数保险都具有商业动机,由保险公司按商业惯例经营。而政策性保险则按政府有关法令或政策规定开办,有社会保险、财产保险和责任保险等,多为贯彻政府的某一项经济或社会政策服务。

6.2.4 自愿保险和强制保险

按保险实施方式来分,保险可分为自愿保险和强制保险。

自愿保险是当事人在平等互利和自愿的基础上确立合同关系,被保险人可自行决定是否投保、保险标的种类、金额和期限等,保险人也可选择承保与否及其有关承保项目和内容。

强制保险,又称法定保险,是政府以法令或政策形式强制规定被保险人与保险人的法律关系,在规定范围内,不管当事人双方自愿与否,必须按规定办理保险。凡属法令规定必须投保的标的,其保险责任自动开始,保险金额按规定标准收取,被保险人不得自行选定。强制保险的另一种形式是政府规定某些行业或个人从事某种经营或其他活动时,必须参加保险,否则不准从业。

6.3 为什么要买保险

每个成功的个人理财计划中,都不可缺少一个合适的保险计划。无论是房子、汽车等有形资产,还是你自己的生命和健康都属于你财产的一部分。如果你已经为这一切财产购买了保险,就可以为你自己和你家人带来保障。如果你不懂得理财,又不想冒风险，那保险理财是一个不错的理财方式。

> 提醒：买保险不仅是买平安，也是一种生财之道。

6.3.1 给自己买保险，是对家庭负责任

如果您爱您的家人，您可以说："只要我在，我会照顾他一生一世。"可如果您有一份保险，您就可以说："无论我在或不在，我为你买的保单都会永远照顾你。"有时候，保险是一些人对另一些人要继续生活下去而负起的责任！参与保险互助基金，平时的一点付出，胜过灾难时的千百倍祈祷。没有比保单更能体现对家人的关爱。

6.3.2 居安思危，有备无患

据统计，中国人年平均死亡率是千分之三，平均每天有16人因意外丧命。因此，要做到未雨绸缪。小偷不一定会来光顾，但我们还是愿意安装防盗门；天不一定下雨，但雨伞却是我们必备的物品；风险并不一定会发生，但人寿保险却不能不买。年轻时做年老时的准备，有钱时做没钱时的准备。专款专用，避免盲目消费。还能分享保险公司的经营成果。保证您晚年经济独立，活得有质量。

6.3.3 保险理财=保障+投资

保险是一种风险管理工具，所谓风险就是不确定性，我们面临最大的风险就是不能知道自己的将来。我们对未来的无知，不是地球还能存活多久的问题，而是不知未来会否失业，不知家人会否身患疾病、不知会否有交通事故、不知会否有意外死亡或残疾，等等。保险就是"应对以上这些为无法预料的事情做的准备"，是我们家庭生活更加健康和稳固的重要保证，所以我们需要投入少量资金购买一些保险，以便在意外情况发生时弥补我们的损失。

至于"保险理财"，应该理解为两层意思。

第一层意思是利用保险产品的保障功能，来管理我们在生活中不可预知的人身风险，保证实现我们的人生目标。

比如，现实生活中有一些人不认同保险，同时他们中的很多人都持有大笔存款，因为要"以防万一"，这笔钱既然不敢花，其实就像是自己给自己做的保险。

如果他们到保险公司投保，其实远用不了那么多钱，就可以得到同样的保障。多出来的流动资金，可以投入其他金融产品中去，创造更多受益。

第二层意思就是保险本身附带的理财功能。

近年来，保险公司还设计出很多新产品，可以在保障功能的基础上，实现保险资金的增值。虽然收益可能比不上基金、股票，但因为其风险很低，所以非常稳定。也正因为如此，它特别适合那些对金融市场并不熟悉，或者工作繁忙，没时间打理自己的投资的朋友。

6.4 人生不同阶段的保险理财

理财规划，是针对个人在人生发展的不同阶段，依据其收入、支出状况的变化，制定个人的家庭财务管理方案，帮助个人实现人生各阶段的目标和理想。在整个理财规划中，不仅要考虑财富的积累，还要考虑财富的安全保障。具体到一个家庭，可根据家庭生命周期表来安排自己和家庭的保险需求，力求达到保费支出合理，保障度和保障面符合家庭风险管理要求。

6.4.1 单身一族的保险理财

这一时期一般是从刚刚开始拿到第一笔工资，到结婚组建自己的小家庭前。这一生命周期阶段属于人生的创业开始，绝大多数人精力充沛，对事业充满希望，身体状况良好，一般又不必去承担太多家庭负担。基于这一特征，保险的设计应以自身的保障为主，出险后能达到归还助学贷款、保障父母的基本费用即可。

因此，保单的受益可设计为父母。这一阶段的保费支出为年收入总额的1/10左右，倘若经济拮据，可降低到年收入的1/15，但不能低于1/20，如果低于1/20，从家庭理财角度看，则无法买到足够的保额，失去了参保的意义。

这一阶段的总保额以年收入的 10～20 倍左右为宜，如果还没有归还完大学期间的助学贷款，还需加上归还的贷款额度。假定某人的年收入为 50000 元，保额以约为 50 万～100 万元为宜。

这一阶段的保险可采用如下组合方式：

购买若干份的意外险，因该险种保险期限短，不会返还本金，每年可根据实际情况参保，保额以 20 万～50 万元为宜；

保额为 5 万～20 万元的重大疾病险；

如果收入较低，可购买缴费为 20 年期的保额为 10 万～20 万元定期寿险，如果能负担起则购买终身寿险，因为终身寿险的特点是，购买越早保费越低；

这一时期因收入有限，而开销较多，故而并不主张购买投资性保险。

6.4.2 有家一族的保险理财

这一时期为从结婚组建新的小家庭起，到（最后一个）子女离家独立前。当婚礼过后一个新的家庭诞生时，一切的生活开支不见得是 1+1=2 这么简单。

在这一生命周期阶段将面临前所未有的生活压力，除了结婚后生活费用增多之外，买房、买车、生育及子女教育等，以及由此所衍生出来的经济支出等，都不是个小数目。因此，这一时期家庭主要成员的任何意外，都属于高风险，与此相对应的理当是高保障额。这一时期的保费支出安排为：以不低于夫妻二人合计年收入的 10% 为准，有条件的可达 15%，但在我国不宜超过 20%。家庭成员总保额约为本人年收入的 10 倍左右，如果有房贷、车贷等还要加上贷款未还的余额。

例如：丈夫的年收入为 6 万元，目前家庭的住房贷款余额还有 35 万元、汽车贷款余额还有 5 万元，那么，丈夫的保额应不低于 100 万元。这样一旦出险，家庭的生活不至于立即陷入困境。

根据这一家庭生命周期的特点，保险可采用如下组合方式搭配险种：

将夫妻二人原来的保险进行整合，如未到期，可继续缴费，没有特殊原因不必退保，因为退保要蒙受一定的经济损失，但是，如果认为所保险种不适合新家庭，那就一定要退保；

新增保障额度的分配次序为家庭第一高收入者、第二高收入者，最后再考虑子女，险种以定期寿险或终身寿险为主，夫妻的保额分别为各自年收入的 10 倍（如有贷款再加上贷款余额）为宜；

在寻偶期购买重疾险的基础上附加健康医疗险；

在 45 岁以后，如果家庭收入增加较高，可考虑购买一定的投资型保险，如万能险等，为将来转化为养老金做准备。

6.4.3 银发一族的保险理财

进入老年阶段，年老多病，医疗费用昂贵，收入的减少，国家的社会保障是以低保障，广覆盖的原则，国家和社会给予老年人的生活保障十分有限，这一切将使老年人的保障问题面临严峻的考验，会严重影响退休生活的质量。

保险这一时期以子女离开家独立生活为起点，终点为生命结束止。对于空巢期的保险，这一生命周期阶段的保险应以养老保险为主。前一阶段未到期的夫妻二人的保险应继续交费；到期的保险，如带有投资、分红、返本性质的万能保险、两全保险、重疾险等，可在退休之年转化目前老年所需的年金型保险，其他的定期险等如条件允许也可转化为储蓄型养老险；医疗险、重疾险不低于上一阶段的保额并附加看护险。

如果国家开征遗产税，可考虑通过终身寿险（受益人选子女）将部分财产传承给子女，以达到避税之目的。

> 📶 提醒：在整个理财规划中，不仅要考虑财富的积累，还要考虑财富的安全保障。

6.5 保险理财的关键点

保险理财的关键点主要表现为以下 7 个方面。

1）不要把鸡蛋放在一个篮子里

许多人对保险不感兴趣，认为保险的收益太低，他们宁可把资金投在相对风险较高的股票、债券等项目上。其实，真正懂投资的人都知道：不要把鸡蛋放在同一个篮子里。他们经常把资金四等分，平均投资在股票、债券、房地产和保险上。

当前面三项获得高收益时，保险正好帮助他们节税；当前面三项遭遇失败时，保险，却能及时保障他们的生活经济来源，或提供他们东山再起的资金。这正体现出保险是一种特殊的投资。

> 📶 提醒：平时当存钱，有事不缺钱，万一领取救命钱！

2）保险收益是否抵御通胀

对于养老型、投资型的保险，客户在"保单检视"过程中可留意其投资收益是否还有增值空间。例如，若当前保险投资的收益率较低时，可适当调高保障额度。投资型保险的专业性较强，建议客户定期做"保单检视"，在专业人士的协助下对保障和投资额度等进行调整。

> 📶 提醒：及时的为自己家庭做份保险体检，对保单有充分、准确的了解，才能提升我们对风险的抵御能力。

（3）合理设置保险比例

一般我们说的家庭理财，其目的是使我们的家庭财产保值和增值，并满足生活的需要。而我们每个人对生活的要求是不一样的，有人锦衣玉食才觉得舒服，也有人粗茶淡饭就很满足；前者要追求高回报，后者只要保证资金安全就可以了。所以理财就是根据个人的目标，同时考虑对风险的偏好和承受能力，合理地安排各种投资组合的过程。一般如果只应用其保障功能的话，建议不要超过家庭年收入的 10%；如果同时看重其理财功能，建议可以在整体规划中占到 20%～40%，因为保险毕竟不是高收益的投资工具，投资者可以根据自己的风险偏好进行调整。

4）保险责任与保障需求相匹配

家庭需求与外部环境都是在不断变化的，伴随的保障需求也是动态的。例如，孩子的保险应关注健康与意外伤害，成年人则需考虑养老；单身人士的保障需求与婚后、生育后或渐入中老年时都迥然不同；经常外出、从事特种工作的人士需加强意外险或特种行业健康险的保障。

5）指定受益人

受益人是在人身保险的被保险人死亡之后有权领取保险金的人。受益人由投保人或被保险人指定并在保险合同中载明。被保险人有权随时向保险人声明更换受益人。被保险人未指定受益人的，他的法定继承人就是受益人。

6）保单收益免税、转移财产、不抵偿债务

保险赔款是赔偿个人遭受意外不幸的损失，不属于个人收入，因此不征税。根据《税法》规定，个人所获赔偿不计入应纳税所得。另外，被保险人在保险有效期内身故，寿险公司将按合同约定赔付身故保险金，如投保单上有指定受益人的，寿险公司将保险金付给受益人。这种保险金的给付不作为遗产处理，它有以下好处：可免征遗产税、所得税，有利于财产转移和节税；不必用来抵偿债务，任何单位和个人无权对这笔保险金进行保全和冻结；可避免继承纠纷；可让自己最爱的人合法得到财产。

7）检视保单是否健康

过去一年，您的生活一定发生了不少变化，可是，您的保单（即我们大家熟知的"保险合同"）也许一直被束之高阁，从未看过一眼。是不是买了保险就可以"一劳永逸"了？答案是否定的。就像人的身体需要定期体检一样，我们也需要对保单进行定期体检来确保其效用。

一方面，可根据家庭责任的变化，适时调整保障计划；另一方面对保单是否有准确、充分的了解，直接关系到保单持有者及其家人能否在保险事故发生时及时获得帮助。

保单检视，即客户购买保险后，在专业人士的协助下根据自身家庭财务状况及风险责任的变动定期对保单回顾并做出适当的调整。

部分客户因保险知识所限，很可能在选择产品时重复投保，即保险不仅未能提升自己对风险的抵御能力，还造成了不必要的资金浪费。通过保单检视可以发现很多客户往往在家庭理财时，"铺张浪费"与"保障缺口"并存。

> 📶 提醒：生命是无价的，而在保险领域，生命的价值取决于你事先的规划。一份态度＋一份关爱＋一份责任＝你家人一生的幸福和平安。

6.6 买保险的渠道

买保险的渠道有 4 个，分别是保险代理人、保险公司代理、电投网投、银行代理，如图 6.2 所示。

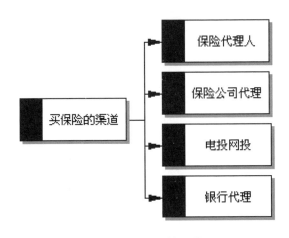

图6.2 买保险的渠道

6.6.1 保险代理人

根据历年的数据统计显示，有九成以上的投保者是通过保险代理人来购买保险产品的。一方面直接跟保险代理人接触可以比较直观地向其了解保险公司的各类产品特点，而且保险代理可以根据个人职业、年龄、家庭构成、收入等因素推荐适合投保人的保险产品。并且透过这一渠道购买的保险产品，一般售后服务都有保障，可以享受到续保提醒、上门理赔等比较人性化的服务。

但同时由于保险代理人的收入与销售业绩挂钩，素质较差的代理人通常就会故意夸大产品的功能或淡化其中的不利条款，来欺骗消费者进行投保甚至会有私吞保费的情况发生。综合以上几点，第一次投保的人选择代理人渠道是比较稳妥的。

6.6.2 保险公司代理

目前市场上有许多保险公司已经将保险产品销售委托给专业的保险代理公司。通过这些代理公司，个人消费者可选购家财险、车险、意外险、寿险投资理财险等各类产品，享受其所谓的一站式服务。

所以这种优点是显而易见的，那就是专业保险代理公司的产品较多，选择余地较大，而且不收取任何咨询和服务费用，方便消费者的购买。不过由于各家保险公司给代理公司的代理费高低不同，代理公司的业务员在推荐不同保险公司的同类产品时，难免会有所偏颇。消费者自己需要注意比较种类繁多的产品，也需要有清醒的头脑和主见。

6.6.3 电投网投

电话投保和网络投保是当前比较流行的保险销售渠道。最大的特点在于销售价格，其价格普遍低于其他渠道价格，因为其手续费低，另外网络投保也相对简便。

但劣势也是非常明显，许多消费者不能很好地接受电话销售的模式，纷纷投诉保险公司的电话骚扰行为，而即使是有耐心听完保险公司电话推销的消费者，也很难在几分钟里全面地了解其推销的保险产品的功能及优缺点，以此作出是否购买的决定。所以电销的产品一般都是容易解释的普遍适用型产品。

网络销售则更加直观，但是网销渠道的保险产品，消费者投诉的问题最多的还是其存在欺诈行为以及支付手段缺乏两个方面。一定程度上也束缚了网投产品的发展。

所以针对电话投保的特点，现阶段消费者可以通过此渠道来投保车险。因为其价格明确而且优惠幅度较大，而寿险或是其他财险还是应该选择其他渠道，以便有机会对购买的保险产品多些了解。至于网上投保，则一定要选择保险公司的官方网站或者指定网站，并在购买前拨打保险公司全国统一客服电话查证核实。

6.6.4 银行代理

银保产品较其他渠道的产品有其特殊性，是因为在功能设计上，银保产品一般着重突出的是投资价值，以可预见的收益等作为卖点。除此之外，受益于银行网点分布广泛缴费方式也简单省事，消费者可以很便捷他购买网银产品。

但是银行代理的网银产品相对较少，主要集中在分红险、万能险和投连险上，且缴费方式多为一笔交清。所以笔者建议，消费者在选择网银产品的时候，不可一味看重其理财功能，忽视其保障功能。

另外，不得不提的一点是，选择银保渠道的消费者可能还需承担更大的信用风险，近两年来投诉银保产品的消费者很多，很多保险业务员为了达成业务量，不据实告知消费者是保险产品，混淆视听，给这一投保渠道带去了不良的口碑。

6.7 买保险的注意事项

买保险的注意事项具体有以下 10 点。

第一，当业务员拜访您时，您有权要求业务员出示其所在保险公司的有效工作证件，包括《保险销售从业人员资格评书》《保险销售从业人员执业证》。

第二，您有权要求业务员依据保险条款如实讲解险种的有关内容。当您决定投保时，为确保自身权益，请认真阅读保险条款。

第三，在填写保单时，您必须如实填写有关内容并亲笔签名；被保险人签名一栏应由被保险人亲笔签署（少儿险除外）。

第四，当您付款时，业务员必须当场开具保险费暂收收据，并在此收据上签署姓名和业务员代码；您也可要求业务员带您到保险公司付款。

第五，投保一个月后，您如果未收到正式保险单，请向保险公司查询。

收到保险单后，您应当场审核，如发现错漏之处，有权要求保险公司及时更正。

第六，投保后一定期限内，您享有合同撤回请求权，具体情况视各公司规定。

第七，如您的通信地址发生变更，请及时通知保险公司，以确保您能享有持续的服务。

第八，对于退保、减保可能给您带来的经济损失，请在投保时予以关注。

第九，保险事故发生后，请您参照保险条款的有关规定，及时与保险公司或业务员取得联系。

第十，您在投保过程中有任何疑问或意见，可向保险公司的有关部门咨询、反映或向保险行业协会投诉。

6.8 投保车险注意八大事项

如今，私家车越来越多，可是很多车主并不了解相关的投保事项，以至于乱投保，发生了保险事故又不知如何处理。针对这些情况，笔者总结出投保车险需注意的八大事项。

1）选择代办注意两个问题

现在很多汽车销售点都设有代办汽车牌照和保险的点，车主只要交纳一定的代理费就可以通过他们来给新车买保险。选择汽车销售商代办保险虽然省事，但也要注意两个问题：一是要看该汽车销售商是否有保险代办资质，以免出现麻烦，甚至上当受骗；二是要跟代办员问清车辆保险都有哪些险种，自己要上哪些险种，保费是多少。

2）两种主险一定要买

在选择车辆保险险种的时候，有两个主险一定要买：第一是车损险，第二是第三者责任险。这两个险种是车主在发生事故以后，人和车的损失能够得到赔偿的基本保证。另外，有两个附加险建议车主购买，一个是盗抢险，另一个是不计免赔险。

3）看清限制性规定

在一些保险条款中，往往有一些限制性的规定。投保人要弄清这些规定，以免理赔时造成麻烦。比如对于修车问题，各家保险公司都会有这样的规定：车主到其指定的专修厂去修理，以免出现纠纷，类似这些细节车主就一定要留心。

4）选择第三者责任险的赔偿限额

第三者责任险限额共有 6 个档次，不同档次的赔偿限额差距很大，但相应保费的差距并不大。所以建议，如果需求在两档保额之间的话，可以上浮一个档次投保。

5）车上责任险投保小窍门

如果您的车上一般乘坐的是家人，而且您和家人都已经投保过意外伤害保险和意外医疗保险，作为私人轿车，您就没有必要再投车上责任保险了。因为意外伤害和意外医疗保险所提供的保障范围基本涵盖了车上责任险在这种情况下所能提供的保障。

6）旧车怎样投保盗抢险

由于保险公司在赔偿的时候是根据保险车辆的折旧价、购车发票票面价格以及投保金额的最低价确定赔偿金额的，所以盗抢险的保额新车和旧车是不同的。新车的保额按照新车购置价投保，而旧车的保额按照车辆的折旧价和购车发票金额的最低金额确定。如果您的车已经不是新车或者您买的是二手车，而盗抢险按新车价投保，您不但多交了保险费，一旦车被偷、被抢，您只能得到折旧价或发票价中最低的赔偿。

7）最好投保不计免赔特约保险

在车损险和第三者责任保险中，保险公司都有按照您在事故中的责任主次，只赔偿您实际损失的 80%～95% 的约定，这可能使您将来在实际获得赔偿方面产生比较大的损失。通过投保不计免赔特约保险，在这两个险种上才能得 100% 的赔偿。

8）买二手车最好办理保险过户

如果您的车是在旧车交易市场上购买的，此车已购买了汽车保险，且保险随车转让给您，请注意要求卖车方将保险单正本、保险证转交给您，同时要求他到保险公司变更被保险人（简称过户）或过户后退保。

但是一般情况下，过户对您更实惠一些，因为过户您可以接着享有此车的保险保障，直到保险期满。而且在下一年度投保时，可用本年保单申请 10% 的无赔款优待。

6.9 保险在家庭理财中必不可少

家庭在理财时面对这么多的理财产品容易眼花缭乱,但是这些理财产品有些运用得不好则可能会带来资产的损失,但是其中一种确是只有好处没有风险的,那就是保险。通过保险进行基础的保障再选择其他的理财产品,能够让家庭理财更稳健。

6.9.1 家庭理财的类型

常见的家庭理财大体可以分为以下 4 种类型。
(1)保本型:银行储蓄、传统保险;
(2)收藏型:邮票、纪念币、古董、名人字;
(3)投机型:期货、期权、彩票、债券、股票、大宗商品现货等;
(4)收入型:两全分红类保险、万能型保险、投资联结保险等。

从以上类型可以看出保险在家庭理财中具有重要的地位,主要分布在保本、收入两个方面,与此同时保险理财也是人们解决个人养老、子女教育、个人健康的重要途径!在家庭理财过程中,保险也是最基本的,它能为您的财务保驾护航、为您的人生旅途敞开绿色的通道!

6.9.2 保险理财的优势

保险理财的优势主要有以下 4 点。

第一,保险理财产品兼具理财和保障两大功能。保险的保障功能可规避人生的不可测风险,给生活多一份保障,同时也体现对家人的责任与关爱。

第二,保险理财产品大都采取复利计算。

第三,实现资产的合理配置,是资产配置的"保护伞"。长线是金,保险理财宜作为中长期投资,享受时间复利带来的红利增长。在资本市场上行阶段,期缴产品能够让进入的资金流抓住不同时间的投资机会,获得较高的投资回报。

第四,在资产保全上优势突出。保险产品可指定受益人,从容安排未来财富。

6.9.3 保险理财的注意事项

投资型保险作为一种投资理财产品,丰富了人们的投资理财渠道,满足了消费者在保险合同存续期间追求资金回报率的需求。购买投资理财型保险需要注意哪些事项？下面讲解一下。

（1）在投保人寿保险时，应按照先保障、后投资的顺序进行投保，切忌在没有任何保障，或者保障还不十分完善的情况下，以投资回报为重点来购买保险。应当明白，保险是一种稳健型、长期性投资渠道，但不是唯一的投资渠道，更不是一种"一夜致富"式的投资渠道。

（2）保险费应与自己的缴费能力相匹配。一般来说，一个家庭一年的保费投入应控制在家庭年收入的 10%～15% 以内。消费者在购买前应充分考虑自己的实际缴费能力，量力而行，不要因一时冲动而背上经济负担。

（3）注意区分各种投资型保险产品的预期投资收益水平和风险度。分红险和万能保险主要适合投资风格比较稳健，风险承受能力较低的投资者；投资联结保险是一款高风险、高收益的投资型保险产品，适合在证券市场处于上升趋势时进行投资，更适合长期持有。购买投连险前，投资者应该进行风险承受力水平测试，然后根据自己的风险承受能力，来构建保险理财组合。

（4）了解清楚产品的保险期间。从理财配置的角度来说，保险理财产品的流动性并不强，适合将中长期不用的资金用来做理财配置。如果是短期急用的资金，不建议进行保险理财。

（5）充分了解保险条款中关于保险责任、缴费方式、保险期间、免责条款、合同解除等内容，履行如实告知义务。同时，还应了解保险产品中 10 日犹豫期的规定，以便保障自己的权益。

> 提醒：保险理财已经成为一种趋势，不少保险公司也在不断地完善保险理财产品，让其在能够给家庭带去全面保障的同时，也能够让投保人获得不错的收益。

6.10 如何利用网上银行进行保险理财

下面来具体讲解一下，如何利用网上银行进行保险理财，即买卖保险。

6.10.1 网上查看保险的方法

在浏览器的地址栏中输入"http://www.icbc.com.cn"，然后按回车，就进入中国工商银行的首页。

在中国工商银行的首页页面中，单击导航栏中的"财富广场"，就会弹出下拉菜单，就可以看到"保险产品"命令，如图 6.3 所示。

图6.3 保险产品命令

单击"保险产品"命令，就可以看到保险产品的产品名称、发行公司、保险期间、缴费方式等信息，如图6.4所示。

图6.4 保险产品的信息

在这里，保险产品分为4类，分别是稳健投资、健康人生、安全出行、养老无忧。默认为稳健投资类型。如果想为养老进行理财，可以单击"养老无忧"，如图6.5所示。

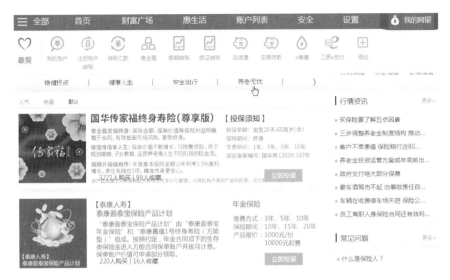

图6.5　养老无忧类型

每种类型的保险产品，还可以按人气和销量进行排序。在"养老无忧"类型中，单击"销量"，就可以查看销量最好的几款养老无忧保险产品，如图 6.6 所示。

图6.6　销量最好的几款养老无忧保险产品

另外，工商银行还为不同的用户提供"量身定制"的保险产品，如人到中年的保险产品、企业高管的保险产品、教育储蓄的保险产品等。单击不同的类型，就可以看到相应的保险产品，如图 6.7 所示。

图6.7 人到中年的保险产品

6.10.2 网上购买保险的方法

在查看保险页面中,如果想购买某款保险产品,只需单击其对应的"立即投保"按钮,就可进入购买保险页面。在这里购买的是"国华传家福终身寿险(尊享版)",如图 6.8 所示。

图6.8 购买保险页面

单击"产品条款",就会打开"国华传家福终身寿险(尊享版)"条款目录及相应内容,如图 6.9 所示。

查看该款保险的相关信息后,单击购买保险页面中的"立即投保"按钮,弹出网上银行登录页面,如图 6.10 所示。

图6.9　产品条款目录及相应内容　　　　图6.10　网上银行登录页面

正确输入登录名(卡号、手机号、用户名)、登录密码、验证码,然后单击"登录"按钮,就可以成功登录工商银行的网上银行,页面如图 6.11 所示。

图6.11　成功登录网上银行后的购买保险页面

单击"保险产品条款",就可以查看保险产品条款;单击"代理个人保险产品投保提示",就可以查看代理个人保险产品投保提示;单击"中国工商银行转账授权书的内容",就可以查看中国工商银行转账授权书的内容。

选中"本人已认真阅读并理解保险产品条款、代理个人保险产品投保提示、中国工商银行转账授权书的内容"前面的复选框,然后单击"确定"按钮,就进入填写保险信息页面,如图 6.12 所示。

图6.12 填写保险信息页面

正确填写或选择保险的交费方式、保险期间类型、保险期间、交费期间类型、交费期间、续期保险费是否自动垫交、合同争议处理方式、特别约定、保单提供方式后,再向下拖动滚动条,进一步选择或填写交费账户和投保人/被保险人的信息,如图 6.13 所示。

图6.13 选择或填写交费账户和投保人/被保险人的信息

正确选择或填写交费账户和投保人/被保险人的信息后,再向下拖动滚动条,可以阅读并填写特别告知,如图6.14所示。

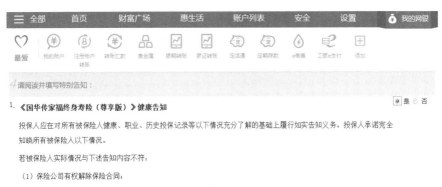

图6.14 特别告知

阅读并填写特别告知后,再向下拖动滚动条,可以填写受益人信息,如图6.15所示。

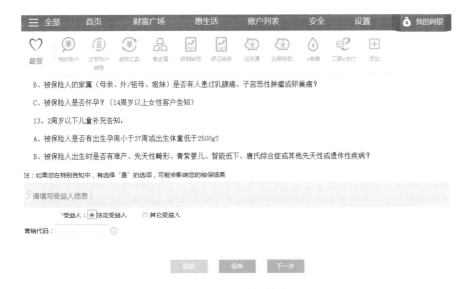

图6.15 受益人信息

正确填写所有信息后,单击"下一步"按钮,进入信息确认页面,如图6.16所示。

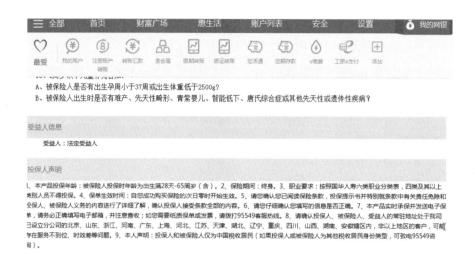

图6.16 信息确认页面

单击"确定"按钮,就可以成功投保。单击"上一步"按钮,返回投保信息填写页面,可以修改投保信息。

6.11 保险理财案例

张亮虽然工作比较稳定,每月工资6000多元,但因为他要准备结婚,所以贷款买了房子,每月要还贷2500多元,给父母500元,再减去每月生活基本花销,几乎没有什么存款。

如果张亮生活一切顺利还好,一旦有点急事连点应急资金都没有。当然张亮是一个孝子,对父母孝顺有加。可实际情况是,父母的年龄越来越大,生病、住院是常有的事,这笔花销确实让人头痛。张亮的好朋友知道后,建议张亮用保险的方式为自己减轻压力。如果张亮买一份终身寿险,将自己设定为被保险人,每年交费在3000元左右,把未来20年的保额设定为40万左右,这样在未来20年,如果自己一旦发生了意外,保额将直接作为现金付给其父母,这样父母就有充足的资金安度晚年。如果再给父母买一份保险,父母生病住院就不用太担心了,因为住院就会有一定的补偿,这样就可以减轻张亮的压力。

总之,有了这份计划,就不会因老人的健康问题给儿女带来更大的经济压力,这样就解决了儿女最担心的问题。

第 7 章

如何利用银行存款进行理财

当代社会，几乎每个人都有存款，存款理财在居民投资理财活动中占有重要的地位。不过，存款理财也应讲究技巧。为了使存款理财能赚取更多的利息收入，储户应掌握存款期限、存款金额和存款方式的运用技巧。

本章首先讲解存款理财的基础知识，存款的定义、类型、利率、存款保险制度，然后讲解整存整取、大额存单、零存整取、存本取息、通知存款的实战技巧，最后讲解银行存款理财方案。

7.1 存款理财概述

存款是银行最基本的业务之一,没有存款就没有贷款,也就没有银行。下面来讲解一下存款理财的定义、类型、存款利率及调整、存款保险制度。

7.1.1 什么是存款理财

存款,又称储蓄,是指城乡居民将暂时不用或结余的货币收入存入银行或其他金融机构的一种存款活动。存款是深受普通居民家庭欢迎的投资理财方式,也是在理财规划中必须具备的。正确地看待存款、用好存款,则显得尤为重要。存款可以保值增值,只要花点心思打理你的存款账户,就可以获得一份不菲的利息的收入。

同时,还可以保管你的财产。银行存款就相当于一个保管箱,确保你的财产安全。再次,可以暂时躲避市场风险。股票等理财产品本身就具有一定的风险,尤其是市场低迷时,一不小心就会遭受损失,而此时存款就成了资金的避风港。此外,办理存款还安全可靠、手续方便、形式灵活、具有继承性。

7.1.2 存款理财的类型

存款理财主要有 2 种类型,分别是活期存款和定期存款。中国的定期存款又分 6 种,分别是整存整取、大额存单、存本取息、零存整取、教育存款、通知存款,如图 7.1 所示。

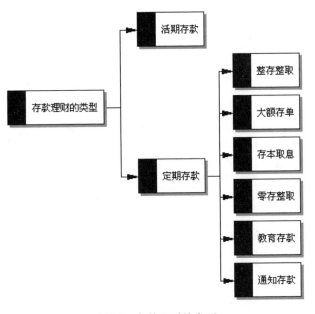

图7.1 存款理财的类型

1）活期存款

活期存款是指不约定存期、客户可随时存取、存取金额不限的一种存款方式。活期存款是银行最基本、最常用的存款方式，客户可随时存取款，自由、灵活调动资金，是客户进行各项理财活动的基础。活期存款以 1 元为起存点，外币活期存款起存金额为不得低于 20 元或 100 人民币的等值外币（各银行不尽相同），多存不限。开户时由银行发给存折，凭折存取，每年结算一次利息。

活期存款适合于个人生活待用款和闲置现金款，以及商业运营周转资金的存储。

2）定期存款

定期存款是指即事先约定存入时间，存入后，期满方可提取本息的一种存款。它的积蓄性较高，是一项比较稳定的信贷资金来源。定期存款的开户起点、存期长短、存取时间和次数、利率高低等均因存款种类不同而有所区别。

7.1.3 存款利率及调整

利率表示一定时期内利息量与本金的比率，通常用百分比表示，按年计算则称为年利率。其计算公式如下：

利息率 = 利息量 ÷ 本金 ÷ 时间 ×100%

中国人民银行 23 日决定，自 2015 年 10 月 24 日起，金融机构 1 年期贷款基准利率下调 0.25 个百分点至 7.35%；1 年期存款基准利率下调 0.25 个百分点至 1.5%；其他各档次贷款及存款基准利率、人民银行对金融机构贷款利率相应调整；个人住房公积金贷款利率保持不变，如表 7.1 所示。

表 7.1 调整后利率

	调整后利率 (%)
一、城乡居民和单位存款	
（一）活期存款	0.35
（二）整存整取定期存款	
3 个月	1.10
半年	1.30
1 年	1.50
2 年	7.10
3 年	7.75
二、各项贷款	
1 年以内（含一年）	7.35

(续)

	调整后利率 (%)
1年至5年（含五年）	7.75
5年以上	7.90
三、个人住房公积金贷款	
5年以下（含五年）	7.75
5年以上	3.25

利率的调整，实际上是各方面利益的调整。中国人民银行在确定利率水平时，主要综合考虑的因素有4个，分别是物价总水平、利息负担、利益、供求状况，如图7.2所示。

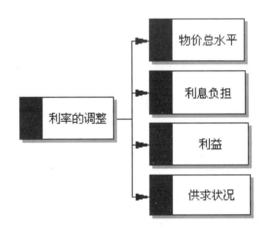

图7.2 利率的调整

1）物价总水平

这是维护存款人利益的重要依据。利率高于同期物价上涨率，就可以保证存款人的实际利息收益为正值；相反，如果利率低于物价上涨率，存款人的实际利息收益就会变成负值。因此，看利率水平的高低不仅要看名义利率的水平，更重要的是还要看是正利率还是负利率。

2）利息负担

长期以来，国有大中型企业生产发展的资金大部分依赖银行贷款，利率水平的变动对企业成本和利润有着直接的重要的影响。因此，利率水平的确定，必须考虑企业的承受能力。

3）利益

利率调整对财政收支的影响，主要是通过影响企业和银行上交财政税收的增加或减少而间接产生的。因此，在调整利率水平时，必须综合考虑国家财政的收支状况。银行是经营货币资金的特殊企业，存贷款利差是银行收入的主要来源，利率水平的确定还要保持合适的存贷款利差，以保证银行正常经营。

4）供求状况

利率政策要服从国家经济政策的大局，并体现不同时期国家政策的要求。与其他商品的价格一样，利率水平的确定也要考虑社会资金的供求状况，受资金供求规律的制约。

此外，期限、风险等其他因素也是确定利率水平的重要依据。一般来讲，期限越长，利率越高；风险越大，利率越高。反之，则利率越低。随着中国经济开放程度的提高，国际金融市场利率水平的变动对中国利率水平的影响将越来越大，在研究国内利率问题时，还要参考国际上的利率水平。

7.1.4 存款保险制度

存款保险制度是指银行等存款类金融机构要按照规定标准参加存款保险和交纳保费，当某金融机构倒闭破产时，由存款保险机构按规定的标准及时向存款人予以赔付并依法参与或组织清算。也就是说，允许银行破产，但破产后储户的存款还可以要回来，由保险公司负责赔偿。

1）存款保险制度的作用

在中国，国家一直作为金融机构的最后担保人，实行的是隐性存款保险制度，这也是为什么我们总觉得银行靠谱的原因。但这并不代表金融机构就不存在经营危机，随着银行业全面对外开放，银行之间的竞争越来越激烈，作为商业机构，银行也可能会出现破产和倒闭的现象，例如，海南发展银行倒闭事件。这就需要存款保险制度来保障存款人利益。一旦发生经营危机，存款保险制度就能最大限度减少储户损失。

同时，存款保险制度有利于利率市场化，这意味着利率是由金融中介在市场竞争中自主确定，极大地活跃了金融市场。

2）能赔多少钱

值得注意的是，存款保险制度是有限度地保护储户的存款损失风险。存款保险对单个储户的赔偿上限50万元，即储户在单个银行的存款，最大赔付额度是50万元，超过这一限额的存款部分，将得不到赔偿。

同时，存款保险制度在全球通行的一个做法是，只对自然人存款承担赔付责任，企业存款不在赔付范畴之内。并且，存保对象是储户的各类存款，但不包括在银行购买的理财产品或其他投资产品。

3）覆盖范围

存款保险覆盖投保机构吸收的人民币存款和外币存款，但金融机构同业存款、金融机构高级管理人员在本机构的存款以及其他经存款保险基金管理机构核准的不予承保的存款等不在存款保险条例覆盖的范围。

4）赔偿的资金从哪里来

赔偿的资金主要来自以下 4 个方面。

第一，保机构交纳的保费；

第二，在投保机构清算中分配的财产；

第三，存款保险基金管理机构运用存款保险基金获得的收益；

第四，其他合法收入。

5）保费如何定价

投保机构应当交纳的保费，按照本投保机构的被保险存款和存款保险基金管理机构确定的适用费率计算，具体办法由存款保险基金管理机构规定。投保机构应当按照存款保险基金管理机构的要求定期报送被保险存款余额、存款结构情况以及与确定适用费率、核算保费、偿付存款相关的其他必要资料。投保机构应当按照存款保险基金管理机构的规定，每 6 个月交纳一次保费。

7.2 整存整取的理财方法

整存整取是指开户时约定存期，一次性存入，界时一次性支取本息的一种个人存款方式。

7.2.1 整存整取的特点

整存整取的特点有 4 个，分别为利率较高、可约定转存、可质押贷款、可提前支取。

1）利率较高

定期存款利率高于活期存款，是一种传统的理财工具，定期存款存期越长，利率越高。

2）可约定转存

客户可在存款时约定转存期限，定期存款到期后的本金和税后利息将自动按转存期限续存。

3）可质押贷款

如果定期存款临近到期，但又急需资金，客户可以办理质押贷款，以避免利息损失。

4）可提前支取

如果客户急需资金，亦可办理提前支取。未到期的定期存款，全部提前支取的，按支取日挂牌公告的活期存款利率计付利息；部分提前支取的，提前支取的部分按支取日挂牌公告的活期存款利率计付利息，剩余部分到期时按开户日挂牌公告的定期储蓄存款利率计付利息。

7.2.2 整存整取的起点金额与存期

人民币整存整取定期存款 50 元起存，多存不限，其存期分为 3 个月、半年、1 年、2 年、3 年、5 年。外币定期存款起存金额一般不低于人民币 50 元的等值外汇，存期分为 1 个月、3 个月、半年、1 年和 2 年。

7.2.3 整存整取的操作方法

开户：客户若办理整存整取定期存款开户，需持有效身份证件到营业网点办理。如委托他人代办开户，还需同时提供代理人身份证件。

存款：持工行发行的各类银行卡或存折到营业网点即可办理存款。

取款：持银行卡或存折到营业网点即可办理取款，如果取款金额超过 20 万元（含 20 万元），必须至少提前一天与取款网点预约。若办理提前支取，须提供本人身份证件。若委托他人代办，还需提供代办人身份证件。

7.2.4 利用网上银行操作整存整取的方法

下面利用网上银行，讲解一下操作整存整取的方法。

在浏览器的地址栏中输入"http://www.icbc.com.cn"，然后按回车，就进入中国工商银行的首页，如图 7.3 所示。

图7.3 中国工商银行的首页

在中国工商银行的首页中,单击 个人网上银行登录 按钮,进入网上银行登录页面,如图7.4所示。

图7.4 网上银行登录页面

正确输入登录名(卡号、手机号、用户名)、登录密码、验证码,然后单击"登录"按钮,就可以成功登录工商银行的网上银行。

单击"定期存款",就可以看到整存整取不同产品的名称、币种、存期、产品利率、起存金额、存入等信息,如图7.5所示。

图7.5 整存整取的信息

根据存期、产品利率、起存金额,投资者可以自己选择适合自己的整存整取。假如在这里选择"个人人民币6月期整存整取存款",然后单击"存入"按钮,就进入定期存款页面,如图 7.6 所示。

图7.6 定期存款页面

输入自己要存入的金额后,就会在后面看到 6 个月到期后的可取金额。如果这里存入 2000 元,到期后为 2015.5 元,即 2000+ 2000×1.55% ÷2= 2000 + 15.5 =2015.5 元。

还可以设置约转期存,即整存整取到期后,是否继续整存整取。如果选择"不约转",到期后,则直接转为活期存款。

如果设置约转期存,单击其对应的下拉按钮,可以选择约转期存的时间,即三个月、六个月、一年等,如图 7.7 所示。

图7.7 设置约转期存

选择约转，到期的存款银行将自动转存。签订工银信使"业务处理提醒"，将在存款转存时短信通知。设置好后，单击"提交"按钮，就可以看到定期存款信息确认页面，如图7.8所示。

图7.8　定期存款信息确认页面

最后单击"完成"按钮即可。

7.3　大额存单的理财方法

大额存单（Certificates of deposit，CD），是指由银行业存款类金融机构面向个人、非金融企业、机关团体等发行的一种大额存款凭证。与一般存单不同的是，大额存单在到期之前可以转让，期限不低于7天，投资门槛高，金额为整数。

我国大额存单于2015年6月15日正式推出，以人民币计价。作为一般性存款，大额存单比同期限定期存款有更高的利率，大多在基准利率基础上上浮40%，而定期存款一般上浮20%左右。大额存单如图7.9所示。

图7.9　大额存单

7.3.1 大额存单的历史和作用

大额存单最早产生于 20 世纪 60 年代的美国。由于美国政府对银行支付的存款利率规定上限；上限往往低于市场利率水平。为了吸引客户，商业银行推出可转让大额存单。大额存单是由银行业存款类金融机构面向非金融机构投资人发行的记账式大额存款凭证。购买存单的客户随时可以将存单在市场上出售变现。这样，客户能够以实际上的短期存款取得按长期存款利率计算的利息收入。

从国际经验看，不少国家在存款利率市场化的过程中，都曾以发行大额存单作为推进改革的重要手段。从我国的情况看，近年来随着利率市场化改革的加快推进，除存款外的利率管制已全面放开，存款利率浮动区间上限已扩大到基准利率的 1.5 倍，金融机构自主定价能力显著提升，分层有序、差异化竞争的存款定价格局基本形成，同时，同业存单市场的快速发展也为推出面向企业和个人的大额存单奠定了坚实基础。

当前，推出大额存单的条件和时机已经成熟。大额存单的推出，有利于有序扩大负债产品市场化定价范围，健全市场化利率形成机制；也有利于进一步锻炼金融机构的自主定价能力，培育企业、个人等零售市场参与者的市场化定价理念，为继续推进存款利率市场化进行有益探索并积累宝贵经验。同时，通过规范化、市场化的大额存单逐步替代理财等高利率负债产品，对于促进降低社会融资成本也具有积极意义。

7.3.2 大额存单的优势

大额存单相比普通理财产品具有以下 4 大优势。
（1）大额存单发行利率以市场化方式确定，收益优势明显；
（2）大额存单算作一般性存款，纳入存款保险的保障范围，风险更小；
（3）大额存单可作为出国保证金开立存款证明，还可用作贷款抵押；
（4）大额存单可转让、提前支取或赎回，这是理财产品无法比拟的优势。

未来，结合利率市场化推进进程和金融市场发展情况，人民银行可对大额存单起点金额适时进行调整。长远来看，大额存单也会成为个人重要的理财工具。

7.3.3 利用网上银行操作大额存单的方法

下面利用网上银行，讲解一下操作大额存单的方法。
成功登录工商银行网上银行后，鼠标指向导航栏中的"全部"，就会弹出下一级子菜单,然后鼠标再指向"存款贷款",又弹出其子菜单,就可以看到"大额存单",如图 7.10 所示。

图7.10　大额存单菜单命令

单击"大额存单"命令,就可以看到大额存单不同产品的名称、存期、产品利率、起存金额、交易级差、存入等信息,如图 7.11 所示。

图7.11　大额存单不同产品的报价信息

> 提醒:交易级差是指超出起存金额后允许追加的最小单位。

根据存期和产品利率,投资者可以选择适合自己的大额存单。假如在这里选择"2020年第二期3个月个人大额存单(2020100203)",然后单击其对应的"存入"按钮,进入存入大额存单页面,如图7.12所示。

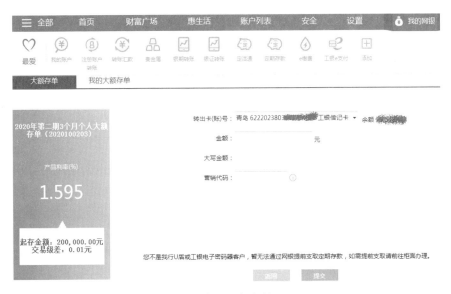

图7.12　存入大额存单页面

输入要存入的金额及营销代码,然后单击"提交"按钮,就会进入信息确认页面,如图7.13所示。

图7.13　信息确认页面

确认信息无误,单击"确定"按钮即可。如果要修改存入的金额或营销代码,单击"返回"按钮即可。

7.4 存本取息的理财方法

存本取息是指一种一次存入本金,分次支取利息,到期归还本金的存款方式。存期分为 1 年、3 年、5 年 3 个档次。在存入本金,与银行商定支取利息的期次后,就可按期支付利息。本金和利息在存期内可分开支取,与银行约定利息支取期次,实现分段支取利息。支取利息时支取利息的期次可与银行商定为 1 个月或几个月一次,银行按本金和定存期计算好分次应付利息,客户凭存折/单分期支取利息,到期全部支取本金。如到取息日未支取利息,以后可随时支取。提前支取时,须按实际存期和活期存款利率重新计算利息,并将已分期支付给客户的利息收回。

提前支取计算公式:

应付利息 = 本金 × 存期(天数)× 活期年利率 ÷ 360

应付投资者本息合计 = 本金 + 按活期利率计算的应付利息 − 每次支取利息额 × 已领取次数

下面利用网上银行,讲解一下操作存本取息的方法。

成功登录工商银行网上银行后,单击"定期存款",然后向下拖动滚动条,就可以看到存本取息的理财产品,如图 7.14 所示。

图7.14　存本取息的理财产品

根据存期和产品利率，投资者可以选择适合自己的存本取息产品。假如在这里选择"个人人民币 3 年期存本取息"，然后单击其对应的"存入"，就可以进入存本取息的存入页面，如图 7.15 所示。

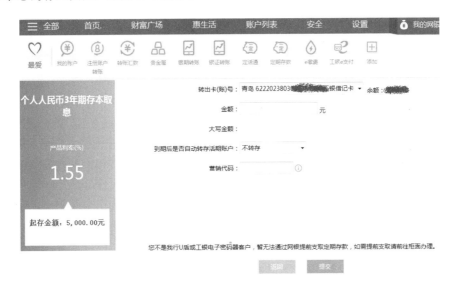

图7.15　存本取息的存入页面

输入自己要存入的金额后，然后单击"提交"按钮即可。方法与整存整取一样，这里不再多说。

7.5　零存整取的理财方法

零存整取是银行定期储蓄的一种基本类型，是指投资者在进行银行存款时约定存期、每月固定存款、到期一次支取本息的一种储蓄方式。零存整取一般每月5元起存，每月存入一次，中途如有漏存，应在次月补齐，只有一次补交机会。存期一般分一年、三年和五年。零存整取计息按实存金额和实际存期计算，具体利率标准按利率表执行。零存整取开户手续与活期储蓄相同，只是每月要按开户时的金额进行续存，投资者提前支取时的手续比照整存整取定期储蓄存款有关手续办理。零存整取利率一般为同期定期存款利率的60%。

7.5.1　零存整取的适用额度及类型

零存整取最低限额为 5 元，第二次开始存入金额只能以开户时存入的金额为固定存储金额，不能更改。零存整取类的储蓄存款主要分为三类：个人零存整取定期储蓄存款、集体零存整取定期储蓄存款和教育储蓄。

集体零存整取定期储蓄存款是指由企业事业单位或群众团体集中代办，由员工自愿参加的一种事先约定金额，逐月按约定金额存入，到期支取本息的储蓄存款。起存金额为 50 元，存期为一年。

教育储蓄定期存款时针对在校（含四年级）以上学生而开办的零存整取式的定期存款，存款到期户可凭存执和学校提供的正在接受非义务教育的学生身份证明一次支取本息。投资者凭"证明"可享受利率优惠，并免征储蓄利率所得税。存期分 1 年、3 年、6 年，最低起存金额为 50 元，本金合计最高限额为 2 万元。

7.5.2 零存整取的利息计算

零存整取利息计算公式是：

利息 = 月存金额 × 累计月积数 × 月利率。

其中累计月积数 =（存入次数 +1）÷2× 存入次数。

下面来计算一下，1 年期的累计月积数为（12+1）÷2×12=78 元。

3 年期的累计月积数为（12×3+1）÷2×12×3=666 元。

5 年期的累计月积数为（12×5+1）÷2×12×5=1830 元。

投资者只须记住这几个常数就可按公式计算出零存整取储蓄利息。注意，实际存款利息与客户每月的存款日期提前或错后有关，应得利息只是针对每月存款日期不变的情况下使用。例如，2018 年 10 月开始月存 850 元，存 3 年，则到期后利息和本息分别是多少？（这是 3 年期利率为 3.3%）

利息 = 850 × 666 × 3.3% × 3 =1556.775 元。

本息 = 850 × 12 × 3 + 1556.775 = 32156.775 元。

7.5.3 零存整取的注意事项

零存整取的注意事项有以下 5 点。

第一，投资者凭有效身份证件办理开户，开户时需与银行约定每月存储金额和存期。

第二，零存整取可在次月任何一天存入，可以漏存（如有漏存，应在次月补齐，但漏存次数累计不超过 2 次），账户漏存两次（含）以上存入的金额按活期存款计息。

之前存入部分可提前支取。

第三，办理提前支取须凭有效身份证件，但不办理部分提前支取。

第四，每月要按开户时的金额进行续存，续存时不能增加开户金额。

第五，投资者可以约定零存整取账户进行自动供款，即在开立零存整取存款时，由投资者指定某一活期存款账户，自动按月从该活期账户扣划相应金额至零存整取账户；客户也可在存期内任意时间增加或取消约定，也可以修改指定的供款账户。

7.5.4 利用网上银行操作零存整取的方法

下面利用网上银行，讲解一下操作零存整取的方法。

成功登录工商银行网上银行后，单击"定期存款"，然后向下拖动滚动条，就可以看到零存整取的理财产品，如图7.16所示。

图7.16 零存整取的理财产品

根据存期和产品利率，投资者可以选择适合自己的零存整取产品。假如在这里选择"个人人民币1年期零存整取"，然后单击其对应的"存入"，就可以进入零存整取的存入页面，如图7.17所示。

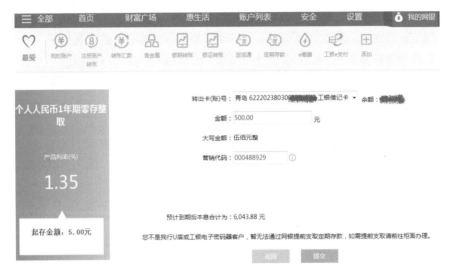

图7.17 零存整取的存入页面

输入自己要存入的金额后,然后单击"提交"按钮即可。方法与整存整取一样,这里不再多说。

7.6 通知存款的理财方法

通知存款是一种不约定存期、一次性存入、可多次支取,支取时需提前通知银行、约定支取日期和金额方能支取的存款。人民币通知存款最低起存金额5万元、单位最低起存金额50万元,个人最低支取金额5万元、单位最低支取金额10万元。外币最低起存金额为1000美元等值外币。人民币、外币的通知存款利率均高于活期存款利率。现行通知存款利率为:一天通知存款利率0.55%,七天通知存款利率1.1%。

个人通知存款不论实际存期多长,按存款人提前通知的期限长短划分为一天通知存款和七天通知存款两个品种。一天通知存款必须提前一天通知约定支取存款,七天通知存款则必须提前七天通知约定支取存款。例如,股民李先生在股市低迷期间,将100万炒股资金存入七天通知存款,3个月后,张某即可获取比活期存款多100万×90天×(1.1%–0.3%)/360天=2000元的利息,既保证了用款需要,又可享受活期利息3.667倍的收益。

下面利用网上银行,讲解一下操作通知存款的方法。

成功登录工商银行网上银行后,鼠标指向导航栏中的"全部",就会弹出下一级子菜单，然后鼠标再指向"存款贷款"，又弹出其子菜单，就可以看到"通知存款"，如图 7.18 所示。

图7.18　通知存款菜单命令

单击"通知存款"命令，就可以看到通知存款不同产品的名称、天数、挂牌利率、起存金额、存入等信息，如图 7.19 所示。

图7.19　通知存款不同产品的报价信息

根据存期和挂牌利率，投资者可以自己选择适合自己的通知存款。假如在这里选择"个人人民币 7 天通知存款"，然后单击其对应的"存入"，就可以进入通知存款的存入页面，如图 7.20 所示。

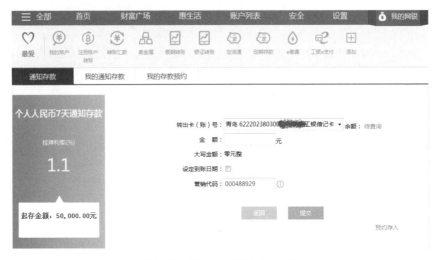

图7.20 通知存款的存入页面

输入自己要存入的金额,然后单击"提交"按钮即可。

7.7 银行存款理财方案

很多人都认为存款很简单,而事实上,存款也讲究搭配,只要你稍微利用一些存款小技巧、合理地改变存款方式,就可以改变这个数字,将利率翻倍,小钱自动变大钱。

7.7.1 阶梯存储法

如有5万元需要储蓄,可以将其中的2万元存为活期,方便自己使用的时候随时支取。然后将剩余的3万元分别分成3等份存为定期,存期分别设置为1年、2年、3年。1年之后,将到期的那份1万元再存为3年期。其余的以此类推。等到3年后,我们手中所持有3张存单则全都成了3年期的,只是到期的时间有所不同,依次相差1年。采用这样的储蓄方法可以让年度储蓄到期额达到平衡,既能应对储蓄利率的调整,又能获取3年期存款的高利息,所以是工薪家庭为子女积累教育基金的一个不错的储蓄方式。

7.7.2 四分储蓄法

如有1万元要储蓄,我们可以将其分存成4张定期存单,每张存额可以分为

1000 元、2000 元、3000 元和 4000 元，将这 4 张存单都存为一年期的定期存单。采用这种方式，如果我们在一年内需要动用 4000 元，那么只要支取 4000 元的存单就可以了，从而避免了"牵一发而动全身"的弊端，很好地减少了由此而造成的利息损失。

7.7.3 连月存储法

我们可以每月将自己结余的钱存为一年期整存整取定期储蓄。这样在一年后，第一张存单到期，我们便可取出储蓄本息，再凑为整数，然后进行下一轮的周期储蓄，像这样一直循环下去。我们手头的存单始终保持在 12 张，每月都能获得一定数额的资金收益，储蓄额流动增加，家庭积蓄也会逐渐增多。这里储蓄法的灵活性比较强，具体每月需要存储多少，可以根据家庭经济的收益情况作出决定，并没有必要定一个数额。如果有急需使用资金的情况，我们只要支取到期或近期所存的储蓄即可，从而为我们减少了一些利息损失。

7.7.4 自动转存

储蓄的时候，可以和银行约定进行转存，这样做的好处就是它可以避免存款到期后如果不及时转存，逾期部分按活期计息的损失。另外，如果存款到期后正遇上了利率下调，之前预定自动转存的，就能按下调前较高的利率计息。而如到期后遇到利率上调，我们也可取出后再存，同样能享受到调高后的利率。

7.7.5 活期存款存储

活期存款的好处就是灵活方便、适应性强，我们可以将这部分钱用来做日常生活的开支。比如可以将月固定收入（如工资）存入活期存折作为日常待用款项，可以用来供日常开支中的水电、电话等费用，这样从活期账户中代扣代缴支付是很方便的。也要注意，活期存款的利率低，如果活期账户里有较为大笔的存款，那就应该及时进行支取并转为定期存款。此外，对于在平日里有大额款项进出的活期账户，为了保证利息生利息，最好应该将这个账户每两月结清一次，然后可以用结清后的本息再开一本活期存折。

7.7.6 整存整取定期存款存储

定期存款在通常情况下适用于在较长时间不需动用的款项。这样的存储方式一定要注意存期要适中，具体可以这样操作：比如一笔款项打算存为整存整取的方式，定期 5 年，我们不直接存为 5 年，而可以将存款分解为 1 年期和 2 年期，然后滚动轮番存储，这样的话利生利收益效果是最好的。如果在低利率时期，就可以将存期设得长一些，能存 5 年的最好不要分段存取，因为低利率的时候，储蓄收益遵循这样的原则："存期越长、利率越高、收益越好。"

7.7.7 通知存款存储

这类存款的适用对象主要是近期要支用大额活期存款可是又不明确具体的支用日期的储户，比如，个体户的进货资金、炒股时持币观望的资金或是节假日股市休市时的闲置资金。对于这样的资金，可以将存款定为 7 天的档次。

7.7.8 组合存款法

这种方法的本质就是本息和零存整取组合。比如用 5 万元来储蓄，我们就可以先开设一个存本取息的储蓄账户。在 1 个月后，取出存本取息储蓄的第一个月利息，然后再开设一个零存整取的储蓄账户，在接下来的每月中都可以将利息存入零存整取这个账户中。这种方式不但能获得存本取息利息，而且存入了零存整取储蓄后还可以得到利息。

第 8 章

如何利用银行贷款进行理财

　　向银行贷款已越来越普遍，向银行贷款买房买车、贷款旅游、贷款结婚、贷款买家具、贷款创业，等等，随着超前消费观念的普及，不仅信用卡透支越来越普遍。在资金不足时，个人向银行贷款也日渐成为人们的首选。

　　本章首先讲解贷款的基础知识，如贷款的定义、类型、流程，然后讲解如何贷款理财最合理，接着讲解个人住房贷款、汽车贷、耐用消费品贷款、个人创业贷款、失业者小额贷款的实战技巧，最后讲解贷款理财案例。

8.1 贷款理财概述

贷款是理财当中的重要环节。要想生活得更好,就离不开借钱。下面来讲解一下贷款的基础知识。

8.1.1 什么是贷款

贷款(Loan)简单通俗地理解,就是需要利息地借钱。

贷款是银行或其他金融机构按一定利率和必须归还等条件出借货币资金的一种信用活动形式。广义的贷款指贷款、贴现、透支等出贷资金的总称。银行通过贷款的方式将所集中的货币和货币资金投放出去,可以满足社会扩大再生产对补充资金的需要,促进经济的发展;同时,银行也可以由此取得贷款利息收入,增加银行自身的资本积累。

贷款指债权人(或放贷人)向债务人(或借款人)让渡资金使用权的一种金融行为,如图8.1所示。

图8.1 贷款

8.1.2 贷款的种类

在我国,按偿还期不同,可分为短期贷款、中期贷款和长期贷款;按偿还方式不同,可分为活期贷款、定期贷款和透支;按贷款用途或对象不同,可分为工商业贷款、农业贷款、消费者贷款、有价证券经纪人贷款等;按贷款担保条件不同,可分为票据贴现贷款、票据抵押贷款、商品抵押贷款、信用贷款等;按贷款金额大小不同,可分为批发贷款和零售贷款;按利率约定方式不同,可分为固定利率贷款和浮动利率贷款,等等。

此外,贷款还分为无担保贷款、担保贷款和质押贷款等几种贷款方式。

1)无担保贷款

无担保贷款是指不需要任何抵押物,只需身份证明、收入证明、住址证明等材料,向银行申请的贷款,银行根据的是个人的信用情况来发放贷款,利率一般稍高于抵押贷款，客户可根据个人的具体情况来选择贷款年限，然后跟银行签订合同，有保障。

2）有担保银行贷款

有担保银行贷款是指贷款者需要向银行提供合法的第三方保证人作为还款保证，保证人履行或承担清偿贷款连带责任的一种经济贷款形式。几乎每一家银行都提供有担保银行贷款业务。

3）质押贷款

质押贷款是指以贷款者或第三人的财产作为抵押物发放的一种贷款形式。可作为质押的质物包括：国库券（国家有特殊规定的除外）、国家重点建设债券、金融债券、AAA级企业债券、储蓄存单等优价证券等。作为质物的动产或权利必须符合《中华人民共和国担保法》的有关规定，出质人必须依法享有对质物的所有权或处分权，并向银行书面承诺为借款人提供质押担保。以银行汇票、银行承兑汇票、支票、本票、存款单、国库券等有价证券质押的，质押率最高不得超过90%；以动产、依法可以转让的股份（股票）、商业承兑汇票、仓单、提单等质押的，质押率最高不得超过70%；以其他动产或权利质押的，质押率最高不得超过50%。

8.1.3 贷款的流程

无论你属于个人贷款还是企业贷款，想要顺利取得贷款，都要了解贷款的流程，具体分5个阶段，分别是申请阶段、审查阶段、银行审查批准阶段、签订合同阶段、放贷阶段，如图8.2所示。

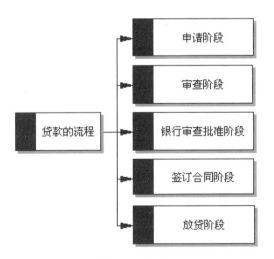

图8.2 贷款的流程

第一步：申请阶段，需要贷款者提供贷款申请书；

第二步：审查阶段，银行会对贷款者提供的材料进行审查；

第三步：银行审查批准阶段，提供的材料符合银行的有关规定，将继续下一步，不符合，不予与贷款；

第四步：签订合同阶段，符合银行的有关规定之后，在放贷之前，银行会与贷款者之间签订一项贷款合同，双方都满意签订合同，继续下一步，如有一方不满意可继续商谈或者拒绝签约；

第五步：放贷阶段，签订贷款合同之后，银行按照有关合同的规定，发放贷款。

8.2 如何贷款理财最合理

理财得当不仅使财富快速增长，同时也可最大限度地减少支出。比如目前许多家庭都向银行贷款，于是归还银行贷款就成了许多人每年每月必须固定支出的最主要部分。看似简单的银行贷款，其实隐藏着很大的学问，弄清它的"真谛"，会让你节约一大笔开支，使你的银行贷款成本最低化，即贷款理财最合理。

8.2.1 选择贷款种类

贷款作为一种金融产品，和普通的实物产品一样具有不同的种类，选择一款适合自己的贷款，对于节约开支（包括利息、手续费、评估费等）具有重要的意义。例如，有公积金贷款条件的人，申请公积金贷款就能比申请一般的银行贷款省下一大笔利息支出，因为公积金贷款是目前最便宜的贷款（利率低且不上浮），其利率比一般商业性银行贷款低3个百分点以上。

另外，即便是同一家银行，不同的贷款也会有着不同的利率、不同的手续费及条件，由此就会产生不同的贷款成本。

8.2.2 选择贷款银行

由于金融产品定价策略不同，同一贷款品种，在不同的银行有着不同的利率。例如，同为汽车贷款，有的银行执行的是基准利率，有的银行则是将利率上浮10%～20%，甚至更高。

一般来说，国有商业银行的贷款利率普遍低于当地的信用社，也可能低于区域性的商业银行。除了选择利率水平外，还要考虑其他的因素，比如贷款是否要支付手续费、抵押物是否要评估等可能导致成本增加的因素。因此，不能单凭贷款利率一项就认定哪家银行的信贷产品价格的高低，而要综合各种货币支出因素、贷款期限、贷款金额来选择银行。

8.2.3 选择还款方式

银行对贷款的归还规定了多种灵活多样的方式,较为常用的有两种,分别是"月均等额还款"和"月均等本金还款"。不同的还款方式,其货币成本支出的差异可达上万元。一般来说,"月均等额还款",货币成本最大,但前期还款压力小;"月均等本金还款",成本相对较小,但前期还款压力大。

8.2.4 注意相关细节

充分利用与贷款相关的细微规定,以进一步减少贷款成本。如目前大部分银行都允许借款人在借款期限内进行一次"大额还款(金额一般要求万元以上)",若是有一笔上万元的闲钱,但又不足以全额还清贷款,不妨先还上一定数目的款项,以减少贷款总额,从而减少利息支出。又如,购房人因收入提高或减少,不能适应原按揭借款合同约定还款方式的,可以到银行有条件地调整贷款期限,以减少利息支出或减轻月均还贷压力。

8.3 个人住房贷款的方法

近年来,个人贷款购房越来越普遍。然而,买房毕竟是很大一笔花销,几乎很少有人一次付清购房款项,但是只要你有稳定的收入来源,个人贷款购房也并非难事。

8.3.1 什么是个人住房贷款

个人住房贷款是指银行向借款人发放的用于购买自用普通住房的贷款。借款人申请个人住房贷款时必须提供担保。目前,个人住房贷款主要有三种,分别是个人住房委托贷款、个人住房自营贷款和个人住房组合贷款,如图8.3所示。

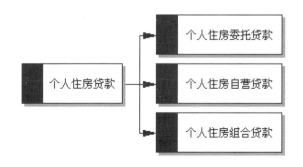

图8.3 个人住房贷款

1）个人住房委托贷款

个人住房委托贷款，全称是个人住房担保委托贷款，它是指住房资金管理中心运用住房公积金委托商业性银行发放的个人住房贷款。住房公积金贷款是政策性的个人住房贷款，一方面是它的利率低；另一方面主要是为中低收入的公积金缴存职工提供这种贷款。但是由于住房公积金贷款和商业贷款的利息相差1%有余，因而无论是投资者还是购房自住的老百姓都比较偏向于选择住房公积金贷款购买住房。

2）个人住房自营贷款

个人住房自营贷款是以银行信贷资金为来源向购房者个人发放的贷款。也称商业性个人住房贷款，个人住房担保贷款。

3）个人住房组合贷款

个人住房组合贷款是指以住房公积金存款和信贷资金为来源向同一借款人发放的用于购买自用普通住房的贷款，是个人住房委托贷款和自营贷款的组合。此外，还有住房储蓄贷款和按揭贷款等。

8.3.2 如何计算首套房的首付

买一套房子的首付要怎么算呢？下面来讲解一下。

1）商业贷款

以家庭为单位，如果是首次购房，可以贷到房屋评估价的70%。需要注意的是，评估价一般比市场价低。例如，一套房屋市场价格是200万，评估价180万，那最高可以贷180万的70%，就是126万，剩余的房款200万-126万=74万是作为首付的。

2）公积金贷款

以家庭为单位，如果是首次购房，可以贷到房屋评估价的80%(90平方米以内，超过90平方米是70%)。

> 提醒：公积金如没有评级，一般最多只能贷80万，但要看您的公积金缴存额和缴存比例。

3）首套房首付计算方式：

首付款 = 总房款 - 客户贷款额

贷款额 = 合同价(市场价)×80%(首次贷款额度最高可达80%)

总的来说，按照现有的首套房执行标准就是：新房商业贷款首付比例是三成，公积金贷款首付比例为首套房90（含）以下的公积金贷款首付比例不得低于20%，90以上的住房公积金贷款首付款比例不得低于30%。

8.3.3 首套房的认定标准

2014年9月30日，央行、银监会发布新政，指出首套房贷利率下限为贷款基准利率的 0.7 倍。对拥有 1 套住房并已结清相应购房贷款的家庭，为改善居住条件再次申请贷款购买普通商品住房，银行业金融机构执行首套房贷款政策。同时，在已取消或未实施"限购"措施的城市，对拥有 2 套及以上住房并已结清相应购房贷款的家庭，又申请贷款购买住房，银行业金融机构应根据借款人偿付能力、信用状况等因素审慎把握并具体确定首付款比例和贷款利率水平。

虽然政府已经正式发文放宽首套房认定标准，即"认贷不认房"，但是对于购房者来说，他们最需要的是针对自身情况的明确且直观的回答。以下是整理的关于首套房认定的常见情况，大家不妨对号入座，对自己的购房资格进行判断。

第一，全款买过一套房，贷款买房：算首套。

第二，贷款买过二套以上房，后来全部卖掉，通过房屋登记系统查询不到房产，但在银行征信系统里能查到贷款记录，再贷款买房：算首套。

第三，夫妻二人，一方婚前买房使用商业贷款，另一方婚前购房用的是公积金贷款，婚后两人想要以夫妻名义共同贷款。若贷款已还清，银行业金融机构可以根据借款人偿付能力、信用状况等具体因素灵活把握贷款利率和首付比例；若贷款未还清：算二套房以上。

第四，贷款买过一套房，商业贷款已结清，再贷款买房——算首套。若贷款未结清：算二套。

第五，全款买过一套房，后来卖掉了，房屋登记系统查不到房产，再贷款买房：算首套。

第六，当地暂不具备房屋登记系统的查询条件的，银行尽职调查核实购房人已有一套住房的，再贷款买房——算首套。

第七，个人名下有两套房的商业贷款记录，全都已还清且出售，同时能够提供两套住房出售的证明，这种情况下再贷款时：算首套。

第八，个人名下有一套房商业贷款已还清，另一套是公积金贷款也已经还清，申请商业贷款再买房：算首套。

第九，夫妻二人，一方婚前有房但无贷款记录，另一方婚前有贷款记录但名下无房产，婚后买房申请贷款：算首套。

第十，个人名下有两套房的商业贷款记录，一套已还清，另一套未还清，此时再贷款认定为二套房以上。

8.3.4 个人住房贷款需要提供的资料

个人住房贷款需要提供的资料，具体如下。

其一，借款人的有效身份证、户口簿。

其二，婚姻状况证明，未婚的需提供未婚证、已离婚的需出具法院民事调解书或离婚证（注明离异后未再婚）。

其三，已婚需提供配偶的有效身份证、户口簿及结婚证。

其四，借款人的收入证明（连续半年的工资收入证明或纳税凭证当地）。

其五，房产的产权证。

其六，担保人（需要提供身份证、户口本、结（未）婚证等）。

8.3.5 个人住房贷款的手续及程序

个人住房贷款的手续及程序，具体如下。

第一步：需要到银行了解相关情况，并带齐相关资料申请个人住房贷款；

第二步：银行会对贷款购房申请人的审查，并确定贷款额度；

第三步：办理借款合同，且由银行代办保险，办理产权抵押登记和公证；

第四步：银行发放贷款，借款人每月还款和还清本息后的注销登记。

8.4 汽车贷的方法

近年来，汽车市场从过去的火热中逐步回稳，随着越来越多的汽车厂家推出更加丰富和深入的车贷优惠措施，贷款买汽车逐渐成为时下一种购车新趋势。

8.4.1 汽车贷的方案

目前贷款买车主要有三种方式，即银行传统车贷、信用卡分期付款、汽车金融公司贷款。由于不同的消费者对车贷方式的需求不同，不同方式的贷款条件、申请门槛、贷款利率都有不同的接受群体。消费者在贷款买车时，需要根据自己的实际需求选择合适的车贷方案。车贷的方案主要有三种，如图8.4所示。

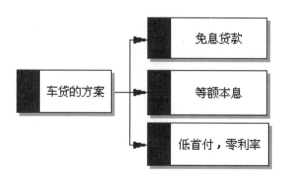

图8.4　车贷的方案

1）免息贷款

这是目前一些品牌为应对竞争白热化推出的促销方案，最大亮点是免利息。具体而言是消费者先首付 50% 车款，之后享受一定年限（大多为一到两年）的免利息政策，在贷款期限的最后一个月支付剩下的 50% 车款。

这种车贷方案最大的优势是免利息，比如，一台雷克萨斯 ES250 售价 30 多万，如果贷 3 年，总利息需要差不多 3 万元。能省下这 3 万元是相当不错，当然消费者也要提前准备好 50% 的购车款，也就是十来万。

2）等额本息

消费者首付一定金额（大多为 30%）的车款，之后选择一年期、两年期或三年期，每月支付一定比例的车款和利率费用。这是最常见的贷款方式，优势是月供压力小，劣势是供期越长利息越多。作为最普通的车贷方案，这给消费者的短期压力最小，也是最受市场欢迎的车贷方案。目前选择两年期的消费者最多，3 年期太长，利息也比较多。

3）低首付，零利率

这种方案比较适合手头资金不是很宽裕，可以付较少部分的首付，剩余部分如果在一年内还清就可以享受免息，如果选择两年期或三年期，则享受低利率。该车贷方案与等额本息属于一类，但也不尽相同，这就要看 4S 店的具体政策，当然，如果消费者能够在一年内还清贷款，最好选择一年期，这样不用支付利息。

8.4.2 贷款买汽车有三种途径

贷款买车有以下三种途径。

1）银行车贷流程多

作为国内主流的贷款方式，银行一直是大多数贷款购车人的首选，在银行办理车贷最大的优势就是利率相对较低。但是，手续也是最烦琐的，下款的速度也相对较慢，同时可能还会附加上一些额外的费用。

2）车贷公司利率高

如果消费者想节省时间，不妨让 4S 店代办车贷，也就是常说的车贷公司。通常这类公司费用比较透明合理，手续也十分简便，但是车贷利率相比银行来说会高一些，适合做短期贷款。

3）信用卡购车更便捷

目前很多银行都推出了具有汽车增值功能的信用卡，比如，道路救援、养护优惠、加油优惠等，消费者可以办理这类信用卡。在办理信用卡的时候可以利用房产等提高信用卡额度，然后刷卡购车，这样做不仅可以得到高额的积分返还，同时利率也比车贷公司便宜，而且办理的手续也很简单。

8.4.3 贷款购汽车程序

通过银行贷款购车，借款人直接向银行提交有关汽车贷款申请资料，贷款经调查审批同意后，签订借款合同、担保合同。借款人再到银行特约汽车经销商处选购汽车。贷款资金由银行以转账方式直接划入汽车经销商的账户。如果借款人到汽车经销商处选购汽车，则需提交有关贷款申请资料，并由汽车经销商转交银行提出贷款申请。银行经贷款调查审批同意后，签订借款合同、担保合同，并办理公证、保险手续。

如果选择信用卡分期，就简单多了，消费者只需在刷卡后，给银行打电话申请分期，可分3、6、12、24、36期自选。

8.4.4 贷款购汽车所需资料

向银行贷款买车需提供借款人夫妻双方的身份证，户口本，结婚证，个人的驾驶证，近三月的银行流水，房产证或购房合同，收入证明，还款银行卡；首期付款的银行存款证明或经销商出具的相关证明；购车合同或购车协议；车辆保险合同、车辆合格证、购车发票；贷款担保相关证明资料等。

8.5 耐用消费品贷款的方法

耐用消费品贷款当前也很流行，下面来具体讲解一下。

8.5.1 什么是耐用消费品贷款

耐用消费品贷款是指银行向申请贷款客户发放用于其本人或者家庭购买耐用消费品的人民币担保方式。一般来说，耐用消费品贷款的主要用途是贷款人向借款人发放的用于支付其本人或者家庭购买耐用消费品的人民币贷款。耐用消费品指单价在2000元以上，正常使用寿命在两年以上的家庭耐用商品，如电脑、彩电、冰箱、空调，等（住房、汽车、装修材料除外）。

8.5.2 耐用消费品贷款的对象、金额及条件

耐用消费品贷款的对象：18～60周岁、有当地常住户口或者有效居民身份证件、有固定的住所、有正当职业和稳定的收入来源并且具有偿还贷款本息能力的中国公

民。耐用消费品贷款金额：贷款起点不低于人民币 3000 元（含 3000 元），最高贷款额度不超过人民币 5 万元（含 5 万元）。其中：采取抵押方式担保的，贷款额度不得超过抵押物评估价值的 70%；采取质押方式担保的，贷款额度不得超过质押权利票面价值的 90%；采取信用或第三方保证方式的，根据借款人或保证人的信用等级确定。

一般，耐用消费品贷款期限最短期限为半年，最长期限不超过三年（含三年）。其利率执行中国人民银行规定的同期贷款利率。耐用消费品贷款人需要提供以下资料：有效身份证件（指居民身份证、户口簿、军人证或者其他有效证件的任意一种）原件和复印件；收入证明（指工资单、代发工资存折、纳税单以及其他有效证明）；提供的担保证明。

8.5.3 耐用消费品贷款的担保方式

借款人向贷款银行申请个人耐用消费品贷款时，要提供有效的担保，担保方式有保证、抵押和质押三种。

（1）借款人以自有财产或第三人自有财产进行抵押的，抵押物必须评估，并办理抵押登记手续；

（2）借款人以自己或者第三人的符合规定条件的权利凭证进行质押的，可以质押的权利凭证包括：政府债券、定期储蓄存单及建设银行认可的其他权利凭证。质押权利凭证必须合法有效。贷款期限不长于质押权利凭证的到期期限；

（3）借款人以保证方式提供担保的，保证是连带责任的保证，保证人可以是自然人、法人或其他经济组织。保证人为自然人的，信用等级经建设银行评定须达 A 级以上（含 A 级）。保证人是法人、其他经济组织的，必须符合法律规定条件并具有代为偿还全部贷款本息的能力，且须是建设银行认可的资信评级在 A 级以上的优质客户。

未经贷款银行同意，抵押期间借款人（抵押人）不得将抵押物转让、出租、出售、馈赠或再抵押。在抵押期间，借款人有维护、保养、保证抵押品完好无损的责任，并随时接受贷款人监督检查。

因此，对于收入偏低又想超前提现美好生活的"透支一族"，办理耐用品消费贷款将是一项不错的择选。

8.5.4 大额耐用消费品贷款

大额耐用消费品是指单价在 2500 元以上（含 2500 元）或商品组合总价在 3000 元以上（含 3000 元），正常使用寿命在两年以上的家庭耐用商品，如家用电器（包括电脑、电视、冰箱等）家具器具（包括健身器材、生活洁具、乐器等），但是不包括汽车、房屋等。值得注意的是，并不是所有商店的所有商品都能申请大额耐用消费品贷款的，大额耐用消费品贷款只能用于购买与银行签订合作的特约经销商店中的个人大额耐用消费商品。

通常来说，大额耐用消费品贷款年限通常在半年至两年以内，对于借款数额较大的，可放宽至 3 年（含 3 年）。将到退休年龄的借款人（男女均可），贷款期限截至 55 岁。其贷款的利率按中国人民银行规定的同期期限贷款利率执行，并在此基础上，上浮不超过 20%，自贷款发放之日起，一年一定。

借款人的借款限额，应符合以下规定。

一是消费贷款额度的起点为人民币 2000 元，最高不超过 10 万元；

二是借款人用于购买大额耐用消费品的首期自筹资金不得少于购物款的 20%～30%，借款额最高不得超过购物款的 70%～80%。

现行个人耐用消费品贷款本金和利息，采用按月等额本金还款法。即每月等额偿还贷款本金，贷款利息本金逐月递减。

每月还款额计算公式如下：

每月还款额＝贷款本金÷贷款期月数＋（本金－已归还本金额）× 月利率

借款人向贷款人（银行）申请大额耐用消费品贷款，必须提供有效的担保。

8.5.5 大额耐用消费品贷款的担保方式

担保方式有保证、抵押和质押等三种。

（1）以保证方式申请贷款的，在获得贷款前，必须由保证人与贷款人签订《保证合同》，该项保证必须明确是连带责任保证。即在借款人无法按时还债时，由保证人承担还款责任。

（2）以抵押方式申请贷款的，由抵押人与贷款人签订《抵押合同》办理抵押物登记手续，并应在获得贷款之前办妥。

（3）借款人以质押方式申请贷款的，由质押人与贷款人签订《质押合同》办理质押物登记手续，并应在获得贷款之前办妥。借款人申请贷款 1 万元以上（含 1 万元），必须提供有效担保。

在贷款未还清之前，该商品的所有权归银行所有，该商品的发票由银行保存。借款人仅拥有该商品的使用权。凡设定抵押权的财产，若贷款人认为有必要办理财产保险手续的，借款人应根据贷款人的要求，专项办理第一受益人为银行的全额财产保险，且保险期限应长于贷款期限。在贷款发放前，若贷款人认为有必要，借贷双方可以会同到公证机关办理借款合同及担保合同的公证手续。

因此，对于普通百姓而言，想要购买大额商品又缺少足够的金钱，大额耐用消费品贷款将是一种不错的选择。

8.6 个人创业贷款的方法

个人创业贷款是指具有一定生产经营能力或已经从事生产经营的个人，因创业或再创业提出资金需求申请，经银行认可有效担保后而发放的一种专项贷款。

8.6.1 个人创业贷款的申请条件

个人投资创业贷款适用的范围广泛，只要符合下属六种贷款条件，能够提供银行认可的担保方式的个人、个体工商户、个人独资企业，都可申请投资贷款。

其一，具有完全民事行为能力，年龄在50岁以下。

其二，持有工商行政管理机关核发的工商营业执照、税务登记证及相关的行业经营许可证。

其三，从事正当的生产经营活动，项目具有发展潜力或市场竞争力，具备按期偿还贷款本息的能力。

其四，资信良好，遵纪守法，无不良信用及债务记录，且能提供银行认可的抵押、质押或保证。

其五，在经办机构有固定住所和经营场所。

其六，银行规定的其他条件。

8.6.2 个人创业贷款的申请资料

个人创业贷款需要提供以下4种材料。

（1）借款人及配偶身份证件(包括居民身份证、户口簿或其他有效居住证原件)和婚姻状况证明。

（2）个人或家庭收入及财产状况等还款能力证明文件。

（3）营业执照及相关行业的经营许可证，贷款用途中的相关协议、合同或其他资料。

（4）担保材料：抵押品或质押品的权属凭证和清单，有权处置人同意抵(质)押的证明，银行认可的评估部门出具的抵(质)押物估价报告。

8.6.3 个人创业贷款的金额、期限及利率执行标准

个人创业贷款的金额、期限及利率执行下列标准。

（1）个人创业贷款金额最高不超过借款人正常生产经营活动所需流动资金、购置（安装或修理）小型设备（机具）以及特许连锁经营所需资金总额的70%。

（2）个人创业贷款期限一般为2年，最长不超过3年，其中生产经营性流动资金贷款期限最长为1年。

（3）个人创业贷款执行中国人民银行颁布的期限贷款利率，可在规定的幅度范围内上下浮动。

为了支持下岗职工创业，创业贷款的利率按照人民银行规定的同档次利率下浮，并可享受一定比例的政府贴息。

8.6.4 获得创业贷款的方法

获得创业贷款有三种方法：银行贷款、商业抵押贷款、保证贷款，如图8.5所示。

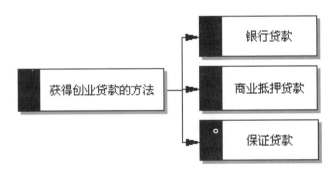

图8.5 获得创业贷款的方法

1）银行贷款

一般来说，具有经营能力或已经从事生产经营活动的个人，因创业或再创业提出资金需求申请，经银行认可有效担保后而发放的一种专项贷款。符合条件的借款人，根据其自身的偿还能力，最高可单笔50万的贷款资金；对于创业达到一定规模或者再就业明星人员还可提出更高额度的贷款申请；

一般，创业贷款的期限一般为1年，最长不超过3年。国家为了支持下岗职工再创业，创业贷款的利率还可以按人民银行规定的同档次利率下浮20%，许多地区推出的下岗失业人员创业贷款还可享受60%的政府贴息。

2）商业抵押贷款

目前，银行对外办理的许多个人贷款，只要抵押手续符合要求，银行就会不问

贷款用途。需要创业的人，可以灵活地将个人消费贷款用于创业。抵押贷款金额一般不超过抵押物评估价的70%，贷款最高限额为30万元。

如果创业需要购置沿街商业房，可以用拟购房子作抵押，向银行申请商用房贷款，贷款金额一般不超过拟购商业用房评估价值的60%，贷款期限最长不超过10年。因创业需要购置轿车、卡车、客车、微型车以及进行出租车营运的借款人，还可以办理汽车消费贷款，此贷款一般不超过购车款的80%，贷款期限最长不超过5年。

3）保证贷款

如果你没有存单、国债，也没有保单，但你的配偶或父母有一份较好的工作，有稳定的收入，这也是绝好的信贷资源。当前银行对高收入阶层情有独钟，律师、医生、公务员、事业单位员工以及金融行业人员均被列为信用贷款的优待对象。

这些行业的从业人员只需找一至两个同事担保就可以在工行、建行等金融机构获得10万元左右的保证贷款，在准备好各种材料的情况下，当天即能获得批准，从而较快地获取创业资金。

8.7 失业者小额贷款的方法

下面讲解一下失业者小额贷款的方法。

8.7.1 什么是失业者小额贷款

失业者小额贷款是指中国建设银行在政府指定的贷款担保机构提供担保的前提下，向中华人民共和国境内（不含港、澳、台地区）的下岗失业人员发放的人民币贷款。

一般具备贷款资格的对象为下岗失业人员，根据国家的相关规定，凡年龄在60岁以内、身体健康、诚实信用、具备一定劳动技能的下岗失业人员，自谋职业、自主创业或合伙经营与组织起来就业的，可以持劳动保障部门核发的再就业优惠证向商业银行或其分支机构申请小额担保贷款规定。创业者可以聘用是属于下岗失业的人员，协商后，可凭再就业优惠证，申请办理失业贷款。

一般地，最高贷款额度为人民币2000元，单户贷款额度最高不超过2万元（含2万元）。如果企业聘用10名下岗人员，则可享受最高为20万元的低利率贷款。一般来说，该项目贷款期限最长不超过2年，借款人提出延长期限，经担保机构同意继续提供担保的，可按人民银行规定延长还款期限一次。延长期限在原贷款到期日基础上顺延，最长不得超过一年。

贷款利率执行中国人民银行规定的同期贷款利率，不上浮，由政府制定的担保机构提供担保。

8.7.2 申请失业者小额贷款的流程

如何申请失业者小额贷款呢？下面来具体讲解一下。

1）受理

申请小额担保贷款需由借款人所在社区或所在企业推荐，经劳动保障部门审查，贷款担保机构审核，情况属实后承诺担保，借款人自愿向建设银行提出借款申请，并填写《中国建设银行下岗失业人员小额担保贷款申请表》；

2）贷前调查

经办行收到借款人申请表及有关资料后，应对借款人申请资料的真实性和完整性进行调查核实，并审查担保机构是否已签署承诺担保意见；

3）审批

经办行填写《中国建设银行下岗失业人员小额担保贷款审批表》根据有关程序审批，在收到借款人申请表及有关资料后150个工作日内完成审批，并同时填写《中国建设银行下岗失业人员小额担保贷款审批表》，将审批结果通知借款申请人；

4）发放

经审批同意贷款的，经办行应与借款人签订《中国建设银行下岗失业人员小额担保借款合同》，并在合同中约定贷款额度、期限、利率、还款方式、逾期利息、用途及其他有关事项。小额担保贷款对借款人实行单户头管理、单户头核算的方式。贷款资金划入借款人在建设银行开立的个人银行结算账户上；

5）贷后管理

一级分行或地市级经办行应与当地财政部门指定的担保机构签订合作协议。担保机构应按照财政部门规定及与协议合同的要求规定，将担保基金存入在经办行设立的担保基金专项账户。小额担保贷款责任余额不得超过贷款担保基金所在经办银行存款余额的五倍。经办行在每月终了填制《中国建设银行下岗失业人员小额担保贷款统计报表》和《中国建设银行下岗失业人员小额担保贷款贴息情况统计表》报送当地地市财政和上级行；

6）贷款回收

非微利项目贷款，实行按月/或按季结息。贷款偿还实行等额本息还款方式。非微利项目借款期限在一年以内的，贷款偿还，贷款到期一次性归还贷款本息。借款期限在一年以上的，贷款偿还实行按月/或按季等额本息还款方式。微利项目贷款，实行按季结息，并由财政按季全额贴息。借款期限在一年以内的，贷款到期一次性归还贷款本金。借款期限在一年以上的，贷款偿还实行按月或按季等额本息还款方式。借款人偿还贷款本息采取委托扣款的方式，从约定的还款账户中扣除。

8.8 贷款理财案例

"我不是炒房客,我只是房地产市场中的一个小投资者。"一见到张小姐,她便半开玩笑地"声明"。在许多80后还在为一套蜗居而奋斗时,年纪不到30岁的张小姐已经将几套房子运作得得心应手。"你不理房,房不理你。"像理财一样去"理房",这是张小姐的秘诀。

1)年纪轻轻当房奴

2005年,刚参加工作两年的张小姐在一个偶然的机会中从得到一个买房指标。朋友单位在南宁柳沙半岛搞集资建房,每平方米2700元,朋友嫌90平方米面积太小,将指标无偿转让给她。当时房地产市场尚未火爆,买房,这可是她从来没有考虑过的事情,没有积蓄,和父母同住,何必让自己早早背上一身债务呢?张小姐当时想。

但是,考虑再三,张小姐觉得这个机会实在难得,自己两千多元的月薪也可负担房供,与父母沟通后,决定向父母借10万元作为首付款,贷款买下了人生中第一套房。做了房奴后,张小姐一度十分后悔,在朋友们都可以潇洒花钱,月光了还可以刷信用卡时,张小姐为了尽早偿还父母的钱以及每个月八九百元的房供,花钱比同龄人抠门许多。

2007年,总算熬到了交房的时间,简单装修后,张小姐将房子出租,每月租金抵掉房供后还"净赚"好几百元,张小姐的房奴生活总算有了好转。

2)楼市低迷"抄大底"

尝到了"收租婆"的乐趣后,张小姐开了窍:如果再多买几套房都用于出租,用租金为自己偿还银行贷款,顺便赚些生活开销,几十年后,房子贷款还清了,就能净赚租金,多美啊!她想到了"以租养贷"的方法。可是,根据当时贷款政策,以张小姐当时的财力,买二套房的确有些吃力。

让她始料不及的事情来了,随着2008年全球金融危机的肆虐,南宁的房价也出现了下降势头,就连南宁市最好的地段凤岭,新开楼盘价格比金融危机前足足降了1000元。为了拯救岌岌可危的房地产市场,国家出台了多项鼓励政策,包括首次购房者能享受7折利率优惠,改善型住房视同首套房享受首套房优惠、契税税率、营业税税率优惠,等等。

张小姐隐约觉得,国家不会坐视经济下滑不管,作为国家经济支柱的房地产,更不会就此垮下去,国家出手救市最好的证明。2009年1月,张小姐看中了凤岭一套140平方米,景观和户型极佳的房子,每平方米4200多元。张小姐以两成首付、7折的贷款利率买下了第二套房。由于这套房是期房,为了提高资金周转率,她说服即将登记结婚的男朋友小李,暂缓结婚,利用购买首套房的机会,在西乡塘区"淘"了一套70平方米的二手单位房,专门用于出租。

事实证明，张小姐的做法非常正确及时，房地产市场在国家救市政策下，重新恢复上涨，价格也很快创出历史新高。

3）三十而立坐拥百万资产

2010年底，张小姐和男朋友小李正式登记结婚，他们将新居定在凤岭那套刚刚装修好的大房子里，另外两套房子继续用于出租。随着房地产市场的发展，租金价格也在逐年上涨，如今，他们每月收到的租金，扣掉三套房子的月供还绰绰有余。

不仅如此，在南宁市房价几番上涨后，他们手头3套房子也明显增值，特别是张小姐的第一套房，现在同地段的新建商品房每平方米价格已经升到7000多元。房地产在通货膨胀形势下，成为有目共睹的最佳投资渠道。

当初的如意算盘已经变成了现实，欠家里的钱也逐步还清。张小姐很庆幸自己的英明举措，在许多同龄人还在为一套房子而打拼时，将近30岁的她早已坐拥百万资产。总结自己几年来的房地产投资历程，张小姐简单总结了几条房产投资的心得：

首先，不要一次性付清房款，房子不像别的商品，一次性付款占用资金量太大，即使你确定将来能赚钱，回收期限太长，影响资金周转率，不要害怕付银行利息，在通货膨胀时期，"借鸡生蛋"是最好的做法。

其次，投资房产也要讲究配置。如果你想用来出租，最好买成熟地段的二手房；如果你想用于长期增值，则选择户型佳、周边环境好、地段好的房子，尽管贵些，但增值速度最快。

最后，投资房产还要考虑利率变化。在加息周期中，房子的月供越来越高。这时，要注意计算房子用于出租所获得的年收益，并与贷款利率和其他理财渠道收益做对比，从而决定房产是继续出租还是出售。

4）理财点评：房产是应对通胀最佳投资

资深房产咨询人士陈先生表示，近年来，房地产既作为消费品，又作为投资品，价格逐年上涨，的确是一条应对通货膨胀的最佳投资渠道。张小姐的做法很有代表性，用分期付款的方式购买房产后，适当装修用于出租，获取投资回报，不仅可以收回一部分资金，还可以获得房产升值所带来的收益，在过去几乎没有任何风险。但是国家对房地产市场的调控措施不容忽视，今后，房地产市场价格涨幅可能逐步缩小，个人投资房地产要注意风险。

如果投资者完全用自有资金买房，若房屋不能及时变现，投入的资金就会被套牢，如果是通过贷款支付房款，就背上了长期支付利息的包袱，在加息周期中压力更甚。因此，在选择房产作为投资工具的同时，投资者要具备对风险的承受力和规避风险的能力。尤其是对于那些以借贷形式投入房产的投资者，更应本着"稳健"的原则，按照国际通行法则，月收入的1/3是房贷按揭的一条警戒线，越过此警戒线，将出现较大的还贷风险，并可能影响生活质量。因此，建议住房消费支出不要超过家庭收入比重的30%。买房时要考虑周全，经过精确计算后再选择相应的投资策略。

第 9 章

如何利用债券进行理财

债券具有收益稳定、风险较小的特点,对于懂得分散投资风险的人士来讲,债券是其资产配置中不可或缺的一部分。作为一名投资者,您可以通过各大商业银行多种渠道进行记账式国债和储蓄式国债的投资。只要您具备专业的投资知识并选择正确的投资渠道,便可轻松走上债券理财之路。

本章首先讲解债券的定义、特征、基本内容、类型,然后讲解投资债券的优势、原则、收益计算方法、影响投资收益的因素、债券的风险,最后讲解利用网上银行操作债券的方法与技巧、债券的买卖技巧和债券理财案例。

9.1 债券概述

通常情况下，当经济衰退、通胀水平下行并进入降息周期的过程中，股票和商品的表现会很差，此时债券为王。债券市场绝对稳定的投资保障以及不错的交易性收益，正在吸引更多的普通投资者投身其中。

9.1.1 什么是债券

债券包含了以下 4 层含义。

第一，债券的发行人（政府、金融机构、企业等机构）是资金的借入者；

第二，购买债券的投资者是资金的借出者；

第三，发行人（借入者）需要在一定时期还本付息；

第四，债券是债的证明书，具有法律效力。债券购买者与发行者之间是一种债权债务关系，债券发行人即债务人，投资者（或债券持有人）即债权人。

在浏览器的地址栏中输入"http://www.icbc.com.cn"，然后按回车键，就进入中国工商银行的首页。鼠标指上导航栏中的"投资理财"，弹出子菜单面板，如图 9.1 所示。

图9.1 投资理财的子菜单面板

在投资理财的子菜单面板中，单击"债券"，就进入债券首页，如图 9.2 所示。

第9章
如何利用债券进行理财

图9.2 债券首页

单击"债券资讯",就可以看到债券的资讯信息。单击"债券产品",就可以看到债券产品信息。单击"债券产品",就可以看到债券产品的名称、交易时间、到期收益率、交易全价、剩余期限等信息,如图 9.3 所示。

图9.3 债券产品信息

9.1.2 债券的特征

债券作为一种债权债务凭证，与其他有价证券一样，也是一种虚拟资本，而非真实资本，是经济运行中实际运用的真实资本的证书。债券作为一种重要的融资手段和金融工具，具有4项特征，分别是偿还性、流通性、安全性、收益性，如图9.4所示。

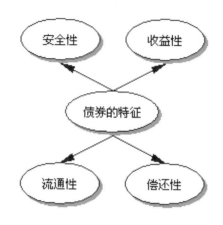

图9.4 债券的特征

（1）偿还性：债券一般都规定有偿还期限，发行人必须按约定条件偿还本金并支付利息。

（2）流通性：债券一般都可以在流通市场上自由转让。

（3）安全性：与股票相比，债券通常规定有固定的利率。与企业绩效没有直接联系，收益比较稳定，风险较小。此外，在企业破产时，债券持有者享有优先于股票持有者对企业剩余资产的索取权。

（4）收益性：债券的收益性主要表现在两个方面，一是投资债券可以给投资者定期或不定期地带来利息收入；二是投资者可以利用债券价格的变动，买卖债券赚取差额。

9.1.3 债券的基本内容

尽管债券种类多种多样，但是在内容上都要包含一些基本的要素。这些要素是指发行的债券上必须载明的基本债券内容，是明确债权人和债务人权利与义务的主要约定，具体包括债券面值、偿还期、付息期、票面利率、发行人名称，如图9.5所示。

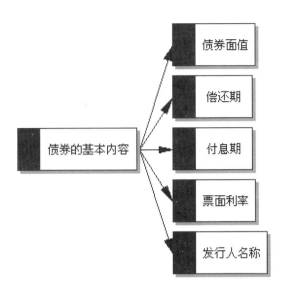

图9.5 债券的基本内容

1）债券面值

债券面值是指债券的票面价值，是发行人对债券持有人在债券到期后应偿还的本金数额，也是企业向债券持有人按期支付利息的计算依据。债券的面值与债券实际的发行价格并不一定是一致的，发行价格大于面值称为溢价发行，小于面值称为折价发行，等价发行称为平价发行。

2）偿还期

债券偿还期是指企业债券上载明的偿还债券本金的期限，即债券发行日至到期日之间的时间间隔。公司要结合自身资金周转状况及外部资本市场的各种影响因素来确定公司债券的偿还期。

3）付息期

债券的付息期是指企业发行债券后的利息支付的时间。它可以是到期一次支付，或1年、半年或者3个月支付一次。在考虑货币时间价值和通货膨胀因素的情况下，付息期对债券投资者的实际收益有很大影响。到期一次付息的债券，其利息通常是按单利计算的；而年内分期付息的债券，其利息是按复利计算的。

4）票面利率

债券的票面利率是指债券利息与债券面值的比率，是发行人承诺以后一定时期支付给债券持有人报酬的计算标准。债券票面利率的确定主要受到银行利率、发行者的资信状况、偿还期限和利息计算方法以及当时资金市场上资金供求情况等因素的影响。

5）发行人名称

发行人名称指明债券的债务主体，为债权人到期追回本金和利息提供依据。

> 📶 提醒：上述要素是债券票面的基本要素，但在发行时并不一定全部在票面印制出来。例如，在很多情况下，债券发行者是以公告或条例形式向社会公布债券的期限和利率。

9.2 债券的种类

按不同的标准来分，债券可以分为不同的类型，下面来详细讲解一下。

9.2.1 政府债券、金融债券和公司债券

按发行主体划分，债券可分为政府债券、金融债券和公司（企业）债券。

1）政府债券

政府债券是政府为筹集资金而发行的债券。主要包括国债、地方政府债券等，其中最主要的是国债。国债因其信誉好、利率优、风险小而又被称为"金边债券"。除了政府部门直接发行的债券外，有些国家把政府担保的债券也划归为政府债券体系，称为政府保证债券。这种债券由一些与政府有直接关系的公司或金融机构发行，并由政府提供担保。

2）金融债券

金融债券是由银行和非银行金融机构发行的债券。在我国金融债券主要由国家开发银行、进出口银行等政策性银行发行。金融机构一般有雄厚的资金实力，信用度较高，因此金融债券往往有良好的信誉。

3）公司（企业）债券

在国外，没有企业债和公司债的划分，统称为公司债。在我国，企业债券是按照《企业债券管理条例》规定发行与交易、由国家发展与改革委员会监督管理的债券，在实际中，其发债主体为中央政府部门所属机构、国有独资企业或国有控股企业，因此，它在很大程度上体现了政府信用。公司债券管理机构为中国证券监督管理委员会，发债主体为按照《中华人民共和国公司法》设立的公司法人。在实践中，其发行主体为上市公司，其信用保障是发债公司的资产质量、经营状况、盈利水平和持续盈利能力等。公司债券在证券登记结算公司统一登记托管，可申请在证券交易所上市交易，其信用风险一般高于企业债券。

9.2.2 抵押债券和信用债券

按财产担保划分，债券可分为抵押债券和信用债券

1）抵押债券

抵押债券是以企业财产作为担保的债券，按抵押品的不同又可以分为一般抵押债券、不动产抵押债券、动产抵押债券和证券信托抵押债券。以不动产如房屋等作为担保品，称为不动产抵押债券；以动产如适销商品等作为提供品的，称为动产抵押债券；以有价证券如股票及其他债券作为担保品的，称为证券信托债券。一旦债券发行人违约，信托人就可将担保品变卖处置，以保证债权人的优先求偿权。

2）信用债券

信用债券是不以任何公司财产作为担保，完全凭信用发行的债券。政府债券属于此类债券。这种债券由于其发行人的绝对信用而具有坚实的可靠性。除此之外，一些公司也可发行这种债券，即信用公司债。与抵押债券相比，信用债券的持有人承担的风险较大，因而往往要求较高的利率。为了保护投资人的利益，发行这种债券的公司往往受到种种限制，只有那些信誉卓著的大公司才有资格发行。

除此以外，在债券契约中都要加入保护性条款，如不能将资产抵押其他债权人、不能兼并其他企业、未经债权人同意不能出售资产、不能发行其他长期债券等。

9.2.3 实物债券、凭证式债券和记账式债券

按债券形态划分，债券可分为实物债券、凭证式债券和记账式债券。

1）实物债券

实物债券，又称无记名债券，是一种具有标准格式实物券面的债券。它与无实物票券相对应，简单地说就是发给你的债券是纸质的而非电脑里的数字。在其券面上，一般印制了债券面额、债券利率、债券期限、债券发行人全称、还本付息方式等各种债券票面要素。其不记名，不挂失，可上市流通。实物债券是一般意义上的债券，很多国家通过法律或者法规对实物债券的格式予以明确规定。实物债券由于其发行成本较高，将会被逐步取消。

2）凭证式债券

凭证式债券是指国家采取不印刷实物券，而用填制"国库券收款凭证"的方式发行的国债。我国从1994年开始发行凭证式国债。凭证式国债具有类似储蓄、又优于储蓄的特点，通常被称为"储蓄式国债"，是以储蓄为目的的个人投资者理想的投资方式。从购买之日起计息，可记名、可挂失，但不能上市流通。与储蓄类似，但利息比储蓄高。

3）记账式债券

记账式债券指没有实物形态的票券，以电脑记账方式记录债权，通过证券交易所的交易系统发行和交易。我国通过沪、深交易所的交易系统发行和交易的记账式国债就是这方面的实例。如果投资者进行记账式债券的买卖，就必须在证券交易所设立账户。所以，记账式国债又称无纸化国债。

记账式国债购买后可以随时在证券市场上转让，流动性较强，就像买卖股票一样。当然，中途转让除可获得应得的利息外（市场定价已经考虑到），还可以获得一定的价差收益（不排除损失的可能），这种国债有付息债券与零息债券两种。

付息债券按票面发行，每年付息一次或多次，零息债券折价发行，到期按票面金额兑付。中间不再计息。由于记账式国债发行和交易均无纸化，所以交易效率高，成本低，是未来债券发展的趋势。

4）记账式国债与凭证式国债的区别

记账式国债与凭证式国债主要有以下 4 点区别。

第一，在发行方式上，记账式国债通过电脑记账、无纸化发行，而凭证式国债是通过纸质记账凭证发行；

第二，在流通转让方面，记账式国债可自由买卖，流通转让也较方便、快捷。凭证式国债只能提前兑取，不可流通转让，提前兑取还要支付手续费；

第三，在还本付息方面，记账式国债每年付息，可当日通过电脑系统自动到账，凭证式国债是到期后一次性支付利息，客户需到银行办理；

第四，在收益性上，记账式国债要略好于凭证式国债，通常记账式国债的票面利率要略高于相同期限的凭证式国债。

9.2.4 可赎回债券和不可赎回债券

按是否能够提前偿还，债券可以分为可赎回债券和不可赎回债券。

1）可赎回债券

可赎回债券是指在债券到期前，发行人可以以事先约定的赎回价格收回的债券。公司发行可赎回债券主要是考虑到公司未来的投资机会和回避利率风险等问题，以增加公司资本结构调整的灵活性。发行可赎回债券最关键的问题是赎回期限和赎回价格的制定。

2）不可赎回债券

不可赎回债券是指不能在债券到期前收回的债券。

9.3 投资债券的优势

投资债券的优势主要表现在三个方面，分别是安全性高、收益高于银行存款和流动性强，如图9.6所示。

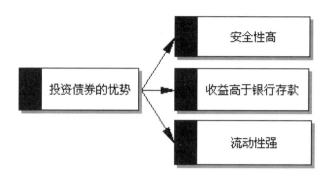

图9.6 投资债券的优势

1）安全性高

由于债券发行时就约定了到期后可以支付本金和利息，故其收益稳定、安全性高。特别是对于国债来说，其本金及利息的给付是由政府作担保的，几乎没有什么风险，是具有较高安全性的一种投资方式。

2）收益高于银行存款

在我国，债券的利率高于银行存款的利率。投资于债券，投资者一方面可以获得稳定的、高于银行存款利息的收入，另一方面可以利用债券价格的变动，买卖债券，赚取价差。

3）流动性强

上市债券具有较好的流动性。当债券持有人急需资金时，可以在交易市场随时卖出，而且随着金融市场的进一步开放，债券的流动性将会不断加强。因此，债券作为投资工具，最适合想获取固定收入的投资人，投资目标属长期的人。

9.4 投资债券的原则

投资债券的原则有三条，分别是收益性原则、安全性原则和流动性原则，如图9.7所示。

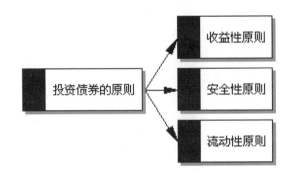

图9.7 投资债券的原则

1）收益性原则

不同种类的债券收益大小不同，投资者应根据自己的实际情况选择，例如，国家（包括地方政府）发行的债券，一般认为是没有风险的投资；而企业债券则存在着能否按时偿付本息的风险，作为对这种风险的报酬，企业债券的收益性必然要比政府债券高。

2）安全性原则

投资债券相对于其他投资工具要安全得多，但这仅仅是相对的，其安全性问题依然存在，因为经济环境有变、经营状况有变、债券发行人的资信等级也不是一成不变。因此，投资债券还应考虑不同债券投资的安全性。例如，就政府债券和企业债券而言，企业债券的安全性不如政府债券。

3）流动性原则

债券的流动性强意味着能够以较快的速度将债券兑换成货币，同时以货币计算的价值不受损失，反之则表明债券的流动性差。

影响债券流动性的主要因素是债券的期限，期限越长，流动性越弱，期限越短，流动性越强。另外，不同类型债券的流动性也不同。如政府债券，在发行后就可以上市转让，故流动性强；企业债券的流动性往往就有很大差别，对于那些资信卓著的大公司或规模小但经营良好的公司，它们发行的债券其流动性是很强的，反之，那些规模小、经营差的公司发行的债券，流动性要差得多。

9.5 影响债券投资收益的因素

影响债券投资收益的因素有7项，如图9.8所示。

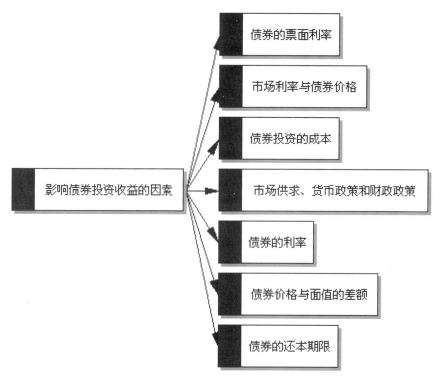

图9.8 影响债券投资收益的因素

9.5.1 债券的票面利率

债券票面利率越高,债券利息收入就越高,债券收益也就越高。债券的票面利率取决于债券发行时的市场利率、债券期限、发行者信用水平、债券的流动性水平等因素。发行时市场利率越高,票面利率就越高;债券期限越长,票面利率就越高;发行者信用水平越高,票面利率就越低;债券的流动性越高,票面利率就越低。

9.5.2 市场利率与债券价格

由债券收益率的计算公式[债券收益率=(到期本息和－发行价格)÷(发行价格 × 偿还期)×100%]可知,市场利率的变动与债券价格的变动呈反向关系,即当市场利率升高时债券价格下降,市场利率降低时债券价格上升。

市场利率的变动引起债券价格的变动,从而给债券的买卖带来差价。市场利率升高，债券买卖差价为正数，债券的投资收益增加；市场利率降低，债券买卖差价为负数，债券的投资收益减少。随着市场利率的升降，投资者如果能适时地买进卖出债券，就可获取更大的债券投资收益。当然，如果投资者债券买卖的时机不当，也会使得债券的投资收益减少。与债券面值和票面利率相联系，当债券价格高于其面值时，债券收益率低于票面利率。反之，则高于票面利率。

9.5.3 债券投资的成本

债券投资的成本大致有购买成本、交易成本和税收成本三部分。

购买成本是投资人买入债券所支付的金额（购买债券的数量与债券价格的乘积，即本金）。交易成本包括经纪人佣金、成交手续费和过户手续费等。国债的利息收入是免税的，但企业债的利息收入还需要缴税，机构投资人还需要缴纳营业税，税收也是影响债券实际投资收益的重要因素。债券的投资成本越高，其投资收益也就越低。因此债券投资成本是投资者在比较选择债券时所必须考虑的因素，也是在计算债券的实际收益率时必须扣除的。

9.5.4 市场供求、货币政策和财政政策

市场供求、货币政策和财政政策会对债券价格产生影响，从而影响到投资者购买债券的成本，因此市场供求、货币政策和财政政策也是我们考虑投资收益时所不可忽略的因素。债券的投资收益虽然受到诸多因素的影响，但是债券本质上是一种固定收益工具，其价格变动不会像股票一样出现太大的波动，因此其收益是相对固定的，投资风险也较小，适合于想获取固定收入的投资者。

9.5.5 债券的利率

债券利率越高，债券收益也越高。反之，收益下降。形成利率差别的主要原因是：利率、残存期限、发行者的信用度和市场性等。

9.5.6 债券价格与面值的差额

当债券价格高于其面值时，债券收益率低于票面利息率。反之，则高于票面利息率。

9.5.7 债券的还本期限

还本期限越长,票面利息率越高。

9.6 债券理财的收益率计算方法

人们在投资债券时,最关心的就是债券收益有多少。为了精确衡量债券收益,一般使用债券收益率这个指标。债券收益率是债券收益与其投入本金的利率,通常用年率表示。债券收益不同于债券利息。债券利息仅指债券票面利率与债券面值的乘积。但由于投资者在债券持有期内,还可以在债券市场进行买卖,赚取价差,因此,债券收益除利息收入外,还包括买卖盈亏差价。

决定债券收益率的主要因素,有债券的票面利率、期限、面值和购买价格。最基本的债券收益率计算公式为:

债券收益率 =[(到期本息和 - 发行价格)÷(发行价格 × 偿还期限)]×100%

由于债券持有人可能在债务偿还期内转让债券,因此,债券的收益率还可以分为债券出售者的收益率、债券购买者的收益率和债券持有期间的收益率。各自的计算公式如下:

债券出售者的收益率 =[(卖出价格 - 发行价格 + 持有期间的利息)÷(发行价格 × 持有年限)]×100%

债券购买者的收益率 =[(到期本息和 - 买入价格)÷(买入价格 × 剩余期限)]×100%

债券持有期间的收益率 =[(卖出价格 - 买入价格 + 持有期间的利息)÷(买入价格 × 持有年限)]×100%

例如,张先生于 2019 年 1 月 1 日以 102 元的价格购买了一张面值为 100 元、利率为 10%、每年 1 月 1 日支付一次利息的 2015 年发行 5 年期国库券,并持有至 2020 年 1 月 1 日到期,则:

债券购买者收益率 =[(100+100×10%-102)÷102×1]÷100%=7.8%

债券出售者的收益率 = [(102-100+100×10%×4)÷(100×4)]×100%=10.5%

再例如,李小姐于 2013 年 1 月 1 日以 120 元的价格购买了面值为 100 元、利率为 10%、每年 1 月 1 日支付一次利息的 2012 年发行的 10 年期国库券,并持有至 2018 年 1 月 1 日以 140 元的价格卖出,则债券持有期间的收益率 =(140-120+100×10%×5)÷(120×5)×100%=11.7%。

以上计算公式没有考虑把获得的利息进行再投资的因素。把所获利息的再投资收益计入债券收益，据此计算出来的收益率，即为复利收益率。它的计算方法比较复杂，这里从略。

9.7 债券理财的风险

任何投资都有风险，只是债券的投资风险较小。债券的风险有以下 8 种。

1）利率风险

利率风险是指利率的变动导致债券价格与收益率发生变动的风险。

2）价格变动风险

债券市场价格常常变化，若它的变化与投资者预测的不一致，那么，投资者的资金就会有风险，就常常会受到损失。

3）通货膨胀风险

债券发行者在协议中承诺付给债券持有人的利息或本金的偿还，都是事先议定的固定金额。当通货膨胀发生，货币的实际购买能力下降，就会造成在市场上能购买的东西却相对减少，甚至有可能低于原来投资金额的购买力。

4）信用风险

在企业债券的投资中，企业由于各种原因，存在着不能完全履行其责任的风险。

5）转让风险

当投资者急于将手中的债券转让出去，有时候不得不在价格上打点折扣，或是要支付一定的佣金。

6）回收性风险

有回收性条款的债券，因为它常常有强制收回的可能，而这种可能又常常是市场利率下降、投资者按券面上的名义利率收取实际增额利息的时候，投资者的预期收益就会遭受损失。

7）税收风险

政府对债券税收的减免或增加都影响到投资者对债券的投资收益。

8）政策风险

是由于政策变化导致债券价格发生波动而产生的风险。例如，突然给债券实行加息和保值贴补。

9.8 利用网上银行操作债券的方法

在浏览器的地址栏中输入"http://www.icbc.com.cn"，然后按回车键，进入中国工商银行的首页。

在中国工商银行的首页中,单击 个人网上银行登录 按钮,进入网上银行登录页面。正确输入登录名(卡号、手机号、用户名)、登录密码、验证码,然后单击"登录"按钮,就可以成功登录工商银行的网上银行。

单击导航栏中的"财富广场",就会弹出下拉菜单,在下拉菜单中单击"债券"命令,就可以看到债券产品的名称、代码、到期收益率、发行价格、期限、剩余期限、操作等信息,如图9.9所示。

图9.9 债券产品的信息

在这里选择"20附息国债13",然后单击其对应的"购买"按钮,就进入债券购买页面,如图9.10所示。

图9.10 债券购买页面

单击"详细信息",就可以看到 20 附息国债 13 的价格行情信息,如图 9.11 所示。

图9.11 20附息国债13的价格行情信息

向下拖动滚动条,还可以看到 20 附息国债 13 的基本信息,如图 9.12 所示。

图9.12 20附息国债13的基本信息

单击"返回"按钮,就会返回到债券购买页面,然后输入购买债券总面值,然后单击"提交"按钮,就进入确认信息页面,如图 9.13 所示。

图9.13 确认信息页面

单击"确定"按钮，就可以成功买入债券。

9.9 债券的买卖技巧

债券的买卖技巧主要有以下三点。

1）柜台债券价格与债券市场变化密切联系

债券价格与市场利率成反比，利率降低，债券价格上升，利率上升，则债券价格下跌。若投资者预计利率将降低，可大量买入债券。若预计利率将上升，投资者可卖出手中债券，待利率真正上升导致债券价格下跌时，再买入债券，这时的债券实际收益率高于票面利率。

2）净价不变，投资者成本没有增加

若债券卖出净价未发生变化，投资人任何时候买入债券都没有差别。

3）买卖有价差，避免当日买当日卖

应计算一个不亏本的最短持有天数，即持有期间的内含利息减去买卖价差后的收益应高于存活期的税后利息收入。时间越长，收益越多。

9.10 债券理财案例

小林是一位低风险偏好的投资新手,喜欢做一些确定性较高但又有较不错收益的投资,经常关注可转债套利投资机会。2012 年 10 月 12 日公告发行申购的南山铝业转债自然逃不过小林的"法眼"。

小林大致看了下,发行 60 亿元,6 年期。票息率条款为,第一年 3.5%、第二年 3.5%、第三年 4%、第四年 4%、第五年 4%、第六年 4%,到期按每张 108 元赎回(含最后一期利息),转股价为 6.92 元。小林一看觉得票息率很高,并且转股价较前一天收盘价 6.84 元溢价不到 2%,觉得较当前市面上的转债都有优势,是个不错的品种。

小林预计南山转债上市后肯定会有不错表现,预计至少有 10% 以上涨幅。基于这种判断,小林决心一定买到这个转债,由于申购的中签率较低,为确保买到,只能通过买入正股获得配售权,配债后立马将正股卖出。南山铝业配债的股权登记日为 10 月 15 日,申购日为 10 月 16 日。发公告之后有两个交易日 10 月 12 日、10 月 15 日可以买入正股获得配债权,每股可配售转债面值为 3.102 元。

南山转债发行公告当日,小林便急匆匆在二级市场买入南山铝业 2 万股,买入成本价 6.84 元,可配售转债面值 6.2 万元。小林预计几个交易日内,买入卖出南山铝业股价不变,等大约两周后南山转债上市卖出,可获 5% 以上收益。理想很丰满,现实却总是很骨感。小林的这笔原本想赚钱的操作,随着他更深入地研究判断,以及在 10 月 16 日南山铝业大跌的情况下割肉出局。

在后续跟更专业人士交流及学习券商研报后,小林发行原先预计南山转债上市 10% 以上的涨幅不太容易实现。南山转债的票息率确实创出历史纪录,溢价率也不高。但由于南山转债的转股价 6.92 元已远低于目前 8.11 元的每股净资产,这意味着南山转债下调转股价的可能性几乎不存在,再加上回售条款并不佳,依据目前正股价格,多位专业人士与券商给出的上市价格基本在 102～106 元之间。同时 10 月 16 日配债当天,南山转债开盘即跌 4% 以上,小林当天以 6.50 元的价格卖出南山铝业正股,在正股上面亏近 5%,这需要转债上市后涨 10% 以上方可弥补损失。

总结这次操作,小林表示,小散做投资还是要更加细致一点,多学习多钻研很重要,这次就当是交点学费。当然他还是希望近期南山铝业正股能涨起来,这样本月底下月初南山转债上市时会有更好表现。

第 10 章

如何利用贵金属进行理财

由于贵金属市场提供了一条全新的理财途径,所以贵金属交易近年来相当火爆,并且越来越多的人开始参与贵金属交易。

本章首先讲解贵金属(黄金和白银)的常见理财品种,然后讲解实物金、实物银的理财方法和技巧,接着讲解纸黄金和纸白银的理财技巧,最后讲解贵金属延期理财的方法。

10.1 贵金属概述

贵金属虽然包括很多种,如金、银、钯、铱、铂等,但我们平时所说的贵金属交易,主要是指黄金和白银的交易。

10.1.1 什么是贵金属和贱金属

贵金属大多数拥有美丽的色泽,对化学药品的抵抗力相当大,在一般条件下不易引起化学反应。贵金属主要指黄金、白银和铂族金属(钌、铑、钯、锇、铱、铂)8 种金属元素。贵金属常常被用来制作珠宝和纪念品,如各大商场所卖的各种金银饰品和银行所卖的金银理财产品,图 10.1 显示的是工商银行的如意金•金元宝和如意银•典藏龙砖。

(A)如意金•金元宝   (B)如意银•典藏龙砖

图 10.1 工商银行所卖的金银理财产品

贱金属通常都是比较便宜的金属,是相对于贵金属说来的。在炼金术中,贱金属比较常见并也很容易冶炼和提纯,而贵金属则反之,如黄金和白银,铂族元素都很难以提炼。炼金的长期目标是将贱金属变为贵金属。

在古代,钱币主要是用贵金属制成,而现代大多数硬币都是由贱金属制成。在矿业和经济领域,贱金属是指工业金属(不含贵金属),这包括铜,铅,镍和锌。除上述金属外,贱金属还包括钢铝,锡,钨,钼,钽,镁,钴,铋,镉,钛,锆,锑,锰,铍,铬,锗,钒等。

10.1.2 什么是黄金

黄金是人类发现和利用较早的金属,由于它稀少、特殊和珍贵,自古以来被视为五金之首,有"金属之王"的称号。下面来了解一下黄金。

有一种物质,有耀眼而美丽的光芒永不磨损褪色;具有良好的延展性,一盎司可打成 90 多公里长的细丝,接近从北京到天津的距离;能够永久保存,从古代至今共有 15 多万吨被挖掘保存下来；密度高，全世界的存量用一艘大油轮可以装下；稀有，已探明未开采的储量约 7 万吨，只可供开采 25 年。

这是什么？这就是黄金。

黄金，又称金，化学符号 Au，在门捷列夫周期表中，金的原子序数是 79，即金的原子核周围有 79 个带负电荷的旋转电子。金的密度较大，在 20℃时为 19.32 克/厘米；金的熔点和沸点都很高，熔点高达 1063℃，沸点高达 2808℃，所以有"真金不怕烈火练"的赞美之词。

黄金的意义不仅仅是以化学物质为唯一存在，它所具有的自然与社会双重属性，能够充当商品、货币、金融资产等多种角色。

10.1.3 什么是白银

自古以来，白银就一直与黄金一起，被作为财富的象征。"货币天然不是金银，但金银天生就是货币"，下面来了解一下白银。

银的化学符号是，Ag，来自拉丁文 Argentum，是"浅色，明亮"的意思。因为银的颜色是白银，所以被人们通常称为"白银"。白银在地壳中的含量很少，仅占 $1×10^{-5}$%，按地壳中元素的分布情况仍属微量元素，仅比金平均高 20～30 倍；良好的韧性和延展性仅次于金，能压成 0.003mm 的薄片，1g 的银能拉成 2km 的细丝；是导电导热最好的金属；特征氧化数为 +1，加热时也不会与水、空气中的氧作用；具有很好的耐碱性，不与碱金属氢氧化物和碱金属碳酸盐发生作用。

10.1.4 贵金属在当前经济生活中的角色

历经了几千年的演变，如今，黄金白银等贵金属在经济与社会生活中的用处十分广泛，具体有 4 种，如图 10.2 所示。

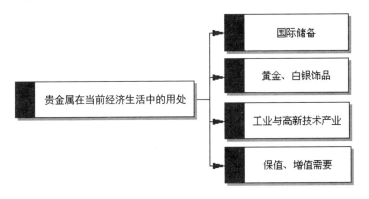

图10.2　贵金属在当前经济生活中的用处

1）国际储备

黄金、白银的货币属性是人类文明几千年来形成的，而且在没有商品交流、信息沟通的情况下，分别受到各国的推崇。

在 20 世纪 40 年代，发达国家中 5 个主要的黄金储备国与发展中国家双方的黄金储备总量几乎相同；到 60 年代末，所有国家的黄金储备都在增长，但发达国家的黄金储备增长比例更大。无论历史如何变迁，黄金始终是世界不同国家的资产储备手段，到 2009 年，各国央行外汇储备中共有 2.96 万吨黄金，约占几千年人类黄金总产量的 20%，私人储藏金条 2.22 万吨，两项合计占世界黄金总量的 35.7%。

2）黄金、白银饰品

黄金、白银饰品在人类几千年的历史中始终是财富和华贵的象征。随着社会的发展和高科技的出现，用金银制作的珠宝、饰品、摆件的范围和样式不断拓宽深化。现如今，随着人们收入的不断提高、财富的不断增加，黄金、白银饰品的需求量正在逐年增加。

3）工业与高新技术产业

由于黄金、白银等贵金属所特有的物理、化学性质，良好的导电性和导热性，良好的工艺性，极易加工成超薄金箔、微米金丝和金粉，很容易镀到其他金属、陶器及玻璃的表面上；极高抗腐蚀的稳定性，在一定压力下金容易被熔焊和锻焊；可制成超导体与有机金等，使它广泛应用于工业和现代高新技术产业中，如电子、通信、宇航、化工、医疗等领域。

4）保值、增值需要

在通货膨胀或金融危机时期，为了避免货币购买力的损失，实物资产包括不动产（房屋）、贵金属（黄金、白银等）、珠宝、古董、艺术品等往往会成为资金追逐的对象。由于黄金价值的永恒性和稳定性，作为实物资产即成为货币资产的理想替代品，发挥保值的功能。另外，黄金理财，利用金价波动，理财者还可以赚取利润，实现增值功能。

10.2 黄金和白银理财品种

目前，中国黄金和白银的理财品种主要有 5 种，分别是实物黄金和实物白银、纸黄金和纸白银、黄金现货延期交易 Au（T+D）和白银现货延期交易 Ag（T+D）、黄金期货和白银期货、黄金期权和白银期权。

10.2.1 实物黄金和实物白银

实物黄金可分为金条和金币，而金条有两种，分别是普通金条和纪念金条。

1）金条

金条是银行自主设计并委托具有上海黄金交易所黄金标准金供应资格的黄金加工企业加工的黄金产品，具有保值、增值、抵御通货膨胀的一种天然货币，可以流通全世界，易于变现。理财金条，风险低，转手费用低，回报也比较低。

目前国内黄金市场的金条主要有2种，分别是高赛尔金银有限公司的"高赛尔金"和中金黄金股份有限公司的"中国黄金理财金条"。随着中国金融行业的对外开放，现货黄金的品种渐渐增多，如上海黄金交易所与各大商业银行合作推出的 AU99 和 AU100 等个人实物黄金理财品种。

理财金条，要注意以下几点。

（1）金条的规格：各国金条的规格有所不同，但按国际惯例，进入市场交易的金条在精炼厂浇铸成型时必须标明其成色和重量，以及精炼厂的名字和编号。如高赛尔金条分2盎司、5盎司和10盎司三种规格，每根金条的背面有"中国印钞造币总公司长城金银精炼厂铸造"的字样和编号，还有防伪标识。

（2）金条的铸造和包装：在一般情况下，理财者往往要购买知名度较高的精炼公司制造的金条，以后在出售时会省去不少费用和手续。如果是不知名企业生产的，黄金收购商就要收取分析费用。国际知名金商出售的金条，包装在密封的小袋中。除了内装黄金外，还有可靠的封条证明。在不开封的情况下，再售出金条时就会方便得多。在国内，长城金银精炼厂是迄今最大的国有金银精炼厂，也是中国金银冶炼企业中唯一的伦敦贵金属市场协会会员单位，并入选上海黄金交易所及理事单位。

（3）金条交易的计量单位：由于各国黄金市场交易的习惯、交易规则不同，黄金计量单位也有所不同。目前国际黄金市场比较常用的计量单位是金衡盎司。金衡盎司是专门用于贵金属商品交易的计量单位，与常衡制盎司有所不同，1常衡盎司等于 28.3495 克，而 1 金衡盎司等于 31.1035 克。我国以前计量黄金的单位主要是两，现在主要是克，随着经济与国际接轨，我国不少黄金品牌用金衡盎司来计量，高赛尔金条就是其中之一。

（4）金条的价格：普通金条的价格与纪念金条的价格有所不同。纪念金条的发行价格是按照金饰品的定价方式来定价，一般其发行价格＝成本＋10%的增值税＋5%的消费税＋利润。而普通理财型金条的价格是在黄金现货价格的基础上加上一定的加工流通费。因此，纪念金条比普通理财型金条的价格要高。如高赛尔金条的价格是以国际最大的黄金现货市场——伦敦贵金属市场的每日报价为基准，参考上海黄金交易所的价格，每盎司加上 109 元的加工流通费（3.5 元/克），回购时每盎司退回 62 元（2 元/克）。

（5）金条的理财渠道：一是场内交易，如上海黄金交易所的会员交易，即黄金生产企业、黄金饰品企业、黄金经纪商、黄金代理商、商业银行和机构理财者；二是场外交易，主要是一些中小企业和个人理财者在商业银行、金行、珠宝行、金银首饰店进行的金条交易。目前我国的个人黄金理财者主要是在场外进行交易。购买金条最好选择回购有保证而且价差不大的金条，如招商银行代理买卖的高赛尔金条。

2）金币

金币有两种，即理财性金币和纪念性金币。纯金币的价值基本与黄金含量一致，价格也基本随国际金价波动。纯金币主要为满足集币爱好者收藏。有的国家纯金币标有面值，如加拿大曾铸造有 50 元面值的金币，但有的国家纯金币不标面值。由于纯金币与黄金价格基本保持一致，其出售时溢价幅度不高（即所含黄金价值与出售金币间价格差异），理财增值功能不大，但其具有美观、鉴赏、流通变观能力强和保值功能，所以仍对一些收藏者有吸引力。

纪念性金币由于较大溢价幅度，具有比较大的增值潜力，其收藏理财价值要远大于纯金币。纪念性金币的价格主要由三方面因素决定：一是数量越少价格越高；二是铸造年代越久远，价值越高；三是目前的品相越完整越值钱。纪念性金币一般都是流通性币，都标有面值，比纯金币流通性更强，不需要按黄金含量换算兑现。由于纪念性金币发行数量比较少，具有鉴赏和历史意义，其职能已经大大超越流通职能，理财者多为理财增值和收藏、鉴赏用，理财意义比较大。如一枚 50 美元面值的纪念金币，可能含有当时市价 40 美元的黄金，但发行后价格可以大大高于 50 美元的面值。理财纪念金币虽有较大的增值潜力，但理财这类金币有一定的难度，首先要有一定的专业知识，对品相鉴定和发行数量、纪念意义、市场走势都要了解，而且还要选择良好的机构进行交易。

实物白银可分为两种，分别是银条和银币。

1）银条

一般理财性银条都铸有编号、公司名称标记、纯度标记等，在国内很多商业银行都有代理和自己开发销售的理财性银条。在选择理财性银条时，最好购买知名度高的公司制造或者银行代理的银条，在日后出售时将可以省下不少必要的费用和烦琐的手续。因为普通商家生产的银条，在出售时需要鉴定，因此要收取鉴定分析的费用，手续费也更多，过程中还会出现很多意想不到的情况。

理财银条，不需要佣金和相关手续费用，流通性强，容易兑现，且在世界各地都有报价。中长期来看，银条具有一定的抗通胀作用，但要注意理财银条需要付出相对较高的保管成本。

2）银币

银币也分两种，分别是纯银币和纪念性银币。纯银币主要为满足集币爱好者收藏。由于纯银币的价值基本与白银含量一致，其价格也基本随国际银价波动。

纪念性银币一般都是流通性币，都标有面值，比纯银币流通性更强，不需要按银币含量换算兑现。由于纪念性银币发行数量比较少，具有鉴赏和历史意义，其职能已经大大超越流通职能，理财者多为理财增值和收藏、鉴赏用，理财意义比较大。

10.2.2 纸黄金和纸白银

纸黄金是我国各家银行黄金买卖的主战场。纸黄金是一记账式黄金买卖理财工具，必须全额付款，不能提取实物黄金，其盈利方式与其他产品一样，利用低买高卖获取收益。纸黄金是采用100%资金、单向式的交易品种，在黄金理财中是较为稳健的一种。

目前推出纸黄金业务的银行主要为四大行，如中国工商银行的"金行家"、中国银行的"黄金宝"、中国建设银行的"账户金"、中国农业银行的"金利通"。国内纸黄金的交易单位为人民币元/克，交易起点为10克，但推出的品种不同，如中国建设银行推出Au99.99和Au99.95两个品种，而中国银行只有一个Au99.95品种。注意它们的报价体系不同，中国建设银行的"账户金"是按上海黄金交易所价格报价，而中国银行的"黄金宝"是以国际黄金市场价格报价。

纸白银，是一种个人凭证式的白银理财渠道，是国内继纸黄金后又一个新的贵金属理财品种。理财者按银行报价在账面买卖"虚拟"的白银，个人通过把握国际现货白银走势高抛低吸，赚取白银价格的波动差价。理财者的买卖交易记录只在个人预先开立的"白银账户"上体现，不能实现实物白银的提取和交割。

相对于实物银理财，这种理财方式避免了储存白银的风险或减轻储存费用。当然，这种理财方式需要对银行支付一定的佣金。目前，国内已有多家银行开办纸白银业务，分别是中国银行、中国工商银行、中国建设银行等。

理财纸白银的主要优势在于其具有高度的流动性，无储存风险。纸白银的价格主要跟随国际现货白银价格波动，而且纸白银的交易时间与国际现货白银的交易时间几乎一致（节假日除外）。但是理财纸白银按全额占用理财资金，而且没有做空机制，盈利能力有限。另外，纸白银不计算利息，也不能获得股票、基金中的红利等收益，只能通过高抛低吸，赚取买卖差价获利。

10.2.3 黄金现货延期交易Au（T+D）和白银现货延期交易Ag（T+D）

Au（T+D）和Ag（T+D）交易是指以保证金的方式进行的一种现货延期交收业务，买卖双方以一定比例的保证金（合约总金额的10%）确立买卖合约，该合约可以不必实物交收，买卖双方可以根据市场的变化情况，买入或者卖出以平掉持有的合约，在持仓期间将会发生每天合约总金额万分之二的递延费（其支付方向要根据当日交收申报的情况来定，例如，如果客户持有买入合约，而当日交收申报的情况是收货数量多于交货数量，那么客户就会得到递延费，反之则要支付）。

如果持仓超过 20 天则交易所要加收按每个交易日计算的万分之一的超期费（目前是先收后退），如果买卖双方选择实物交收方式平仓，则此合约就转变成全额交易方式，在交收申报成功后，如买卖双方一方违约，则必须支付另一方合同总金额 7% 的违约金，如双方都违约，则双方都必须支付 7% 的违约金给黄金交易所。

现货延期交易的主要优点有 4 项，如图 10.3 所示。

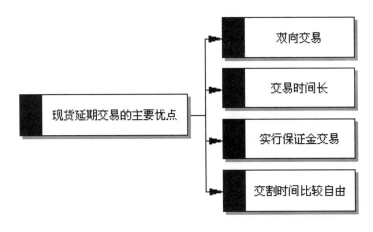

图10.3　现货延期交易的主要优点

1）双向交易

通过现货延期交易可以实现双向获利，上涨时可以买入获利，下跌时可以沽空获利，理财者可以根据自己的判断进行交易。做空机制提供了实物白银和纸白银不具备的优势，例如，多头进场后如果行情发生反转，可以平掉多头，反手做空，从而避免被套甚至扭亏为盈。当然，做空机制不只是为了解套，在淡季时期或者多头投机过剩的空头行情中，做空机制是获利的主要武器。

2）交易时间长

客户交易时间为上海黄金交易所的开市时间，具体是每周 9:00 至 11:30、13:30 至 15:30；周一至周四 21:00 至次日 2:30。遇到国家法定节假日的情况，金交所将根据相关规定调整交易时间，并在其官方网站发布。

> 📢 提醒：金交所的官方网站地址是：http://www.sge.sh。

每个交易日首场交易开市前十分钟为延期合约集合竞价时间，从晚盘交易时段开始，到第二天下盘收盘为止，为一个完整的交易日。因为周五没有晚盘，所以周一比较特别,仅白天交易时段(早盘＋下午盘)作为一个完整交易日。每个交易日有 10 个小时的交易时间。由于晚上是美洲盘开盘时段,所以夜市交易往往最为活跃,这是白天没法腾出时间进行交易的理财者的福音。

3)实行保证金交易

每手合约对应的实物为 1 千克,但是每手交易并不需要全额的资金,只需要 10%～30% 的保证金就可以参与交易了。交易过程中实行价格优先、时间优先的撮合成交。保证金交易方式大大降低了理财者参与白银市场的资金压力,真正发挥杠杆的作用,起到以小搏大的效果。当然,在收益放大的同时,风险也同幅度放大。

4)交割时间比较自由

理财者可以根据市场情况选择持仓时间,既可以选择交易日当天交割,也可以延期交割。现货延期交易,具备杠杆放大功能,风险比一般不参与保证金交易的金银理财方式更高,发生更大损失的可能性也更大。在一些理财者资金翻倍的同时,也有不少理财者出现严重亏损甚至爆仓。进行现货延期交易时,首要任务是做好资金管理,要时刻监控保证金的状况,随时注意控制仓位。重仓位甚至满仓操作是现货延期交易的大忌。

10.2.4 黄金期货和白银期货

和其他期货买卖一样,黄金期货和白银期货也是按一定成交价,在指定时间交割的合约,合约有一定的标准。

期货的特征之一是理财者为能最终购买一定数量的黄金或白银而先存入期货经纪机构一笔保证金(一般为合同金额的 5%～10%)。一般而言,黄金期货和白银期货购买和销售者都在合同到期日前,出售和购回与先前合同相同数量的合约而平仓,而无须真正交割实金。每笔交易所得利润或亏损,等于两笔相反方向合约买卖差额,这种买卖方式也是人们通常所称的"炒金"和"炒银"。黄金期货和白银期货合约交易只需 10% 左右交易额的定金作为理财成本,具有较大的杠杆性,即少量资金推动大额交易,所以黄金期货和白银期货买卖又称"定金交易"。

理财黄金期货和白银期货的优点:较大的流动性,合约可以在任何交易日变现;较大的灵活性,理财者可以在任何时间以满意的价位入市;委托指令的多样性,如即市买卖、限价买卖等;质量保证,理财者不必为其合约中标的的成色担心,也不要承担鉴定费;安全方便,理财者不必为保存实金而花费精力和费用;杠杆性,即以少量定金进行交易;价格优势,黄金期货和白银期货标的是批发价格,优于零售金银饰品价格;市场集中公平,期货买卖价格在一个地区、国家,开放条件下世界主要金融贸易中心和地区价格是基本一致的;会期保值作用,即利用买卖同样数量和价格的期货合约来抵补黄金白银价格波动带来的损失,也称"对冲"。

黄金期货和白银期货理财的缺点是:理财风险较大,因为需要较强的专业知识和对市场走势的准确判断;市场投机气氛较浓,理财者往往会由于投机心理而不愿脱身,所以期货理财是一项比较复杂和劳累的工作。

10.2.5 黄金期权和白银期权

黄金期权和白银期权是买卖双方在未来约定的价位,具有购买一定数量标的的权利而非义务。如果价格走势对期权买卖者有利,会行使其权利而获利。如果价格走势对其不利,则放弃购买的权利,损失只有当时购买期权时的费用。由于黄金期权和白银期权买卖理财战术比较多并且复杂,不易掌握,目前世界上黄金期权和白银期权市场不太多。

10.3 实物金理财的方法和技巧

2002 年 10 月 30 日,上海黄金交易所正式成立,标志着我国贵金属市场走向全面开放。短短几年来,中国贵金属市场得到快速发展。如今,受国际金融危机和美元走弱的影响,我国理财者对黄金理财热情高涨。

目前,各种实物金条中真正意义上的理财性实物金多数为银行代销。交易成本较低,与金价保持完全的正相关及联动性。实物金可以买入并长期持有或定额理财,理财者无须太多专业知识和投入过多的时间精力。

从目前国内黄金市场的理财品种看,以招行等代理的"高赛尔金条"、建行的"龙鼎金"、工行的"如意金"等为代表。但其买卖一般需要理财者 1 克多支付约 10 元左右的成本,因此收益不能完全和国际金价联动。该种黄金理财风险较低,收益杠杆略小于 1 倍。下面以农行和招行代理的"高赛尔金条"为例进行讲解。

10.3.1 高赛尔金条理财特点

高赛尔金条理财具有以下 7 大特点。

1) 易兑现和易流通

由于高赛尔金银有限公司进行即时回购,从而方便理财者变现、流通,解决了黄金产品以前有价无市的理财局面。

2) 理财性强

具有黄金独有的特性,适宜理财者高抛低吸,即时获利。

3）稳定性强

拥有黄金的天然货币属性，是最具稳定性的理财和避险工具。

4）储值

在世事难料之际，黄金是最好的保值产品，不因历史的变迁和政局动荡而改变价值，使理财者更加放心、安心。

5）保值

抵抗通货膨胀风险，永葆"金"值。

6）高品质保证

高赛尔标准金条由中国最大的金银精炼厂、中国人民银行黄金指定生产单位、伦敦贵金属市场协会（LBMA）中国唯一会员，上海黄金交易所常务理事会员——长城金银精炼厂制造，其金含量不低于99.99％。

7）安全性高

易于储存和保管，不受天灾和局势动荡的影响。

10.3.2 高赛尔金条交易规则

高赛尔金条交易规则包括买卖报价、买卖规格和质量标准、买卖时间、买卖方式、即时买卖、买卖流程和回购须知。

1）买卖报价

高赛尔金条买卖采用国际Loco-london黄金市场价格体系，并参考上海黄金交易所和人民币汇率报价，北京时间10：00和12：00本公司代理交易网点开始报价，若遇价格剧烈波动，高赛尔金银有限公司也将会根据市场变化实时报价。

2）买卖规格和质量标准

高赛尔金条有4种规格，分别是1盎司、2盎司、5盎司、10盎司，如图10.4所示。

图10.4　高赛尔金条有4种规格

高赛尔金条的质量标准：金含量大于等于99.99％，计量单位为金衡盎司（1盎司＝31.1035克），报价单位为每盎司人民币元。

高赛尔金条加工流通费为每盎司人民币109元（约为3.5元/克），回购时退还理财者62元/盎司（约为2元/克），一买一卖加工流通费仅为1.5元/克。

3）买卖时间

周一至周五上午10:00至11:30，下午14:00至16:00，国家法定节假日除外。

4）买卖方式

高赛尔金条买卖每日上午10：00和中午12：00即时报价，在本公司指定代理交易网点进行高赛尔金条买卖。

5）即时买卖

客户可以按照高赛尔当时挂牌卖价在高赛尔指定代理网点购买金条，也可以将所持高赛尔金条卖回给本公司。

6）买卖流程

高赛尔金条买入流程如下。

银行代理买卖点（指定银行）→ 填写《买入申请单》→ 银行按当时报卖价结算交易金额 → 理财者付款 → 打印购买成交确认单据 → 双方验货确认后理财者领取高赛尔金条现货。

高赛尔金条卖出流程如下。

银行代理买卖点（指定银行）→ 填写《回购申请单》→ 回购方验货确认 → 银行按当时报买价结算交易金额 → 打印回购成交确认单据 → 银行将回购款交给理财者并签字确认。

7）回购须知

高赛尔金银有限公司回购金条时，将按高于当时高赛尔金条挂牌买价每盎司人民币62元的价格予以回购。高赛尔金条必须完全符合以下条件方可予以回购。

（1）符合高赛尔金条防伪标志。

（2）客户必须出示高赛尔金条专卖点购买成交确认单。

（3）高赛尔金条原包装及金条规格、标识、外观必须完好无损。

（4）如对回购金条进行重量、含金量检测，检测结果必须符合高赛尔公司的要求。

（5）如单日回购总量超过100盎司，须提前一个工作日电话通知高赛尔公司予以确认。

10.3.3 高赛尔金条的保管

由于高赛尔金条是以实物形态存在，所以作为黄金理财者，还要了解一下关于高赛尔金条的包装与保管方面的知识和技巧。高赛尔金条的包装盒是采用红木为原料生产的，做工非常精细，而且美观耐用。将高赛尔金条置于包装盒里面可起到良好的防护作用，包装盒如图 10.5 所示。

图10.5　高赛尔金条的包装盒

理财者购买高赛尔金条之后可存放于银行的保险箱里，如果是自己保管，则最好放于干燥之处，避免潮湿。如果理财者只购买了金条而没有购买包装盒，在存放金条时须将金条用软物包裹，还要防止碰撞、挤压等，因为高赛尔金条纯度很高，质地较软，在受到较大外力时容易变形。这样会影响外观，如果严重损坏会直接影响其价值。

10.3.4　金条理财注意事项

虽然金条是长期理财和保值的理财资产，但是如果理财不当也会有风险，损失大的不仅是丧失理财机会还有亏损的风险。因此理财性金条要注意以下两点。

1）实物金条理财以分批购买和出售

理财性金条具有长期持有的长线理财特点，因此在买卖的时候，一定要从长远分析当前的黄金价格的走势和未来黄金变化的趋势，这个道理是人皆共知的理财原理。如果采用分批购买会有更好的效果，因为当你第一次购买获利后，根据涨幅持续加仓，如果行情反复和有较大下跌的时候就可以停止加仓继续观察趋势。当再次上涨后继续买进，如果方向不对就可以停下来甚至考虑出手已经持有的金条，由于分批后成本不一样，因此可以比较从容地卖出。此办法虽然会损失一些理财机会，但是因为最大地降低了资金投入和持有金条期间的成本，因此降低了风险，理财的第一目的是利润，但是前提是将风险降低到最低。

2）实物金条理财要坚持有零有整的原理

很多理财者一听黄金的理财有机会，就一次买进 1 公斤甚至 2 公斤的金条放着等待涨价后获利。其实这样怕麻烦的理财理念是不对的，目前大多数金条一般以

300～1000克为主，如果一次购买1000克，当金价上涨到一个高位后，就会出现较大幅度的调整，调整后再继续上行。如果能有零有整就可以在不断上涨的高位采取部分套现，不断套现获利，减少了持仓风险和下跌亏损的风险。虽然这样的办法可能会损失一旦反弹之后的收益，但是也是保护获利和增加机会的方法。

10.4 实物银理财的方法和技巧

如果资金充足，投资白银不如投资黄金，因为大量购买银条不好储存。不过，如果资金不多的情况下，白银确实是不错的投资选择。另外，白银投资产品适合初涉贵金属投资的人练手，也适合已涉足贵金属投资但品种单一的人。"真金白银"已成为很多投资者的投资品种组合。

在实物银投资产品中，银币、银章和银条比较适合大众投资。这些银制品工艺设计水准高、图案精美丰富、发行量较少，因此具有很高的艺术品特征。但在投资实物银产品时，我们一定要注意以下问题，否则很可能蒙受不白的损失。

1）区分清楚纪念性银币和纪念性银章

银币和银章的外表很相似，但是同样题材、同样规格的币和章，其市场价格是不一样的，甚至差别很大。一般情况下，纪念性银币的市场价格要远高于纪念性银章。

纪念性银币和纪念性银章之间最主要、最明显的区别是，纪念性银币具有面额，而纪念性银章没有。银币的面额一方面说明银币是国家的法定货币，另一方面说明银币的权威性要远高于银章。因为具有面额的法定货币，只能由中国人民银行发行，所以纪念性银币的权威性最高，也最值得收藏。

2）分清纪念性银币和投资性银币

纪念性银币是有明确纪念主题、限量发行、设计制造精美、升值潜力大的银币。而投资性银币是世界白银非货币化以后，白银在货币领域存在的一种重要形式，其主要特点是，发行机构在银价的基础上增加小量溢价发行，以易于投资和出售。投资性银币一般每年都会发行，图案可以不更换，只是年份改动，发行量不限，质量一般不如纪念性银币。

3）纪念性银币的配套是否齐全

因为纪念性银币是限量发行的国家法定货币，因此在销售时，无一例外都附有由发行时任中国人民银行行长签字的"鉴定证书"（近几年的"鉴定证书"还带有隐形的"水印"暗记）。此外，同时还附有专用的装帧盒等。如果缺少这些相配套的东西，不管是买入还是卖出，其价格都会大打折扣。

4）纪念性银币的品相也很重要

从投资的角度分析，纪念性银币由于是实物投资，并且作为一项比较特殊的收藏品，其品相非常重要。如果因为保存不当，如接触到水渍、污斑、变色、生锈、霉点等情况的话，就属于品相有问题的范畴。在出手时，这种银币的价格就会低于正常价格。同样，在选购时，如果遇到这种品相出现问题的银币，也千万不能贪小便宜买入，应尽可能回避和远离这种品相有问题的银币。

10.5 纸黄金理财的方法

纸黄金不仅为投资者省去了存储成本，也为投资者的变现提供了便利，所以备受投资者喜爱。现在纸黄金是当前各家银行黄金买卖业务比拼的主战场，下面以中国工商银行的"金行家"为例讲解一下。

"金行家"个人账户黄金买卖业务是指个人客户以美元或人民币作为投资货币，在中国工商银行规定的交易时间内，使用中国工商银行提供的个人账户黄金买卖交易系统及其报价，通过柜台、网上银行、电话银行等方式进行个人账户黄金买卖交易的业务。"金行家"个人账户黄金买卖业务共有 2 种，一种是黄金（克）/ 人民币交易，以人民币标价，交易单位为"克"；另一种是黄金（盎司）/ 美元交易，以美元标价，交易单位为"盎司"。

10.5.1 报价方式

根据国际市场黄金中间价、通过加减点差或折算，生成如下报价。

（1）黄金（克）/ 人民币买卖报价：将国际黄金市场 XAU（盎司/美元）的中间价按照"克/盎司"及"美元/人民币"的换算比例进行折算并加减相应点差。其中，克/盎司的换算：1 克 =0.0321507 盎司；1 盎司 = 31.103481 克。

（2）黄金（盎司）/ 美元买卖报价：直接引用国际黄金市场 XAU（盎司/美元）的中间价，加减相应点差。黄金（盎司）/ 美元的报价实行钞、汇统一价。

10.5.2 特点

"金行家"个人账户黄金的特点共有以下 7 点。

（1）无须进行实物交割，没有储藏 / 运输 / 鉴别等费用。

（2）投资起金和每笔交易起点低，最大限度地利用资金：黄金（克）/ 人民币交易起点 10 克黄金，交易最小计量单位 1 克；黄金（盎司）/ 美元买卖交易起点 0.1 盎司黄金，交易最小计量单位 0.01 盎司。

（3）价格与国际市场黄金价格时时联动，透明度高。

(4) 交易资金结算高速,划转实时到账。

(5) 每周一7:00到周六4:00,全天24小时不间断交易。

(6) 交易渠道多样,网上银行、柜台、电话银行均可交易。

(7) 交易方式多样:即时交易、获利委托、止损委托、双向委托,最长委托时间可达到120小时。

10.5.3 办理方式

(1) 黄金(克)/人民币买卖:投资者在中国工商银行办理以人民币作为投资币种的账户黄金买卖业务前,凭本人有效身份证件到工行指定网点,将基本户为活期多币种户的工行账户(包括牡丹灵通卡、e时代卡或理财金账户)作为资金交易账户,并在该账户下开立"个人黄金账户",其后通过工行柜台/网上银行/电话银行直接进行交易即可。但通过电话银行和网上银行进行交易时,资金交易账户须完成电子银行的注册手续。同一客户在同一地区只能开立一个有效的"个人黄金账户",该账户不能跨地区使用。

(2) 黄金(盎司)/美元买卖:直接将基本户为活期多币种的工行账户(包括活期一本通、牡丹灵通卡、e时代卡或理财金账户)作为资金交易账户,通过工行柜台、网上银行、电话银行直接进行交易即可。

10.5.4 交易方式

交易方式共有以下三种。

(1) 柜台交易:凭本人有效身份证件、工行活期多币种户到工行指定网点办理。

(2) 电话银行交易:拨打95588—>电话语音提示:"个人客户请按1"—>输入卡号或客户编号和密码—>电话语音提示:"黄金业务请按5"—>"美元黄金交易请按1,人民币黄金交易请按2" 按要求选择后即可进入相应程序进行操作。

(3) 网上银行交易:登录工行官方网站—>输入网上银行账号和密码—>单击"网上贵金属",就可以进行黄金(克)/人民币买卖和黄金(盎司)/美元买卖。

使用电话银行和网上银行交易功能,资金交易账户须完成电子银行的注册手续。

10.5.5 利用网上银行炒纸黄金

在浏览器的地址栏中输入"http://www.icbc.com.cn",然后按回车键,就进入中国工商银行的首页。

在中国工商银行的首页中,单击 个人网上银行登录 按钮,进入网上银行登录页面。

正确输入登录名(卡号、手机号、用户名)、登录密码、验证码,然后单击"登录"按钮,就可以成功登录工商银行的网上银行。

单击导航栏中的"财富广场",就会弹出下拉菜单,在下拉菜单中单击"贵金属"命令,就可以看到贵金属产品的品种、涨跌、买入价、卖出价、中间价、操作等信息,如图10.6所示。

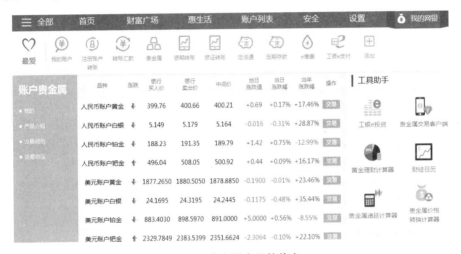

图10.6 贵金属产品的信息

假如交易"人民币账户黄金",只须单击其对应的"交易"按钮,就进入贵金属交易页面,如图10.7所示。

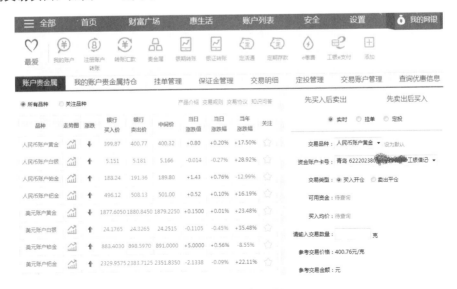

图10.7 贵金属交易页面

贵金属交易方式分两种,分别是先买入后卖出(做多)和先卖出后买入(做空)。

1)先买入后卖出(做多)

先买入后卖出(做多),与股票买入后,再卖出是一样的。这种交易方式有三种交易方法,分别是实时、挂单和定投。

实时:是指按当前价格下单并立即成交的交易。

挂单:是指经过对行情走势的判断,认为价格会上涨或下跌,以将来可能发生的价格进行下单,这种也叫条件单。就是说,行情价格只有达到了设置的价格的时候,所下的单子才会成交。

定投:是指以人民币为货币资金,在约定的协议期间内,每月购买固定数量或金额的黄金,到期可以实物金条方式兑回黄金实物,也可将黄金售出,获得货币资金。

交易类型有两种,分别是买入开仓和卖出平仓。在这里选择"买入开仓",然后再输入交易数量,这时如图 10.8 所示。

设置好后,单击"下一步"按钮,进入信息确定页面,如图 10.9 所示。

图10.8　先买入后卖出　　　　图10.9　信息确定页面

如果信息确认无误,单击"确定"按钮即可。

2)先卖出后买入(做空)

先卖出后买入(做空),是指投资者先卖出贵金属,然后以账户中卖出的贵金属数量购买部分或全部贵金属。这样,当投资者判断贵金属价格会下跌时,他会先卖出再买入以获得投资回报。

先卖出后买入（做空）的交易方法有两种，分别是实时和挂单。交易类型有两种，分别是卖出开仓和买入平仓，如图 10.10 所示。

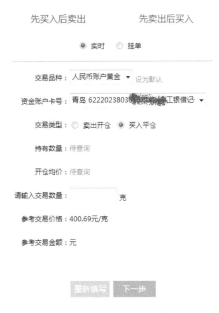

图10.10　先卖出后买入（做空）

10.6　纸白银理财的方法

纸白银，又称账户白银，是一种个人凭证式白银，是继纸黄金后的一个新的贵金属投资品种，投资者按银行报价在账面上买卖"虚拟"白银，个人通过把握国际白银走势低吸高抛，赚取白银价格的波动差价。投资者的买卖交易记录只在个人预先开立的"白银账户"上体现，不发生实物白银的提取和交割。

相比实物银投资，这种投资方式避免了储存白银的风险和减轻储存费用。当然这种投资方式需要交一定的手续费用。目前国内已有多家银行开办纸白银业务，如中国工商银行、中国银行等。

在黄金作为投资品种越来越深入人心的时候，市场上其他贵金属产品也开始跃跃欲试。当前，国内多家银行推出了国内账户白银买卖业务，白银投资渠道豁然开阔起来。不过，虽然白银投资门槛较黄金产品要低出很多，但是价格波动更大，成本更高。

1）关键数字—门槛低：600 元即可

由于白银投资的门槛较低，很多投资者对于这一产品的热情也很高。目前白银投资渠道分为三种：上海黄金交易所的 Ag(T+D)、银行的"纸白银"以及一些黄金公司推出的投资银条产品。银行开通"纸白银"，这就意味着投资者可以像炒"纸黄金"一样进行账户白银的交易，这一交易不需要涉及实物白银的交割。

与纸黄金一样，账户白银买卖业务分为账户白银（盎司）兑美元、账户白银（克）兑人民币两个交易品种。"纸白银"与"纸黄金"的开通程序完全一样。开通后，可在实时行情区查看行情，在交易区进行买卖。

与黄金相比较，账户白银具有投资门槛低的特点。目前工行所推出的人民币和美元账户白银交易中，交易起点分别为 100 克和 5 盎司。以 2020 年 11 月 13 日的白银交易价格为例，白银的人民币报价目前为 5.183 元/克，因此投资者最低只需要人民币 600 元就可以开通账户白银交易。

2）关键数字二成本高：投资金额的 1%

对于投资者来说，交易手续费率是个不容忽视的问题。在银行的账户白银买卖业务中，采用点差的方式收取手续费。如果与黄金产品相比较的话，我们可以看到这一手续费率还是很高的，单边点差接近 1%，而黄金则只有 0.3%，也就是说只有白银价格的变动达到了 2%，投资者售出账户白银才有获利的可能。

"纸白银"与"纸黄金"的交易时间一样，为全天候交易，工行的设置是周一上午 7 点至周六上午 4 点，已经开通的交易渠道包括柜台交易和网上银行交易（电话银行暂不支持）。

3）关键数字三波动大：每日 4%～5%

别看白银的价格低，但是真正操作起来可能比黄金更过瘾，因为它的波动幅度通常是黄金的两倍。黄金的价格变化比较单一，方向也较为固定。但白银不一样，虽然大方向与黄金一致，但金价调整时，白银会跌得更深。近几年来，黄金的年波幅约 20%，白银高达 40% 以上。日波幅也一样，黄金最多两个点，白银则可达到 4%～5%。而风险与收益往往成正比。

正因为此，也就不难解释现在越来越多的投资者加入了炒银队伍。黄金和白银是市场公认的财富避风港，但和黄金相比，很多人认为白银可能还更坚挺，白银比黄金更具备长期的上涨潜力

10.7 贵金属延期理财的方法

所谓贵金属延期业务，就是指由上海黄金交易所统一制定的、规定在将来某一特定的时间和地点交割一定数量标的物的标准化合约。这个标的物，又叫基础资产，是 T+D 合约所对应的现货。其特点是：以分期付款方式进行买卖，交易者可以选择当日交割，也可以无限期的延期交割。贵金属延期交易包括黄金延期交易与白银延期交易。

10.7.1 贵金属延期交易的特点

贵金属延期交易以上海黄金交易所金融类会员的有效代理资格，为个人投资者提供参与上海黄金交易所贵金属延期交易的渠道，并代理个人投资者进行资金清算，持仓风险监控及保证金管理的业务。

交易品种：黄金延期 Au（T+D）、黄金单月延期 Au（T+N1）、黄金双月延期 Au（T+N2）、白银延期 Ag（T+D）

交易渠道：上海黄金交易所金融类会员

交易报价：黄金人民币/克，精确到小数点后两位；白银人民币/千克，精确到人民币元

交易单位：1000 克/手（交易起点为 1 手）

交易保证金率：合约价值的 15%

交易手续费：黄金延期的手续费率为万分之十四；白银延期的手续费率为万分之十四；黄金单月延期及黄金双月延期的手续费率均为万分之十三

每日涨跌停幅度：上一交易日结算价的 ±7%

延期费收付日：Au（T+D）、Ag（T+D）按自然日逐日收付 Au（T+N1）合约的延期费支付日为单数月份的最后交易日 (交割日前平仓不涉及延期费收付) Au（T+N2）合约的延期费支付日为双数月份的最后交易日 (交割日前平仓不涉及延期费收付)

延期费率：Au（T+D）为合约市值的万分之二/日 Au（T+N1）、Au（T+N2）为合约市值的百分之一/两月

交易时间：上海黄金交易所开市时间（北京时间）早市：9：00～11：30（周一早市时间 08：50～11：30）午市：13：30～15：30 夜市：20：50～02：30（周五无夜市）。

10.7.2 贵金属延期交易的内容

贵金属延期交易内容包括：合约名称、交易单位、报价单位、最小变动价位、每日价格最大波动限制、交易时间、交割日期、交割品级、交割地点、最低交易保证金、交易手续费、交割方式、交易代码等。

贵金属延期市场是买卖贵金属 T+D 合约的市场。这种买卖是由转移价格波动风险的生产经营者和承受价格风险而获利的风险投资者参加的，在交易所内依法公平竞争而进行的，并且有保证金制度为保障。保证金制度的一个显著特征是用较少的钱做较大的买卖，保证金一般为合约值的 10%，与股票投资相比较，投资者在贵金

属 T+D 市场上投资资金比其他投资要小得多，俗称"以小搏大"。贵金属延期交易的目的不是获得实物，而是回避价格风险或套利，一般不实现商品所有权的转移。贵金属 T+D 市场的基本功能在于给生产经营者提供套期保值、回避价格风险的手段，以及通过公平、公开竞争形成公正的价格。

10.7.3 贵金属延期交易的优势

贵金属延期交易的优势有 7 项，如图 10.11 所示。

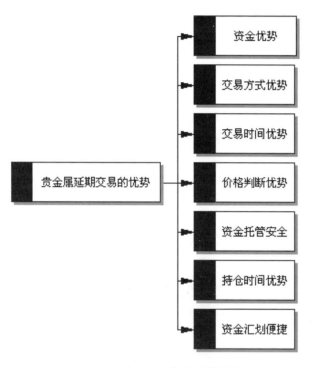

图10.11　贵金属延期交易的优势

1）资金优势

只需要金银价格的 15% 资金即可入市操作，两千元就可以参与白银交易。

2）交易方式优势

可以买涨也可以买跌，双向获利（可以做多，也可以做空）。当日可随时买随时卖（T+0 交易）。

3）交易时间优势

白天晚上均可交易，每天交易时间长达 10 小时，即早市：9：00—11：30（周一早市时间 08：50—11：30），午市：13：30—15：30，夜市：20：50—02：30（周五无夜市）。

4）价格判断优势

交易系统上的黄金白银价格即为现货价格，是生活中比较容易了解和掌握的，在趋势上判断更有把握，增加获利机会。

5）资金托管安全

由于资金实现第三方托管，即由银行监管保障交易，所以资金绝对安全（跟股票一样）。

6）持仓时间优势

持仓时间长短均可，有效抵御通货膨胀。

7）资金汇划便捷

由于资金实现第三方托管，所以资金可以随时进出，相当方便。

10.7.4 贵金属延期交易的开户

为了更好地保障投资者的合法权益，贵金属延期交易实行开户实名制，下面具体讲解一下个人开户流程和法人开户流程。

1. 个人开户流程

带上自己的身份证和银行卡，到获得上海黄金交易所会员的投资公司即可开立贵金属延期交易账户。需要填写的资料是：《代理个人客户黄金交易业务协议》（一式二份）和《银金直通车业务协议书》（一式二份）。

正确填写《代理个人客户黄金交易业务协议》《银金直通车业务协议书》后，工作人员根据客户资料为客户进行交易编码、交易账户等申请和分配工作，随后工作人员将交易密码、资金密码告知投资者，并提示投资者必须登录交易系统进行密码修改。最后还要去银行进行绑定，即持有本人身份证、银行卡到开户时指定的结算银行办理绑定转账业务。这样投资者就可以把资金存入银行，然后利用网上交易系统软件把资金转入贵金属延期交易账户上，这样就可以进行贵金属延期交易了。

2. 法人开户流程

法人开户需要提交的材料如下。

（1）企业营业执照正本。

（2）法人机构代码证复印件。

（3）税务登记证复印件。

（4）法人身份证原件、复印件。

(5）被授权人身份证原件复印件。
(6）法定代表人的开户授权委托书。
(7）银行结算账户账号。
(8）基础保证金转账凭证原件、复印件。
注意上述材料的复印件，都需要加盖公司公章。
材料提交后，工作人员根据客户资料为客户进行交易编码、交易账户等申请和分配工作，随后工作人员将交易密码、资金密码告知投资者，并提示投资者必须登录交易系统进行密码修改。
最后客户再去银行进行绑定，绑定成功后，就可以把资金存入银行，然后利用网上交易系统软件把资金转入贵金属延期交易账户上，这样就可以进行贵金属延期交易了。

10.7.5 行情和交易软件的下载、安装

在浏览器的地址栏中输入"https://www.szgold.com.cn/"，然后按回车，就进入深圳黄金投资有限公司的首页，如图 10.12 所示。

图10.12　深圳黄金投资有限公司

在深圳黄金投资有限公司首页中，单击"PC端下载"按钮，弹出"新建下载任务"对话框，保存位置为桌面，如图 10.13 所示。

单击新建下载任务对话框中的"下载"按钮，开始下载，下载成功后，在桌面

上看到行情和交易软件的安装图标，如图 10.14 所示。

图10.13　新建下载任务对话框　　图10.14　行情和交易软件的安装图标

双击桌面上的安装图标，弹出"金赢在线 V2 安装"对话框，如图 10.15 所示。

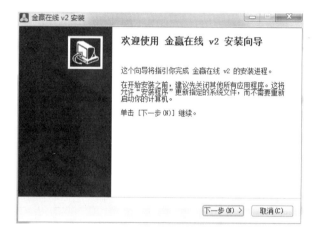

图10.15　金赢在线V2安装对话框

然后单击"下一步"按钮，就可以选择该软件的安装位置，在这里安装在"E:\szgold\ 金赢在线"，如图 10.16 所示。

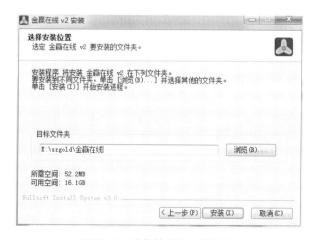

图10.16　选择软件的安装位置

接着单击"安装"按钮，开始安装软件，并显示安装进度提示对话框，如图 10.17 所示。

安装成功后，就可以在桌面上看到软件的快捷图标，如图 10.18 所示。

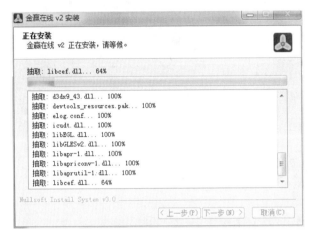

图10.17　安装进度提示对话框　　　图10.18　软件的快捷图标

10.7.6　行情和交易软件的登录和操作

双击，弹出"登录"对话框，如图 10.19 所示。

图10.19　登录对话框

正确输入黄金编码、密码和验证码后，单击"登录"按钮，就可以进入行情和交易软件，如图 10.20 所示。

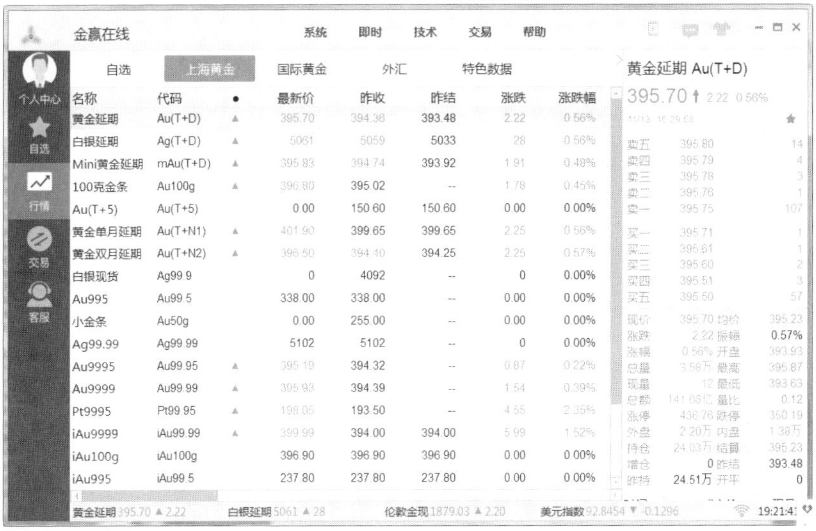

图10.20 行情和交易软件

在这里可以看到上海黄金交易所的交易品种的行情报价信息。还可以查看国际黄金、外汇、特色数据信息。这里单击"国际黄金",就可以看到国际黄金的行情报价信息,如图10.21所示。

图10.21 国际黄金的行情报价信息

双击"伦敦金现"条目,就可以看到国际黄金的分时走势图,如图10.22所示。

图10.22 国际黄金的分时走势图

在分时走势图状态下,再按回车键"Enter",就可以看到国际黄金的日K线走势图,如图 10.23 所示。

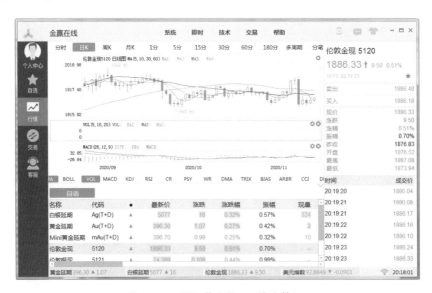

图10.23 国际黄金的日K线走势图

单击左侧导航栏中的"交易"按钮,进入交易界面,如图 10.24 所示。

第 10 章
如何利用贵金属进行理财

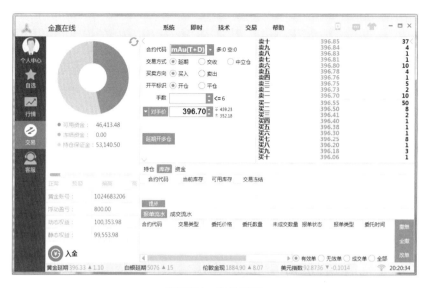

图10.24 交易界面

下面来解释一下交易信息。

合约代码：是指贵金属延期交易的合约代码。

交易方式：有三种，分别是延期、交收和中立仓。延期就是贵金属延期交易；交收就是交易后需要实物交割的交易；中立仓是指通过资金（或实物）满足交收申报差额部分的交收需求来获取延期费收益的一类市场参与者。当交收申报结果为收货量大于交货量时，中立仓以交实物的形式入市，收回货款并按当日结算价获得多头持仓；当交收申报的结果为交货量大于收货量时，中立仓以出资金的形式入市，收进黄金并按当日结算价获得空头持仓。

买卖方向：买入和卖出。

开仓标识：开仓和平仓。需要注意买卖方向和开仓标识有以下 4 种组合。

（1）买入和开仓组合，是指延期开多仓，买入做多，即低价买入，建立多单。

（2）卖出和开仓组合，是指延期开空仓，卖出做空，即逢高做空，建立空单。

（3）买入和平仓组合，是指延期平多仓，如果你手中已有多单，那么就可以利用该命令，平掉多单。

（4）卖出和平仓组合，是指延期平空仓，如果你手中已有空单，那么就可以利用该命令，平掉空单。

手数：即开仓买入或平仓的合约手数。

价格：价格有 4 种，分别是对手价、排队价、最新价和指定价，如图 10.25 所示。

图10.25　价格

（1）对手价：买入以卖价发委托，卖出以买价发委托。

（2）排队价：买入以买价发委托，卖出以卖价发委托。

（3）最新价：买入和卖出都以最新价发委托。

（4）指定价：又称挂单价，可以手动输入想要的价位，比如投资者想在 392 做多单，那你就以 392 报入等行情下来吃你的多单，反之做空也一样。需要注意的是，做多一定低于当前最新价报入，做空一定高于当前最新价格报入，如果弄反了，就会立即成交，但不一定是以你报入的价格成交，因为期货是撮合制交易，是以价格优先，时间优先，数量优先撮合成交的。

设置好各项参数后，单击相应的按钮，就会发现指令。假如当前设置为买入开仓，这时按钮就会 延期开多仓，单击该按钮，就会弹出相应提示对话框，如图 10.26 所示。

图10.26　提示对话框

单击提示对话框中的"确定"按钮，就可以交易成功。单击"取消"按钮，就可以取消当前交易。

第 11 章

如何利用外汇进行理财

外汇市场是我们离不开的市场,也是最大的金融市场。不论是否了解外汇市场,每个人已身为其中的一分子,换句话说,口袋中的钱已使你成为货币的投资者。

本章首先讲解外汇、外汇交易和外汇市场,接着讲解汇率的标价方法、原则和汇率的类型,然后讲解如何把握盈利机会及如何养成良好的交易心态,接着讲解利用网上银行炒外汇,最后讲解如何计算外汇理财的盈亏。

11.1 外汇概述

想利用外汇理财，就必须知道什么是外汇。外汇已成为不同国家从事国际经济活动不可缺少媒介。要准确把握外汇的确切内涵以及进行各种外汇交易，就必须从外汇概念开始学起。

11.1.1 什么是外汇和外汇交易

全球有许多不同的国家，流通着不同的货币。例如，在中国是人民币，在美国是美元，在英国是英镑，在欧洲各国则是欧元，等等。

这些不同货币之间的交换行为就是"外汇交易"，也称"外汇兑换"。使用的"外国货币"就是"外汇"。严谨地说，外汇就是"国际间交易的支付工具"。外汇交易如图11.1所示。

图11.1　外汇交易

在中国，兑换外汇的主要场所是银行。例如，李先生打算购买英国的苏格兰裙，到春节晚会表演节目。他就必须去中国某家银行，支付人民币换取等额的英镑。这里的英镑，就是"外汇"。

从形态上讲，对外汇（Foreign Exchange）有两个方面的理解，分别是动态的外汇和静态的外汇。

1）动态的外汇

由于不同的国家都有自己独立的货币制度和货币，一国货币不能在另一国流通，从而国与国之间的债权和债务在清偿时，需要进行外汇的兑换。动态的外汇，又称国际汇兑，就是一个国家的货币兑换成另一个国家的货币，以清偿国际债务的一种专门性的活动。例如，中国某进出口公司从美国进口一批器材，双方约定用美元支付，而中国该公司只有人民币，为了解决支付问题，该公司用人民币向中国银行购买相应金额的美元汇票，然后寄给美国出口商；美国出口商收到汇票后，就可以到纽约银行兑取美元，这就是国际汇兑，也是外汇最初的概念。

2）静态的外汇

随着全球经济的快速发展，国际经济活动越来越频繁，国际汇兑业务也越来越广泛，慢慢地国际汇兑由一个过程概念演变为国际支付手段，即一个静态概念，就是以外币表示的、为各国普遍接受的、可用于清偿国际债务的金融资产和支付手段。

总之，外汇就是外国货币或以外国货币表示的能用来清偿国际收支差额的资产，其外汇的具体范围如下。

◎ 外国货币，包括纸币和铸币；
◎ 外币有价证券，包括政府债券、公司债券、股票等；
◎ 外币支付凭证，包括票据、银行存款凭证、邮政储蓄凭证等；
◎ 特别提款权、欧洲货币单位；
◎ 其他外汇资产。

目前，我国人民币还不是自由兑换货币。所以在我国，外汇投资主要是指不同外汇品种之间的兑换。

11.1.2 外汇的特点

外汇，特别是作为国际支付手段的外汇应具有三个特点，分别国际性、自由兑换性和可偿性。

（1）外汇必须是以外币计价或表示的各种金融资产。也就是说，用本国货币计价或表示的金融资产不能视为外汇。以美元为例，美元是国际支付中常用的货币，但对美国人来说，凡是用美元对外进行的收付活动都不算是动用了外汇，而对美国以外的人来说，美元才算是外汇。

（2）外汇必须具有充分的可兑换性。一般来说，只有能自由兑换成其他国家的货币，同时能不受限制地存入该国商业银行的普通账户才算是外汇。例如，美元可以自由兑换成日元、英镑、欧元等其他货币，所以美元对其他国家的人来说是一种外汇；而人民币现在还不能自由兑换成其他种类的货币，所以人民币对其他国家的人来说尽管是一种外币，但却不能称为外汇。

（3）外汇必须在国际上能够被普遍接受。空头支票、拒付的汇票等不能视为外汇；在多边结算制度下，在国际上得不到偿还的债权显然不能做本国对第三国债务的清偿，即不是外汇。

11.1.3 什么是外汇市场

外汇市场从广义上讲泛指外汇交易场所，包括个人外汇买卖场所，外币期货交易所等；从狭义上讲是指以外汇专业银行、外汇经纪商、中央银行等为交易主体，通过电话、电传、交易机等现代化通信手段实现交易的交易市场。外汇市场既是一个有形的市场也是一个无形的市场，有形是指外汇交易市场有自己的地理位置，比如东京外汇市场、纽约外汇市场等；而无形则是表明市场并没有一个具体的范围，个人、机构、银行之间发生货币转化也可以无形中形成外汇市场。

国际上主要的外汇市场有：悉尼、东京、新加坡、香港、法兰克福、苏黎世、伦敦、纽约，由于以上各个城市地跨多个时区，工作时间基本上为当地时间的早9点到下午4点，因此基本上可以将一天24小时覆盖。

按北京时间计算的各个主要外汇市场开休市时间表具体如下。

悉尼开市时间：早7：00

东京开市时间：早8：00

欧洲开市时间：下午14：30

伦敦开市时间：下午15：30

纽约开市时间：晚21：00

伦敦休市时间：晚24：30

纽约休市时间：早4：00

了解各个外汇市场的开市时间的现实意义在于：及时掌握市场信息，通过阅读经济数据对汇率预测有很大帮助，理解汇率的真实性。

一般汇率会在市场开市的时间内较为活跃，许多重要的经济数据也会在这些时候公布。像日本央行干预日元一般都发生在北京时间的白天，也就是在东京市场开市的时候，德国、英国公布央行利率决定一般会在我们北京时间的下午5点到7点，而美国公布一些重要的数据在晚上8点半、9点半这样的时间，美联储的重要决议一般在北京时间的凌晨公布。

通常，我们所说的收盘价格是指纽约市场的收市价格。

11.2 外汇交易的价格——汇率

汇率是用一国货币表示另一国货币的价格。换句话说，汇率就是两种不同货币之间的交换比率或比价，所以又称为"汇价"或"兑换率"。例如，1美元 = 6.6065元人民币，即用人民币表示美元价格，也可以说成美元兑人民币的比率为6.6065。

> 📌 提醒：汇率是一国货币对外国货币的兑换率，取决于两国相互间的国际收支状况，或两国货币的购买力，在实际经验上，外汇汇率决定于两国间的长期经济因素，也是投资人预期的表现。

11.2.1 汇率的标价方法

汇率的标价方法，即汇率的表示方法。因为汇率是两国货币之间的交换比率，在具体表示时就牵涉以哪种货币作为标准的问题，由于所选择的标准不同，就会产生三种不同的汇率标价方法，分别是直接标价法、间接标价法和美元标价法。

1）直接标价法

直接标价法是以一定单位（1、10、100等）的外国货币为标准来计算折合为多少单位的本国货币，即用"本币"表示"外币"的价格。在直接标价法下，外汇汇率上升是指一定单位的外汇折合的本币数量增加，外币币值上升或本币币值下降；外汇汇率下降是指一定单位的外汇折合的本币数量减少，外币币值下降或本币币值上升。

例如，我国人民币市场汇率如下：

月初： 1 美元 = 6.6065 元人民币
月末： 1 美元 = 6.3475 元人民币

以上变化说明，美元贬值，人民币升值。

用直接标价法表示汇率，有利于本国投资者直接明了地了解外汇行情变化，所以已成为国际上绝大数国家采用的标价方法。

2）间接标价法

间接标价法是以一定单位的本国货币为标准，来计算折合多少单位的外国货币，即用"外币"表示"本币"的价格。在间接标价法下，如果一定数额的本币能兑换的外币数额减少，表明外币币值上升，本币币值下降，即外汇汇率上升；反之，如果一定数额的本币能兑换的外币数额增加，表明外币币值下降，本币币值上升，即外汇汇率下跌。

例如，伦敦外汇市场汇率如下：

月初： 1 英镑 = 1.3709 美元
月末： 1 英镑 = 1.3729 美元

以上变化说明，英镑升值，美元贬值。

目前，采用间接标价法的少数货币是：美元、英镑、欧元等。英镑长期以来采用间接标价法，但对欧元采用直接标价法。

3）美元标价法

随着国际金融市场间外汇交易量的猛增，为了便于国际交易，在银行之间报价，通常采用美元标价法。美元标价法是指以美元为标准表示各国货币汇率的方法，目前已普遍用于世界各大国际金融中心。这种现象某种程度上反映出在当前国际经济中，美元仍然是最重要的国际货币。

例如：瑞士苏黎士外汇市场汇率报价如下。

1 美元 = 104.61 日元

1 美元 = 7.7531 港元

1 欧元 = 1.1835 美元

1 英镑 = 1.3185 美元

这些报价对瑞士来说，既非直接标价法，也非间接标价法，其中前两项是美元标价法，后两项是以其他货币为标准表示的美元价格，称为非美元标价法。

三种汇率标价法的区别与特点如表 11.1 所示。

表 11.1 三种汇率标价法的区别与特点

标价法	定义	公式	特点	表示
直接标价法	应付标价法	本币数额 / 外币数额	外币不变本币数额增加，本币贬值	1 外币 =× 本币
间接标价法	应收标价法	外币数额 / 本币数额	本币不变外币数额增加，本币升值	1 本币 =× 外币
美元标价法		本币数额 / 美元数额	美元不变本币数额增加，本币贬值	1 美元 =× 本币

11.2.2 汇率的标价原则

汇率的标价的写法是：基准货币 / 标价货币。

例如 GBP / USD = 1.586/70

其中 GBP 是基准货币；USD 是标价货币。GBP/USD 是英镑兑换美元的标价（报价），即投资者买入 1 英镑支付 1.5860 美元，卖出 1 英镑收 1.5870 美元。

上面的汇率还可以写成： GBP 1 = USD 1.586 / 70。

基准货币就是各种标价下，数量固定不变的货币。标价货币就是各种标价下，数量变化的货币。在直接标价法下，基准货币为外币，标价货币为本币；在间接标价法下，基准货币为本币，标价货币为外币；在美元标价法下，基准货币为美元，其他货币是标价货币。

在我国个人外汇实盘买卖的报价中，还有两种报价方法，即直盘报价法和交叉盘报价法。直盘报价法是指基准货币或标价货币有一个是美元；交叉盘报价法是指基准货币或标价货币都是非美元货币。

下面来看一下交叉盘报价的计算方法。

第一种：两个货币对均为直接报价法或者均为间接报价法可以使用汇率交叉相除的方式进行计算：（即一个直接盘的买入价除以另一个直接盘的卖出价，一个直接盘的卖出价除以另一个直接盘的买入价。）

例如：美元 / 瑞郎 =1.4000/1.4010，美元 / 日元 =123.50/60，多少日元 =1 瑞郎？

买入价：$123.5 \div 1.4010 = 88.15$，88.15 日元 = 1 瑞郎

卖出价：$123.6 \div 1.4 = 88.29$，88.29 日元 = 1 瑞郎

所以瑞郎 / 日元（CHF/JPY）= 88.15/88.29

第二种：如果两个货币对一个为直接报价法，另一个为间接报价法则使用直接相乘的方式计算：（即一个直接盘的买入价乘以另外一个直接盘的买入价，一个直接盘的卖出价乘以另外一个直接盘的卖出价。）

例如：美元 / 日元 = 123.50/60，欧元 / 美元 = 1.0510/20，1 欧元 = 多少日元？

买入价：$123.5 \times 1.0510 = 129.68$，129.68 日元 =1 欧元

卖出价：$123.6 \times 1.0520 = 130.03$，130.03 日元 =1 欧元

所以欧元 / 日元（EUR/JPY）=129.68/130.03

投资者在辨别买入价和卖出价时，要注意以下三点。

◎ 交易双方分别是银行和客户时，站在银行角度；

◎ 交易双方均为银行或没有银行时，站在报价方角度；

◎ 报价汇率中的货币没有本国货币时，站在基准货币角度。

11.2.3 汇率的类型

外汇汇率的种类很多，特别是在实际业务中，分类就更加复杂，下面从三个角度对汇率的类型作出分析。

（1）按汇率制定的角度划分，汇率可分两种，分别是基本汇率和套算汇率。基本汇率是本国货币对某一关键货币的比率。套算汇率是指通过基本汇率套算得到的两种货币间的汇率。

（2）从银行买卖外汇的角度划分，汇率可分四种，分别是买入汇率、卖出汇率、中间汇率和现钞汇率。

◎ 买入汇率：是外汇银行从客户手中买进外汇时所采用的汇率。

◎ 卖出汇率：是外汇银行卖给客户外汇时采用的汇率。外汇银行作为从事货币、信用业务的中间商人，盈利主要体现在买入与卖出的差价上；换句话说，外

汇卖出价高于买入价的部分是银行买卖外汇的毛收益，包括外汇买卖的手续费、保险费、利息和利润等。

◎ 中间汇率：是买入价和卖出价的算术平均数，即中间价＝（买入价＋卖出价）÷2，应注意报刊、电台和电视中的通常是中间价，常被用作汇率分析的指标。

◎ 现钞汇率：是银行买卖外币现钞的价格。由于外币现钞在本国不能流通，需要把它们运至国外才能使用，在运输现钞过程中需要花费一定的保险费、运费，所以银行购买外币现钞的价格要略低于购买外汇票据的价格，而卖出外币现钞的价格一般与现汇卖出价相同。

（3）按外汇买卖交割期限不同，汇率可分两种，分别是即期汇率和远期汇率。即期汇率是指买卖双方成交后，于当时或两个工作日之内进行外汇交割时所采用的汇率。远期汇率是指买卖双方成交后，在约定的日期办理交割时采用的汇率。

11.3 正确把握盈利机会

为了正确把握盈利机会，投资者要注意6点，分别是抓住良机并果断决策、善待新闻信息、适时建仓、斩仓和获利、金字塔式建仓、巧用平均价技巧和平仓技巧。

11.3.1 抓住良机并果断决策

有很多投资者，在进行外汇投资之前，已经制订好了投资计划和投资策略，但由于其进入市场之后，举棋不定，不能果断实施自己的投资方案，往往会错失很多投资机会。

例如，投资者事前已经发觉自己手中所持有的某种外币价格偏高，应该抛出该货币，并做出了出售该货币的决策。但由于市场中其他投资者的看法不同而导致其改变原有的出售该货币的决策，结果错失了在高位卖出该货币的良机。反之，投资者事前已看到某种外币价格偏低，是买入的最佳时机，并做出了趁低吸纳的投资决策。但由于看到其他投资者都在出售该货币，使其临阵退缩，放弃了买进该货币的决策，从而错过一次获利的良机。这种举棋不定的心理导致投资者在关键时刻不能果断决策，往往会错失许多投资良机。

外汇市场变化速度快，汇价波动幅度大，投资者入市时，一定要快，看准就果断下手，尤其是在趋势明朗的情况下，要坚决追加，不能优柔寡断，只有这样再能获得更多的盈利机会。

11.3.2 善待新闻信息

汇价的变动受到很多因素的影响，其中新闻或消息是汇价短期波动的一个重要因素。随着通信技术的快速发展，世界上任何一个角落发生的新闻或传出的消息都会迅速进入外汇市场，从而影响汇价的短期走势。

有些新闻消息事后证实是真实的，有的新闻消息可能只是散播的谣言，但投资者事前一般无法了解这些消息或新闻的真假，在这种情况下，外汇投资者在根据新闻信息作投资判断时，可遵循的简单法则是：于传言时买入或卖出，于事实后卖出或买入。也就是说，在听到好消息时立即买入，消息一旦得到证实，便立即卖出；反之，在坏消息传出时，立即卖出，一旦消息得到证实就立即买回。这样投资者既可从好消息中获得良好的投资利润，也可避免坏消息导致的投资亏损。

11.3.3 适时建仓、斩仓和获利

外汇市场一开盘，就买进一种货币，同时卖出另一种货币，这就是"建立头寸"。开盘之后，买进一种货币，称为"多头"，卖出另一种货币，称为"空头"。

在建立头寸时，汇价水平和建仓时机的选择非常重要。投资者可以根据各种分析技术和技术指标选择建仓时机，只有选择适当的汇价水平，并且及时建仓，这样才是获利的前提。如果入市时机较好，获利的机会就大；相反，如果入市时机不当，很容易发生亏损。

"平仓"是建立头寸后，所持币种汇价下跌时，为防止亏损过高而采取的平盘止损措施。例如，投资者以 1.4603 的汇价卖出欧元，买进美元。后来欧元汇价上涨到 1.4653，眼看着名义上亏损已达到 50 个点。为了防止欧元继续上升造成更大的损失，投资者便在 1.4653 的汇价水平买回欧元，卖出美元，以亏损 50 个点结束。如果投资者固执地等待美元汇价上升，但实际上美元汇价还是一味下跌，这样投资者就会受到更大的亏损，所以，投资者在适当的时候要果断斩仓。

"获利"时机的准确把握也很重要。在建立头寸后，当汇价已向对自己有利的方向发展，平盘就可以获利。例如，投资者以 1.4603 的汇价买入美元，卖出欧元，当欧元汇价下跌至 1.4553 美元时，就已获有 50 个点的利润，于是便把美元卖出，买加欧元使美元头寸轧平，赚取欧元利润，也可以按照原来卖出欧元的金额原数轧平，赚取美元利润，这都是平盘获利行为。当然平盘时机的把握是很重要的，可以根据各种分析技术和技术指标来操作。如果平盘太早，获利不多；平盘太晚，可能延误了时机，汇价走势发生逆转，不盈反亏。

11.3.4 金字塔式建仓

金字塔式建仓的意思是：在第一笔买入某一货币之后，该货币价格上升，随后加仓增加投资，但是加仓应当遵循"每次加仓的数量应比上一次少"的原则。这样，逐次加仓，数量越来越少，犹如"金字塔"的模式，层次越高，面积越少。

有很多投资者在进行外汇投资时，一旦发现投资正确，即购买的货币升值，就加位购买该货币。这样一旦行情逆转，该货币出现快速贬值，难免会损失惨重，因为其高价仓位较重。而金字塔式的投资优点在于：一旦行情逆转，汇价下跌，由于在高位建立的头寸较少，损失就会相对少些。

在投资获得一定的利润后，如果对未来的行情仍看好，投资者可以进一步加仓，这是一种资金运用策略。加仓的方法有三种，第一种是倒金字塔式，即每次加仓的数量都比前次投资的多；第二种是均匀式，即每次加仓的数量都一样；第三种是金字塔式，即每次加仓的数量都比前一次投资少，下面通过具体实例来说明一下三种方法的优劣。例如，在欧元/美元为1.5773时买入美元，之后美元价格一路上扬，随后在1.5730美元加仓，到1.5638美元时再加仓，假设投资者手中共有70万欧元，如果以上述三种方式分配，就会产生如下三个不同的平均价：

倒金字塔式：在1.5773美元时投资10万欧元，1.5730美元时加仓20万欧元，1.5638美元时加仓40万欧元，平均价为（1.5773×1＋1.5730×2＋1.5638×4）÷7＝1.5684美元。

均匀式：在1.5773美元、1.5730美元和1.5638美元三个价位都投资同等数量的欧元，平均价为（1.5773＋1.5730＋1.5638）÷3＝1.5714美元。

金字塔式：在1.5773美元时投资40万欧元，1.5730美元时加仓20万欧元，1.5638美元时加仓10万欧元，平均价为（1.5773×4＋1.5730×2＋1.5638×1）÷7＝1.5741美元。

如果美元价格继续上涨，投资70万欧元，均匀式加仓比倒金字塔式每欧元多赚0.003美元；金字塔式加仓比倒金字塔式每欧元多赚0.0057美元。反过来，如果美元价格出现反复，上涨到1.5607美元之后，又跌回1.5950美元，三种方式都由赚钱变成亏钱，但倒金字塔式由于平均价高，亏得最多；均匀式加仓亏得少于倒金字塔式；而金字塔式加仓由于平均价低，所以亏得最少。

做空头时也是同样道理。在高价做空，跌势未止时加仓，也应每次比前一次数量要减少。这样，空仓起点时的数量保持最大，最后一次加仓数量最少，维持金字塔式结构，这样平均价就比较高，在价格变动中可以确保安全。

11.3.5 巧用平均价技巧

拥有充裕资金的投资者，可以在小幅震荡的行情中，利用平均价技巧获利。以美元买卖为例，当欧元／美元的汇价为1.4608时，投资者根据基本信息和各项分析技术判断美元将会升值，于时卖出欧元，买入美元；如果由于短期因素的影响，美元出现暂时的下跌，美元跌至1.4648。若根据原来的信息和分析技术判断美元会升值，于是再买入美元，这样综合的买入价为前两次买入价的平均值1.4628，比第一次汇价低，一旦美元涨回第一次价位，便可反败为胜。以此策略，如果行情继续向下跌，只要看好美元不久仍会升值，就可以继续买进，这样平均价会越拉越低，只要市价回到平均价以上即可获利。

> 提醒：平均价方法在汇价小幅震荡的行情之中较为有效，若在一轮下跌行情中，投资者千万不能使用这种方法，否则会被深深地套牢，从而蒙受巨大损失。

在一轮下跌行情初期，无论投资者信号有多大，只要手上的外汇头寸出现亏损，就应按照事前设置的止损点清仓认赔出场。

11.3.6 平仓技巧

把握正确的买点只是成功了一半，加上正确的平仓才是完全的成功。很多外汇投资者根据各种信息和技术分析，常常能抓住最佳买点，但就是无法获取较高的利润，其中一个重要原因就是平仓时机把握不准。平仓过早，就不能获取较高的利润；迟迟不能下定决心平仓，以至于最后行情又回到起点，没有盈利，甚至被套。可见，准确把握平仓时机是非常重要的，有两种最常用的正确平仓方式，分别是高抛法和次顶平仓法。

1）高抛法

高抛法就是指投资者在买入货币时，已给这一货币定好了一个盈利目标价位，一旦汇价达到这一目标，投资者就平仓。一般来说，运用这一投资策略的投资者大多是运用货币基本面和技术面结合分析，比如黄金分割线、平均线、形态等确定出一个合理的目标价位，然后等货币达到这一目标价位立即平仓。

2）次顶平仓法

次顶平仓法是指投资者一直持仓，直到汇价显示第二次有见顶迹象时才抛出。一般来说，采用这一平仓策略的投资者通常采用的是技术分析法（汇价形态、汇价趋势）来判断见顶迹象。如果投资者通过双顶、头肩顶、长期趋势线等技术分析确定中长期头部，就要果断平仓。

如果运用得当，无论是高抛法，还是次顶平仓法，都可以帮助投资者抓住平仓良机，获得相当好的投资效果。

11.4 养成良好的交易心态

作为普通投资者应该明白，无论做任何事情，心态往往决定人的判断和选择，甚至可以说心态决定结果。如果心态失衡，在汇市中常常表现为沮丧、失落、出昏招、甚至由于陷入疯狂而走向极端。

在投资市场中，由于绝大多数投资者投入的都是名副其实的血汗钱，看着数字的蹦跳，心情自然跟着反复变化，由大喜到大悲往往是瞬间的事。殊不知，很多时候正是因为心态变化影响了人们正常的思维判断，影响了生活的秩序，也影响了身心健康。可是，身处汇市中的人，绝大多数都很难克服这种困扰，难以做到保持平稳的心态，这也是为什么只有少数人能在汇市中获利的原因。

11.4.1 外汇投资不是赌博

以赌博心态进入外汇市场，是投资之大忌。具有赌博心理的外汇投资者，总是希望一夜暴富，他们恨不得捉住一种或几种货币，就能让自己在短时间内一本万利。这些投资者一旦在外汇市场中获利，就会被胜利冲昏头脑，像赌棍一样频频加仓，贪得无厌，恨不得把自己的身家性命都押到汇市中去。这些投资者如果在汇市中失利，他们常常不惜背水一战，把资金全部投在某种货币上，这时多半会落得个倾家荡产的下场。所以投资外汇市场，不可全凭灵感、运气，必须正视行情涨跌背后的支配原因，必须认真分析汇价涨跌背后的基本面和技术面因素。

市场总是有其一定规律可循的，不是杂乱无章的，所以不能全凭猜想、运气去投资外汇，若不改赌博心态，最后必然输光所有本钱。

11.4.2 不要盲目追求整数点

在进行外汇交易时，投资者有时会因为片面追求整数点而误事。例如，很多外汇投资者在建立头寸后，给自己定下一个盈利目标，如要赚够400美元或30点等，然后就时刻等待着这一盈利目标的实现，不达到这一目标就决不平仓。有时汇价已经接近目标，机会很好，只是还差几个点未到位，本来可以平盘收钱，但是碍于原来的整数目标，仍在等待汇价继续攀升，希望完全实现自己的盈利目标，于是就会一直拖延下去不平盘。当然，如果后面的汇价正如所预料一样继续上涨，则等待而不平盘是一种有利的选择。但人算往往不如天算，之后，若汇价一落千丈，投资者可能会由原先的盈利变为亏损。显然，投资者就在等待中错过了最好的平盘价位。这样投资者为了多赚一点小利，而失去获取较大利润的机会，不仅丢了西瓜，连芝麻也没有捡着，真是得不偿失。

所以，投资者不应该过于强求几个点的差距，不要因为几个点的蝇头小利而眼睁睁看着良好的获利机会溜走，以致造成亏损。

11.4.3 汇市没有常胜将军

在充满风险的外汇市场中，既没有常胜的将军，也没有常败的士兵，关键是要随着外汇市场行情的变化，采取灵活应对的策略。

当外汇行情下跌时，不要过分地被损失所纠缠，而应当机立断，忍痛割爱。一些投资者总抱着"不敢输"的心理，当某种货币价格上升，赚了差价，就兴高采烈；一旦货币价格下跌，总是不愿面对现实，盼望它能很快升起来，而丝毫不去分析货币的大趋势，相当然地认为它肯定还会很快上涨。其实，这样做只会自欺欺人，最后吃亏的还是自己。

亏损是交易中的正常现象，它仅仅是交易获利所必须付出的代价，是寻找获利机会的正常成本，任何获利都必须付出代价！亏损是投资中的正常现象，亏损不代表你错了，而仅代表你的获利成本增加了。然而，绝大多数的投资者都把亏损当成错误的交易来对待，认为亏损了就是自己错了，从而不断要求自己准确地分析预测市场，以此减少止损数量，而实际上市场根本无法预测，把亏损当成错误来看的投资者，永远无法走出对行情不确定的恐惧，从而使自己战战兢兢，进场和出场都很犹豫，止损更加不果断，哪怕资金管理再好也会怕做错而不敢有效地执行交易计划，从而失去了对交易的信心，导致投资者持续糟糕的交易心态，从而不能理性地投资和决策，导致失支许多良好的投资和交易机会。

11.4.4 赔钱加仓要不得

这一原则主要适用于周期性转势行情中。投资者在买入或卖出一种外汇后，汇价突然向相反方向转变，导致投资出现亏损。此时，有些投资者便在低价位加仓买进，试图用平均价战术来拉低前次投资的汇价，这样，在汇价反弹时，两笔交易一起平仓，不至于亏损。但是，平均价战巧只适用于小幅震荡的行情，在行情处于周期性转势时，这种加仓做法是非常危险，要特别小心。如果汇价已经上升了一段时间，投资者买的可能是一个"顶"，如果投资者越跌越买，连续加仓，而汇价总是不回头，那么等待投资者的无疑是恶性亏损。国际上，曾经有不少机构投资者在做外汇投资时，运用赔钱加仓策略，从而导致濒临破产和清盘。

11.4.5 贪婪和恐惧是拦路虎

外汇市场是一个高风险、高收益的市场,从事外汇投资,特别是保证金交易,最关键的是要克服自己贪婪和恐惧心理,贪婪和恐惧是投资市场中的"拦路虎"。从某种意义上讲,只有控制好自己的贪婪的欲望,才能在汇市中保持清醒的头脑,从而冷静思考,只有冷静思考,才能在关键时刻急流勇退,也只有急流勇退,才会有汇市中的波段获利。

在外汇市场中,有些投资者在投资中获利盈利之后,信心倍增,在贪婪的驱使下,把目标位定得更高或更低,盲目乐观,由于他们不能控制,也不想控制自己的贪欲,有利都要,寸步不让。每当某种外汇价格上涨,也可以获利盈利时,总是不肯果断地抛出自己手中所持有的外汇,总是在鼓励自己,一定要坚持到胜利的最后一刻,即等到最高价时再抛售,不要放过更多的盈利机会,这样就会带来较高的获利机会。每当某种外汇价格下跌,又迟迟不肯买进,总是盼望货币价格跌了再跌,希望能见到该外汇的最低价。

投资者想获取投资收益是理所当然的,但不可太贪心,有时候,投资者失败的原因就是过分贪心。由于无止境的欲望,使本来已经到手的获利变成了亏损。投资者不要只想到高收益,还要时时刻刻想着高风险。

再谈恐惧,恐惧也是外汇投资的大敌,盈利时会引起投资者的贪婪之心,亏损又往往会引起投资者的恐惧心理。有些投资者因受到某些环境因素和消息的影响,对外汇市场或某种外汇的前途失去信心,感到恐慌,于是就拼命抛售手中的外汇。当然,在非常时期(如战争、经济危机),这种恐慌心理的产生似乎是在情理之中的,但外汇市场的许多经验表明,恐慌往往是虚惊一场,有时仅是一种谣传,而且,有些大的机构有意放出虚假的不利消息,故意掀起抛售风潮,目的是压低外汇价格然后趁机买进或套现以转移资金。这时,一般投资者由于产生不必要的恐慌,大量抛出手中持有的外汇,就会受到损失。

所以,当出现不利消息时,投资者一定不要立刻产生恐慌心理,要保持镇定,仔细分析消息的可靠性。如果证明信息是真实的,还要分析这种信息所产生的影响是长久性的还是暂时的,若是暂时的,就没有必要抛出手中的外汇。

贪婪和恐惧是人的正常的情绪反应,其本身并没有错,错的是人们在最不恰当的时候出现了这两种心理现象。如果能够做到在市场贪婪的时候恐惧,在市场恐惧的时候贪婪,这样的话,贪婪和恐惧反倒是一件好事。但在外汇市场,投资者经常是赚钱了还想赚得更多,赔钱了害怕赔得更多。与贪婪和恐惧对抗,也许要贯穿整个外汇投资生涯。

11.4.6 盲目跟风就会损失惨重

在外汇市场上，投资者的跟风心理会对汇价波动产生较大影响。在跟风心理的驱使下，投资者看见其他人纷纷买进某外汇时，也深恐落后，在没有多做分析的情况下，盲目买入自己并不了解的外汇。而一旦看到别人抛售某种外汇时，也不分析别人抛售的理由，就糊里糊涂地把自己手中有很好上涨潜力的外汇给抛售掉。

有时市场上会出现不利谣传，跟风心理会引起市场上群体跟风抛售，致使汇市掀起波澜，市场供求失衡，一旦供大于求，汇价将一落千丈。这往往为那些用意不良的机构和投资者牟取投机利润提供了绝对机会。而一般投资者则往往会因在这种非理性的市场中被吞没而后悔莫及。因此，投资者要尽量培养自己独立判断、独立决策的能力，不能盲目跟着别人的意志走。

要想避免在市场上出现盲目跟风心理，投资者必须能很好地掌握相反理论，并运用到实战中去。相反理论的主要观点就是在实际操作中要关注多数投资者对市场的判断，并在极端的情况下采取同绝大多数投资者相反的意见。当所有人都看好时，即当市场中人人热情高涨的时候，大众媒体及市场分析人员铺天盖地报道、发表一些利多消息，此时看空者成为人们眼中的"怪胎"，但这往往是市场暴跌的先兆。而当市场陷入低谷，投资者纷纷看淡时，熊市可能已经见底。在各种质疑的声音笼罩下，市场低迷之后是更加低迷，很少人会明白此时是"黎明前的黑暗"，反转随时会到来。

11.4.7 切勿亏生侥幸心

在外汇市场上，当一些投资者出现亏损时，经常采取漂单或锁单操作，抱着侥幸心理来等待市场的反转，以扭转亏损局面并获得盈利，但往往又是事与愿违。

一些投资者在做多（做空）一单货币对后，处于亏损状态，这时，他们往往不及时止损或平仓，而是任由其漂着，抱着侥幸心理等待市场反转，非要等到收益变正数才平仓，这就是所谓的漂单。漂单有时被称为第一大账户杀手，是比重仓还厉害的杀手。

大多数外汇投资者都知道对亏损单迅速平仓的重要性，但在实际操作中却很难做到这一点，经常对亏损单进行漂单操作，最终导致巨额亏损。漂单可以说是所有错误中最致命的，可是，投资者还是一而再、再而三地重复这一错误，原因何在呢？原因在于普通投资者常常凭感觉下单，而高手则常常按计划下单。盲目下单导致亏损，垂头丧气，紧张万分之余，明知大势已去，还是存侥幸心理，优柔寡断，不断地放宽止损价位，或根本没有止损的概念和计划，总期待市价在下一个阻力点彻底反转过来，结果市场没有反转，自己便大伤元气。

有些投资者在做多（做空）一单货币对后，处于亏损状态，同时又做空（做多）一单种货币对，且双向两个部位同时存在，不相互冲销，这就是所谓的锁单。这样就可以将亏损锁在一定数额内。

但是，在实际操作中，投资者在锁单一段时间后，重新考虑做单时，往往本能地将有利润的单子平仓，留下亏损的单子，而不是考虑市场大势，总是心存侥幸地期盼市场会出现反转。但在大多数情况下，价格却继续朝投资者亏损的方向走下去，于是投资者再锁上，再打开，最终，锁单的价位使投资者的亏损扩大了几百点。偶尔抓准了一二百点的反弹，也常因亏损单亏得太多而不肯平仓，结果损失越来越多，直到最后损失惨重。

11.5 利用网上银行炒外汇

在浏览器的地址栏中输入"http://www.icbc.com.cn"，然后按回车，就进入中国工商银行的首页。

在中国工商银行的首页中，单击 个人网上银行登录 按钮，进入网上银行登录页面。

正确输入登录名（卡号、手机号、用户名）、登录密码、验证码，然后单击"登录"按钮，就可以成功登录工商银行的网上银行。

单击导航栏中的"财富广场"，就会弹出下拉菜单，在下拉菜单中单击"外汇"命令，就可以看到外汇产品的币种对、涨跌、银行买入价、银行卖出价、中间价、操作等信息，如图11.2所示。

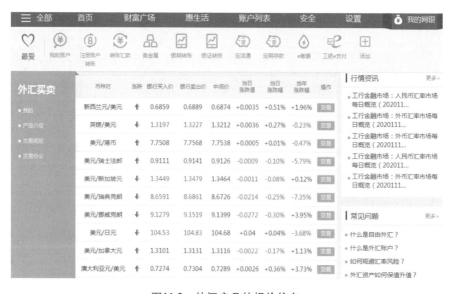

图11.2 外汇产品的报价信息

如果想交易哪种币种对，就可以单击其对应的"交易"按钮。在这里单击"英镑/美元"后面的交易按钮，就进入外汇交易页面，如图11.3所示。

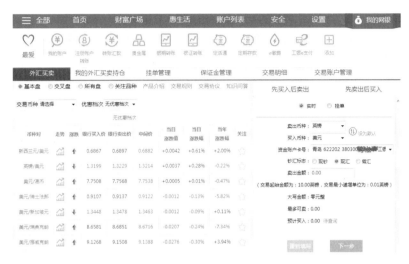

图11.3　外汇交易页面

外汇交易方式分两种，分别是先买入后卖出（做多）和先卖出后买入（做空）。

11.5.1　先买入后卖出（做多）

先买入后卖出（做多），与股票买入后，再卖出是一样的。这种交易方式有两种交易方法，分别是实时和挂单。

（1）实时：是指按当前价格下单并立即成交的交易。

（2）挂单：是指经过对行情走势的判断，认为价格会上涨或下跌，以将来可能发生的价格进行下单，这种也叫条件单。就是说，行情价格只有达到了设置的价格的时候，所下的单子才会成交。

卖出币种：单击下拉按钮，可以选择要卖出的外汇币种。

买入币种：单击下拉按钮，可以选择要买入的外汇币种。

资金账户卡号：单击下拉按钮，可以选择用于外汇交易的资金账户卡号。

钞汇标志：有三种，分别为现钞、现汇和假汇。

（1）现钞：是指具体的、实在的外国纸币、硬币。当客户要把现钞转移出境时，可以通过携带方式或汇出。

（2）现汇：是指以外币表示的各种支付凭证，能够在国际市场上流通、转让，并能自由兑换成其他国家货币的外汇。

（3）假汇：当您账户里面有钱，想做"B股"。做股票需要把钱转到做市商（证交所),做 B 股也是一样,只是那是国外的交易所,你需要汇款到国外去吗?不用,用假汇就可以了;用了假汇就等于在国内通过银行作了银证转账或银期转账。不用汇款,这就叫"假汇"。

卖出金额:在文本框中输入要卖出的外汇金额。

正确设置各项信息,然后单击"下一步"按钮,就进入外汇信息确认页面,如图 11.4 所示。

图11.4 外汇信息确认页面

如果信息确认无误,单击"确定"按钮即可。

11.5.2 先卖出后买入(做空)

先卖出后买入(做空),是指投资者先卖出外汇币种,然后以账户中卖出的外汇币种数量购买部分或全部外汇币种。这样,当投资者判断外汇币种价格会下跌时,他会先卖出再买入以获得投资回报。

先卖出后买入(做空)的交易方法也有两种,分别是实时和挂单。

交易币种:单击下拉按钮,可以选择要卖出的外汇币种。

钞汇标志:有两种,分别是现钞和现汇。

交易类型有两种,分别是卖出开仓和买入平仓,如图 11.5 所示。

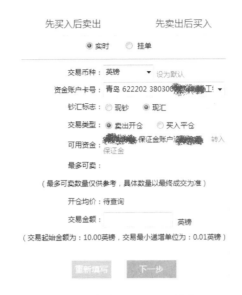

图11.5 先卖出后买入（做空）

11.6 如何计算外汇理财的盈亏

外汇买卖的方法，既可以在低价先买，待价格升高后再卖出，也可以在高价位先卖，等价格跌落后再买入。外汇的价格总是在波浪中攀升或下跌，这种既可先买又可先卖的方法，不仅能在上升的行情中获利，也可以在下跌的形势下赚钱。投资者若能灵活运用这一方法，无论升市还是跌市都可以左右逢源。

那么，投资者如何来计算外汇买卖的盈亏呢？主要有三个因素要考虑，分别是汇率的变化、利息的支出与收益、手续费的支出。

1）汇率的变化

投资者从汇率的波动中赚钱，可以说是外汇投资获取利润的主要途径。盈利或亏损的多少是按点数来计算的，所谓点数实际上就是汇率，比如说1美元兑换130.25日元，130.25日元可以说成13025点，当日元跌到131.25时，即下跌100点，日元在这个价位上，每一点代表了6.8美元。日元、欧元、英镑、瑞士法郎等每种货币的每一点所代表的价值都不同，而日元、瑞士法郎在不同价位每一点所代表的价值也不一样，只有像欧元、英镑是以欧元和英镑作为本位货币，它对美元的汇率才在任何价位上每一点均代表 10 美元。

在外汇买卖中，赚的点数越多，盈利也就越多，赔的点数越少，亏损也就越少。当然，赚和赔的点数与盈利和亏损的多少是成正比的。

2）利息的支出与收益

如果是短线的投资，例如当天买卖结束，或者在一两天内结束，就不必考虑利息的支出与收益，因为一两天的利息支出与收益很少，对盈利或者亏损影响很小。但是，对中、长线投资者来说，利息问题却是一个不可忽视的重要环节。例如，投资者在 1.7000 价位时卖英镑，一个月以后，英镑的价格还在这一位置，如果按卖英镑要支付 8% 的利息计算，每月的利息支付高达 750 美元，这也是一笔不小的支出。

从目前一般居民投资的情况来看，有很多投资者对利息的收入看得比较重，而忽视了外币的走势，从而都喜欢买高息外币，结果因小失大。例如，当英镑下跌时，投资者买了英镑，即使一个合约每月收息 450 美元，但一个月英镑下跌了 500 点，在点数上赔掉 5000 美元，利息的收入弥补不了英镑下跌带来的损失。

所以，投资者要把外汇汇率的走势放在第一位，而把利息的收入或支出放在第二位。

3）手续费的支出

投资者买卖外汇要通过金融公司进行，因此，投资者要把这一部分的支出计算到成本中去。金融公司收取的手续费是按投资者买卖合约的数量，而不是按盈利或亏损的多少，因此这是一个固定的量。

第 12 章

如何利用信托进行理财

近年来信托比较火,并且信托业资产规模超越保险,坐上金融业第二把交椅。

目前,对于中国投资者来说,信托是一种投资渠道。如果只有少量存款,还要以此支付各种生活开销,那么只能放在家里或者存到银行。但如果坐拥大笔可流动资金,就不仅需要保管了。银行利率太低,股票投资也存在诸多问题,人们希望用富余资金去投资,以获取相对较高的回报。这时候,人们可能想找个专业的投资机构去帮他寻找好的投资项目,这样的话,人们就可以考虑信托投资了。

本章首先讲解信托的定义、类型和基本特征,然后讲解信托的门槛为什么是 100 万、购买信托产品的流程、查看和选择信托合同的技巧、如何签订信托合同,接着讲解买信托不可不知的五个重点、信托投资的六大误区,最后讲解购买信托产品的风险。

12.1 信托概述

要投资信托，就要知道什么是信托、信托的类型及基本特征，下面来具体讲解一下。

12.1.1 什么是信托

信托就是信用委托，信托业务是一种以信用为基础的法律行为，一般涉及三方面当事人，即投入信用的委托人，受信于人的受托人，以及受益于人的受益人。

信托业务是由委托人依照契约或遗嘱的规定，为自己或第三者（即受益人）的利益，将财产上的权利转给受托人（自然人或法人），受托人按规定条件和范围，占有、管理、使用信托财产，并处理其收益。

12.1.2 信托的类型

按不同划分标准，信托分为不同种类。

以委托人的多少分为单一信托与集合信托；以信托成立的方式为标准划分，信托可以分为任意信托、法定信托；以信托财产的性质为标准划分，信托可以分为金钱信托、动产信托、不动产信托以及金钱债权信托；以受益人为标准划分，信托又可以分为公益信托和私益信托，等等。

无论信托种类怎么划分，每一种划分都只是从一个侧面反映了信托业务的性质，每种划分方法又都有相互交叉的地方。例如，一项信托业务，按照不同的标准划分，它可以分别是个人信托、任意信托、不动产信托和私益信托。

12.1.3 信托的基本特征

信托主要有 4 个基本特征，分别是信托财产权利与利益分离、信托财产的独立性、信托的有限责任和信托管理的连续性，如图 12.1 所示。

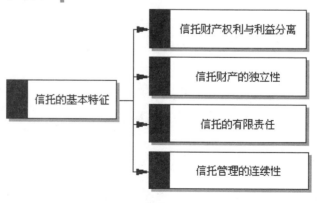

图12.1 信托的基本特征

1）信托财产权利与利益分离

信托是以财产为中心设计的一种财产转移与管理制度。设立信托时，委托人须将其拥有的财产所有权转移给受托人，使委托人财产所有权转化为信托财产所有权。信托财产所有权的性质十分特殊，表现为信托财产所有权在受托人和受益人之间进行分离。信托财产权利与利益的这种分离，使受益人无须承担管理之责就能享受信托财产的利益，这正是信托成为一种优良的财产管理制度的奥秘所在，是信托制度的重要特征。

2）信托财产的独立性

信托财产的独立性，是指一旦信托成立，信托财产就从委托人、受托人和受益人的固有财产中分离出来，成为一种独立的财产整体。这种独立性使信托超然于各方当事人的固有财产以外，其出发点是维护信托财产的安全，确保信托目的得以圆满实现。

3）信托的有限责任

在信托关系中，由于受托人按委托人的意愿以自己的名义，为受益人的利益或特定目的，对信托财产进行管理或处分，受托人自身并不享有任何信托利益，因此受托人因处理信托事务所发生的财产责任(包括对受益人和第三人)，原则上仅以信托财产为限负有限清偿责任。

4）信托管理的连续性

信托的管理具有连续性特点，不会因为意外事件的出现而终止。信托管理的连续性安排，使信托成为一种具有长期性和稳定性的财产转移与财产管理的制度。

12.2 信托的门槛为什么是100万元

常常有人问，你们公司产品收益是多少，一副跃跃欲试的样子，但听说要100万元起步的时候，就会反问：银行理财产品门槛大多5万元，信托凭什么要100万元？

其实，早些时候，信托的门槛并没有这么高，在2001年的时候，根据相关规定，信托公司作为受托人，接受委托人的资金信托合同不得超过200份，每份合同金额不得低于人民币5万元，这是集合资金信托计划最初的门槛设定，也跟现在银行理财产品相当。只是2007年，实施了新的《信托公司集合资金信托计划管理办法》后，合格投资人变成投资一个信托计划的最低金额不少于100万元人民币，或者其他能够提供相关财产及收入证明的自然人。

在一个城市里，拥有一百万资产的人很多(如果有一套地段较好的房产就很容易达到)，但是能以100万元现金做投资的人群，则是每个金融机构心中的优质客户，所以信托寻找的投资者，是小占比的"优中选优"，无疑加大了开拓市场的难度，所以这绝对不是哪家信托公司在做"资产歧视"，而是来自监管使然。

那么问题来了，为什么监管部门会有这样一个要求呢？

这还要从信托的"身世"说起，信托公司大都脱胎于银行，没有银行的网点资源，但业务模式跟银行的信贷业务高度相似，甚至在客户来源上一度依赖银行，为了避免发生正面冲突，减少同质化竞争，让信托公司只做高净值客户的业务，所以，监管层规定一个信托计划100万～300万元的自然人名额只有50个，300万元以上不受限制。

有没有可能突破这个限制呢？当然有，但估计时间会很长。

目前，国内集合信托产品还处于"一个萝卜一个坑"的阶段，往往是信托公司寻找到一个项目，该项目需要融资，就由信托公司来设计产品，通过增信措施确定还款来源，说穿了，这是一个融资为主导的产品。等有一天，不是由融资方，而是由投资者主动发起，根据他们的想法量身定做的信托产品，当这种情况成为市场主流时，监管部门才会调低门槛。

所以，在当前，设置100万元门槛，不是为了限制投资者，恰恰是为了保护投资者，为了提高信托行业整体客户群的风险承受能力。

一般来说，成熟的投资者风险识别能力更强，风险承受能力也更强，但是"成熟"是一个定性的衡量标准，是不是有过基金、股票投资经历就算成熟？很难界定，但是资金量是一个可以定量的标准。这样说吧，有100万元现金进行投资的人，其拥有的不动产资产、其他金融资产价值可能是100万元的好几倍，万一产品遭遇不可测风险，其生活也能得到保障，但是如果某些资产状况不符合要求的投资者凑钱购买、形成了所谓的拖拉机客户，信托产品不出风险则太平，万一有个风吹草动就成了生命不能承受之重。

12.3　购买信托产品的流程

购买信托产品的流程，具体如下。

第一，投资者向信托公司提出购买信托产品意向；

第二，双方依法签订信托合同；

第三，投资者向信托公司在托管银行开立的专项账户划款；

第四，信托公司执行信托投资计划；

第五，信托计划到期，信托公司向投资者返还本金和收益，信托关系终止。

12.4　信托合同要这样看

不少投资者遇到问题时才恍然大悟，"原来合同是这样的呀！"到底如何透过信托合同和推介说明书,来了解一款产品呢?作者建议,有三个方面值得注意:预期收益、投资期限和安全性,如图12.2所示。

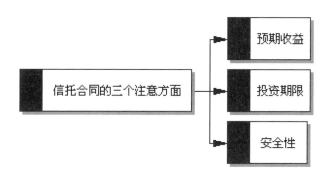

图12.2　信托合同的三个注意方面

12.4.1 信托产品的预期收益

与银行理财产品的预期收益一样,信托产品的预期收益是投资者考量信托产品的一个重要因素。固定收益类信托合同揭示的预期收益率,往往是扣除了相关费用之后,包括信托报酬、保管费、监管费、渠道费等。但也有信托公司收取1%的认购费。

另外,投资者还需要重点了解产品的收益分配方式,目前的固定收益类信托一般是一年分配一次收益,本金到期一次性偿还,也有部分信托产品是按季分配收益。

12.4.2 信托产品的投资期限

一般在信托存续期间,信托是不能够赎回的,具体条款都可以在信托合同中找到。有些信托合同规定,实际操作会根据项目运作状况,或者期满之后延期几月结束的情况,或者提前兑付的情况而定。投资者选择购买信托产品,一定要合理进行时间匹配,目前产品多分为1年以内(短期)、1到3年(中期)或者3年以上(长期)。

12.4.3 信托产品的安全性

和所有的投资一样,考虑信托产品的安全性本质上是让投资者全面认识信托产品的风险,其中包括政策风险、项目经营风险、不可抗风险等。信托公司拥有一套严密有效的风险防范机制,并对每一个信托计划均设计有效规避风险的方案,使信托投资的风险降到最低。

对于投资者来讲，考察信托产品的安全性关键是要看融资方的实力、资金用途、还款来源、抵押物，以及其他担保措施的具体情况。当然，还要留意投资去向的行业景气程度，比如当前的能源矿产类的信托风险相对较大。

同时，业内资深人士提醒，说明书不等同于信托合同。信托说明书是客户购买信托产品前了解信托产品的主要途径，而信托合同是信托关系建立和存在的法律依据。但在购买信托产品的过程中，认真阅读信托说明书和信托合同都有助于帮助投资者规避销售过程中产生的风险。

12.5 如何签订信托合同

签订信托合同的流程，有以下三个步骤。

1）投资者须准备的材料

第一，有效身份证件（仅限于身份证、军官证）原件及用于分配信托资金和信托收益的银行卡、存折原件。

第二，以上资料的复印件，由投资人本人签名，或由经办人签署"经核对与原件一致"并签名；其中身份证正反面均须复印，银行卡、存折复印件账号及账户名要清晰。

2）签署信托文件

投资人签署《认购风险申明书》《信托合同》各一式三份，客户留存一份，另二份收回存档。

3）信托签约形式

信托签约形式有以下三种方式。

第一，由代销机构人员陪同投资者亲自到当地信托公司办公地或驻外办事机构签约；

第二，由代销机构人员上门签约；

第三，邮寄合同，投资者签署好合同后，回寄。

12.6 选择信托产品的技巧

选择信托产品的技巧主要表现在 7 个方面，如图 12.3 所示。

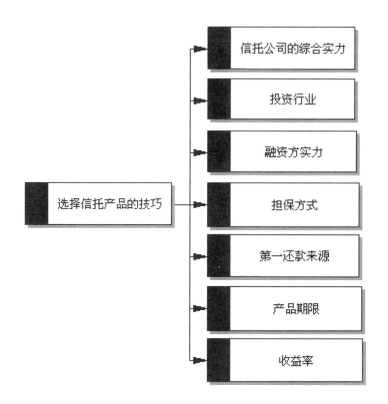

图12.3 选择信托产品的技巧

1）信托公司的综合实力

我国有 60 多家信托公司，要看其投资管理能力、风险控制体系、盈利能力、管理团队、历史业绩等情况。

2）投资行业

信托产品要重点关注其投资行业。其中，国民经济支柱行业或新兴行业更具投资价值。

3）融资方实力

在选择信托产品时，要了解其融资方的财务状况、成长前景及行业、公司背景。

4）担保方式

在选择信托产品时，要看担保人背景、担保人净资产及构成、担保人与融资方关系、担保人承担的责任等；抵（质）押率越低说明项目风险越小、项目越安全。同时也要看抵（质）押物的变现性。

5）第一还款来源

在选择信托产品时，要了解其预期收入的可靠性，即项目成功的可行性。

6）产品期限

信托产品一般在购买后到融资方支付本息之间投资者的资金是不可赎回的，所以投资者要看好产品期限，以便安排未来的现金流。另外，部分产品存在着提前结束或是延期的情况，也请投资者在签订合同之前注意有无这类附加条款。

7）收益率

在选择信托产品，其他条件相同时，预期收益率当然是越高越好。

12.7　买信托不可不知的五个重点

大数人都知道信托产品的收益率高，反正信托产品都是有担保的，信托公司也都是有牌照的，看看合同没啥问题，大笔一挥，资金一交，就等着收利息了。可情况并非这么简单。要想顺顺利利地收获本息，以下5个方面，投资者最好能够知晓，如图12.4所示。

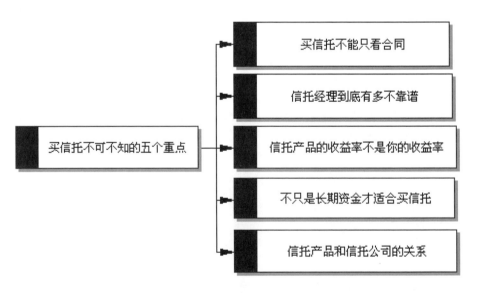

图12.4　买信托不可不知的五个重点

12.7.1　买信托不能只看合同

信托合同是信托公司对项目进行调查和包装后的法律文本，本身几乎是无懈可击，要从信托合同里面看出猫腻，实在是不太可能。诸如业内排名前三的大型信托公司中诚信，其最近出事的产品诚至金开1号，于2011年2月成立，由国内最大的银行——工商银行发售，各种手续、担保一应俱全。但一年多后融资方老板被抓，工商银行已表示对此不负责任，谁来最后买单尚未确定，投资者一度恐慌。所有这些内容，是透过信托合同无论如何也看不出来的。

当然，虽然合同只是表面文章，但你也要会看信托合同。

看信托合同的时候不要眼睛只盯着质押率不放，你还要注意融资方的背景，和项目的资产负债表。

在资产负债表中你需要注意资产负债率，它会告诉你很多东西。资产负债率高的，还款能力差，但有的公司，资产负债率很低，这并不是说就万事大吉了，还要注意资产里面是现金还是存货，存货多了说明房子卖不动。最后还要看资产减值准备，抵押地块，是如何进行评估的，评估价如何等。

了解以上情况后，你还应该尽可能通过查阅资料，了解信托项目的具体情况。

对于房地产信托中抵押地块的评估，你可以通过国土资源部的网站，找到抵押地（说明书中可以看到抵押地的标号），看到此地块拍卖价格是多少，对比周围地块的容积率、价格等。然后了解当地房地产的情况，有无限购、规划情况等，接下来，看地块周围，标志建筑物，建筑物是否密集。另外，还可以看周围有无配套的学校、医院。然后是项目的进度，目前是刚购买了地准备盖房子还是已经盖好了在收尾工作。最后还可以了解房地产公司的销售状况。

知晓了这些内容，并不能保证就可以高枕无忧。当然，如果还要求投资者像信托经理一样，去项目所在地实地考察，那信托产品本身就没有价值了。只是投资者的风险意识必须提高，因为信托出现违约的概率正在加大。

12.7.2 信托经理到底有多不靠谱

就像如果去了某些餐厅的后厨，你可能就吃不下餐厅的饭一样，如果你了解一些信托经理的真实工作状态，你可能就不敢买信托了。话虽有些夸张，但是了解信托经理的工作状态，会有利于你理解信托中的风险。

信托公司这几年业绩猛增，一些公司前台的年薪都有三十万，大量来自银行、保险公司的"外行人"涌入，从业人数从2002年的3000人增加到现在的过万人。但这个行业却并不是想象的那样好做。2002—2006年，许多信托从业人员曾经有过短暂的理想追求，2006年后逐步蜕变为追求短期利益。以收入、利润为导向，董事会考核高管，高管再考核业务部门，业务部门再考核员工，利润压力层层传递。信托公司中最为核心的信托经理，其工作就是考察需要资金的项目，确定担保方实力，设计信托合同，包装信托项目，最后打包出售并持续跟踪。

一些信托业界的人调侃，做信托项目就像背炸药包，做一个背一个，不知什么时候会爆。究其原因，一方面是因为信托行业猛速发展，信托经理需要跟进大量项目，这些项目多处异地，信托经理需要做大量的调研工作，在自身业绩压力下，冒进或者不周全的举动是难以避免的。另一方面，一个项目做或不做，并不是信托经理说了算。就比如中诚信出事的项目，就存在若干明显瑕疵，在绝大多数信托公司，这样的项目都是要被毙掉的，但中诚信却做了出来。业界传言，这和当时的公司某位高管坚持要做有关，目前该高管已被勒令回公司协助调查。

信托经理的工作其实有点像审计师，审计师负责审查上市公司的会计报表，然后告诉投资者这家公司的财务状况是否可靠。但是在利益的驱使下，一些审计师甚至是会计师事务所会出具虚假报告，做伪证明。信托经理会不会也这么干，未来时间会检验出来的。

12.7.3 信托产品的收益率不是你的收益率

信托产品标注的收益率是10%，你的收益就是10%？融资方付出的成本也是10%？答案为都不是。你买入收益率是10%的信托产品，到期后会收到10%的利息，但是这并不代表信托收益不用交税。

按国家规定，购买信托产品产生的投资收益，要交20%的个人所得税，但是现在所采取的投资人的个人报税制度中，信托公司是不会代收代缴投资者的税款的。我国的个税系统还不完善，购买信托不交税的投资者也有不少，但不要忘记，依法律来讲，你的信托受益的80%才是你的合法收益。

同样是这款产品，对于融资方而言，付出的成本可能是20%。其中，信托发行费是2%，给信托公司8%，剩下的才是给投资人的。所以你不用感觉10%的收益率很高，其实融资方付出的更高。

一般情况下，信托公司要拿到8%的提成并不容易，这个要根据信托本身的情况而定，越是高风险的信托产品，信托公司的提成会越高。多数情况下，信托公司会收1.5%或2%信托费用。

12.7.4 不只是长期资金才适合买信托

与目前银行理财产品动辄3个月，6个月的投资期限相比，信托产品的投资期限未免太长了，3年，5年投资期限的信托产品一抓一大把。在投资期内，急用钱只能东挪西借吗？非也，你可以转让你的信托收益权。

只要和你的信托产品接手人，一起到信托公司做整体变更就可以了。事实上，在一些信托公司的官网上会对内部有转让需求的客户进行撮合，但其带来的风险和交易的过程都是在私底下进行的，信托公司会说和接受信托的人达成内部的协议，比如说半年期的时候，把前半年的利息和本金支付给第一位信托投资者，后半年的时候做一个账户变更，第二个投资者享有后面半年的收益。信托到期的时候，就把本金和后半年的收益给第二个持有人。

值得一提的是，如果想要快速转让出去的话，可能需要打个折扣，做几个点的让步会让你更快将手中的信托产品折成现金。

12.7.5 信托产品和信托公司的关系

俗话说"买猪看圈"，动辄几百万的信托产品投资，更要看看是哪家信托公司发行的。信托出了问题时，背后有没有要面子不差钱的老子公司买单。

1）央企系信托

有的信托公司是由央企投资成立的，如中石油控股的昆仑信托、华电集团控股的华鑫国际信托、中化集团的外贸信托等。

央企类信托的产品风格在所有信托公司里是最保守的，它们的管理层收入是由总公司来发的，如中铁信托总经理的收入，是由中铁来发。而外贸信托总经理的工资是由中化来发。几乎固定的收入，让他们没有动力去做风险高的项目，而在年初就制定好的预算，也让他们只有完成和完不成之分，完成的多少则对个人收益影响不大。但是如果出现问题，则会牵涉其中。

2）银行系信托

有银行背景的信托公司目前共有三家，建设银行成立的建信信托，兴业银行的兴业国际信托，交通银行成立的交行信托。毫无疑问，银行系信托的强势在对于信托项目的资金风控上。

3）地方财政系

很大一部分信托公司的背景是地方政府财政局，如很多地方性的信托公司等。其产品特点是集中在其地方政府财政局管辖区内企业融资的需求，而且往往会加入一些政府部门财政隐含的担保。

4）民营系

民营机制的信托公司也不在少数，如金汇信托、粤财信托等，此类信托公司，市场化程度更高，产品的理念，迎合市场的创新程度也更高。

12.8 信托投资的六大误区

告别经济高速增长的时代，信托业的爆发期也逐渐远去。对投资者而言，有必要改变过去对信托产品的投资思路。信托投资的六大误区如图12.5所示。

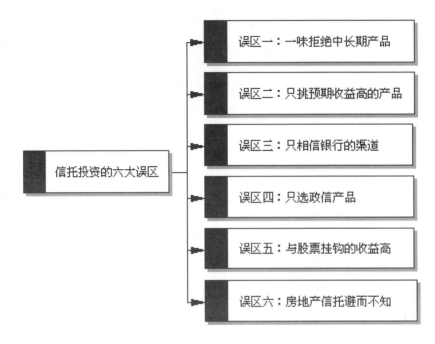

图12.5 信托投资的六大误区

1）误区一：一味拒绝中长期产品

目前，投资者的风险偏好偏向短期，导致中长期的信托产品鲜有人问津。不过，自2014年央行降息以来，流动性释放带来的资产贬值的概率也被放大。降息时代，"短借长用"的老路未必持久，投资者在资产组合中更应尽量配置中长期的产品，提前锁定未来的收益。

2）误区二：只挑预期收益高的产品

信托仍然维持着"刚性兑付"的神话。在很多投资者看来，信托产品与高息存款可以等同，因此选择购买时，预期收益成为第一要素。不过，高收益的背后往往也有匹配的风险。为此，投资者未来购买信托时，要充分对投资标的的风险、来源进行评估。

3）误区三：只相信银行的渠道

由于银行在我国经济中的主体地位，造成很多投资者只相信从银行的渠道购买信托。这其实是一个误区，银行卖产品不意味着就有银行背书，相反，万一产品出现问题，银行还有可能帮不了你，因为银行不承担产品的风险责任。

4）误区四：只选政信产品

前几年，政府通过其融资平台，向信托融资进行地方基建。由于该类产品有隐形的政府信用，导致政信类信托迅速壮大规模，成为客户青睐的投资品种。

对此，投资者该转变政信类项目"刚性兑付"的思维，切莫认为有政府背景的项目无风险，相反，该学会从地区情况是否良好、政府财政是否雄厚、征信措施是否完善等方面重新考量项目来源。

5）误区五：与股票挂钩的收益高

伴随股票二级市场的火爆，挂钩权益类的信托产品成为香饽饽。阳光私募的产品，如果投顾没有缺乏足够经验，震荡阶段投研的回撤能力较弱，很容易带来净值上的损失。

6）误区六：房地产信托避而不知

由于先前的颓势，房地产市场经历了一段时间的调整。不可否认的是，该行业，尤其是一线城市以外的趋势，确实存在资产泡沫，但从周期看，考虑其占经济的比重，去库存阶段的房产不会出现断崖式的滑落。但在今年，供求两端回暖，在"释放流动性—贷款利率下调—房地产投资增长—经济上行"的传导周期中，房地产信托或迎来反弹。

12.9 购买信托产品的风险

购买信托产品的风险主要有市场风险、保管人操作风险、信托公司操作风险、委托人投资于信托计划的风险和其他风险，如图12.6所示。

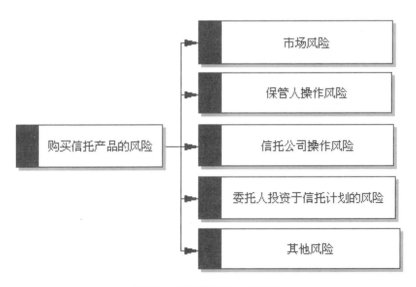

图12.6 购买信托产品的风险

1）市场风险

信托的市场风险又包括5种，分别是政策风险、行业风险、利率风险、购买力风险和公司经营风险。

第一，政策风险：政策、财政政策、产业政策和监管政策等国家政策的变化对市场产生一定的影响，可能导致市场波动，从而影响信托计划收益，甚至造成信托计划财产损失。

第二，行业风险：宏观经济运行状况以及行业发展状况对收益水平产生影响。

第三，利率风险：金融市场利率的波动会导致证券市场价格和收益率的变动，并直接影响着债券的价格和收益率，影响着企业的融资成本和利润。从而导致信托计划收益水平可能会受到利率变化和货币市场供求状况的影响。

第四，购买力风险：信托计划的目的是信托计划的保值增值，如果发生通货膨胀，则投资于信托所获得的收益可能会被通货膨胀抵消，从而影响到信托计划的保值增值。

第五，公司经营风险：如果信托计划所投资的公司经营不善，使得能够用于分配的利润减少，信托计划收益下降，甚至造成信托计划财产损失。

2）保管人操作风险

如果信托计划存续期间保管人不能遵守信托文件约定对信托计划实施管理，则可能对信托计划产生不利影响。

3）信托公司操作风险

信托公司因违背资金信托合同、处理信托事务不当而造成信托财产损失。

4）委托人投资于信托计划的风险

委托人投资于信托计划的风险包括两种，分别是委托人资金流动性风险、信托利益不确定的风险、信托计划财产变现的风险，如图12.7所示。

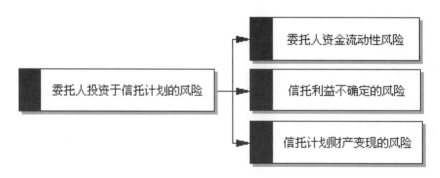

图12.7 委托人投资于信托计划的风险

第一，委托人资金流动性风险：大多数信托计划，委托人需持有信托份额直至计划结束，因此委托人在资金流动性方面会受一定影响。

第二，信托利益不确定的风险：信托利益受多项因素影响，包括证券市场价格波动、投资操作水平、国家政策变化等，信托计划既有盈利的可能，亦存在亏损的可能。根据相关法律法规规定，受托人不对信托计划的受益人承诺信托利益或作出某种保底。

第三，信托计划财产变现的风险：由于本信托计划终止，受托人必须变现信托计划财产所投资之全部品种，由此可能导致信托计划财产遭受损失。

5）其他风险

其他风险包括以下两种。

第一，战争、自然灾害、重大政治事件等不可抗力以及其他不可预知的意外事件可能导致信托计划财产遭受损失。

第二，金融市场危机、行业竞争等超出受托人自身直接控制能力之外的风险，可能导致信托计划的财产遭受损失。

第 13 章

如何利用信用卡进行理财

当今社会,经济发展速度越来越快,人们的消费水平也在日益提高,越来越多的人选择刷卡消费。一卡族的首选必定是信用卡,它不但方便实用,而且还有透支功能,能解燃眉之急。

本章首先讲解什么是信用卡及其功能,接着讲解如何选卡、办卡及申请信用卡的技巧,然后讲解信用卡省钱的技巧、巧借信用卡"生钱"的技巧、如何让自己的信用卡额度飞涨起来,以及多张信用卡还款的技巧、信用卡增值服务,最后讲解信用卡"新型骗术"预防针和信用卡理财案例。

13.1 信用卡概述

当前,几乎人人手中都有一张或几张信用卡,信用卡俨然已经成为时下最为流行的"钱币"。下面来看一下什么是信用卡及其功能。

13.1.1 什么是信用卡

信用卡(英语:Credit Card),又称贷记卡,是一种非现金交易付款的方式,是简单的信贷服务。

信用卡一般是长85.60毫米、宽53.98毫米、厚1毫米的具有消费信用的特制载体塑料卡片。其是银行向个人和单位发行的,凭此向特约单位购物、消费和向银行存取现金,其形式是一张正面印有发卡银行名称、有效期、号码、持卡人姓名等内容,背面有磁条、签名条。信用卡如图13.1所示。

图13.1 信用卡

13.1.2 信用卡的功能

信用卡的主要有7项功能,分别为信贷功能、结算功能、分期付款、提取现金、资信凭证、增值服务、理财功能。

1)信贷功能

信用卡可以先消费,后还款。消费可享受最高50天的免息期,按时还清所有款项,可免除发卡银行为持卡人垫款的利息。

2)结算功能

在联网的境内外商户消费、ATM、银行网点取现、转账结算。

3)分期付款

持卡人使用信用卡进行大额消费时,由银行向商户一次性支付持卡人所购商品

（或服务）的消费资金，然后让持卡人分期向银行还款。

4）提取现金

持卡人在发卡机构的网点柜台或 ATM 可以提取信用卡账户的存款，也可以预借现金。

5）资信凭证

信用卡账户的逾期记录、信用额度等信息将记入全国个人征信系统。持卡人可通过不断积累，增加信用这种无形资产，对持卡人进行其他经济活动，如向银行申请贷款等都是一种有益的支持。

6）增值服务

享受与发卡机构合作特惠商户的一定折扣优惠；白金卡等高端卡片还可享受机场贵宾厅、道路救援等增值服务。

7）理财功能

持卡人可享受银行免费寄送的对账单，掌握消费开支情况；刷卡可积分，生日当月更享双倍积分，此外还有不定期推出的积分促销活动，积分可兑换礼品。

13.2 选择信用卡的技巧

如何选择适合自己的信用卡呢？建议大家根据信用卡的特点、手续费、银行还款网点等条件优选 1～2 张卡即可。

13.2.1 挑银行

目前，信用卡还款方式主要是银行柜台还款、ATM 机自助还款以及自动还款。在选择信用卡时，一定要选择一家方便自己还款的发卡银行。最方便的就是选择与自己工资卡同属一家银行的信用卡，这样就可以办理自动还款，操作起来也很便捷。如果没有合适的信用卡，选择一家网点较多，或者网银功能多样的银行也可以。

13.2.2 选种类

现在信用卡的种类可谓五花八门，去趟超市有专门优惠的信用卡、出去旅行有与旅行公司联名的信用卡、有车一族有专门的车主卡、经常出差的人士还有航空卡，甚至还有专为时尚爱美女性量身打造的女人卡……每张卡在用途设计上都会有所侧重，因此办卡人要根据自身情况选择所需信用卡。

13.2.3 看信用额度

信用额度最好能符合自己的基本需要,这样就不需要办理多张信用卡,尽量用1～2张信用卡满足自己的消费和资金周转需求,也更容易管理。

13.2.4 看日常费用

我们都知道使用信用卡是要付费的,年费、取现费、超限费,等等。就拿年费来说,也是一笔不小的开支,少则几十,多则几百上千,但是各家银行也制定了免年费的政策,比如常见的免首年年费、当年刷卡几次免次年年费等,我们最好选择那种可以较轻松地实现免年费政策的信用卡。

13.2.5 看积分标准

"刷信用卡享受积分""积分可以换购商品",相信不少持卡人就是因为这项优惠才办卡的。消费带来积分,利用积分可以兑换商品和服务,因此积分作为信用卡的附属价值,也必须受到重视。在选卡时,我们应关注积分是持续有效还是有时间限制,尽量选择积分长期有效的卡片。

13.3 办理信用卡的渠道

办理信用卡渠道主要有4种,分别是网点办卡、电话申卡、网上申卡、手机申卡,如图13.2所示。

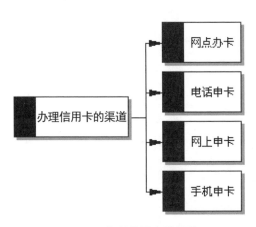

图13.2 办理信用卡的渠道

13.3.1 网点办卡

如今信用卡被冒领、信息泄露遭盗刷的情况屡见不鲜,那么到哪里办理信用卡最安全呢?毫无疑问,去银行网点办理信用卡是最让人安心的。

到银行网点申办信用卡,从前台咨询到资料填写,再到信息录入,整个过程申请人都真真切切看在眼里,只要配合办理即可。但是网点申卡要排队,会比较费时,而且,有些股份制银行的网点较少,会带来较多时间成本。

> 提醒:网点办卡流程真实可见,信息无外部传输环节,安全性最高。这种方式,比较适合银行网点近在身边,且愿耐心等待的人。

13.3.2 电话申卡

申请人可以直接拨打想办理的银行的客服电话,提出申请信用卡,客服人员会记录相关信息,之后,银行就会派业务员直接上门为客户办理信用卡。

虽然就只是打个电话,比较省事,但是业务员上门的速度可能会很慢,估计得等上好久一段时间。而且,可选的卡种较少,没有对比、没有刷选。

> 提醒:现在网上或者告示等办信用卡业务的信息很多都是骗人的,不要被无条件办理信用卡诱骗。

13.3.3 网上申卡

现在,谁要是还不会上网,那绝对就是"Out"了。无论在家里、在公司,还是外出旅行,只要有网络,电脑、手机都能满足你网上申卡的要求。

通过电脑,你可以登录银行的官方网站,然后在线填写申请表,提交申请。也可以选择官方授权的正规的信用卡申请网站提交申请。

> 提醒:大家一定要选择官方授权的正规网站,规避"垂钓者"。

13.3.4 手机申卡

电脑能干的,手机几乎都可以,电脑不能做的,手机也可以,例如,打电话发短信。手机能干的事儿实在是越来越多了,包括申请信用卡。

1）直接利用手机网页申卡

可以直接使用手机登录所选择银行的网上银行信用卡申请页面，选择申请的卡种，阅读领用合约及重要提示，然后选择和填写相关信息，最后提交申请就可以了。这种方法的特点：选择单一，只能选择一家银行，无法与其他银行比较。

2）微信申卡

现在，几乎每个人都会玩微信，通过使用自己的微信扫描所选银行官网上二维码或"添加朋友"或查找该行的信用卡公众号，关注之后，就可以根据微信对话框中的提示，申请信用卡、查询进度、开卡、查询账单，可谓"一条龙"服务。

这种方法的特点是信用卡信息查询方便，但是选择过于单一。

13.4 网上申请信用卡的技巧

网上申办信用卡有哪些技巧呢？下面具体讲解。

第一，工资越高越好，当然也不能太夸张了；把自己的话补、房补、饭补、奖金全加起来即可，要是填写年收入不要忘记年终奖。

第二，职位名称要完整，尽量不要用"员工"两字就概括。

第三，有住房一定要上传相关证明，以证明自己资产的真实性。

第四，如果已经持有其他信用卡一定要说明，一份良好的信用卡使用记录对申卡大有帮助。

第五，一般都会认为，未婚无子女申卡人没有抚养负担，申请信用卡的时候会提高成功率。而实际则恰恰相反，申卡人如果已婚，并且有子女，其评分会相应提高。

第六，有车也要说明，以证明还款能力。

第七，有银行定期存款是非常有利的申请条件，金额最好超过5万元。

第八，如果名下有在该银行购买的理财产品，会非常得银行的欢心。

第九，申请工资卡所属银行的信用卡，通过概率会比较大。

第十，如果有过逾期记录，最好按时还款两年后再申请，因为银行在审批时会调查申请人近两年的还款记录。

第十一，请已经持有该银行信用卡的资深卡友（信用良好的）帮忙推荐会加大成功概率，多数银行对推荐办卡的人还有奖励，一举两得。

13.5 信用卡省钱的技巧

日常生活中，使用信用卡究竟如何能省钱？主要有4点，如图13.3所示。

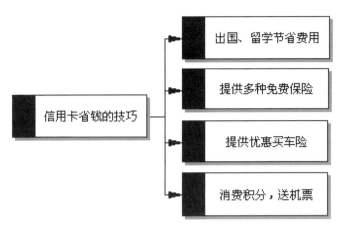

图13.3 信用卡省钱的技巧

13.5.1 出国、留学节省费用

经常使用信用卡的人都知道，无论在国内还是在国外，使用信用卡均不需要支付手续费。假如，你准备出国考察或者出国旅游、度假，等等，在国外消费最好办理一张国际信用卡，这样可以节省不少的在异地提取现金的手续费。

还需要注意的是，在国外使用国际信用卡消费可以免去现金汇兑的损失。一般来说，国际信用卡都是以美元存储货币，如果在日本消费，还需要将美元兑换为日元，二次转化后成本约增加1%的支出，而国际信用卡的直接消费就不存在这个问题了。因为，在不同的国家持卡消费，汇率按贷记卡国际组织当天公布的优惠利率折算成消费者持有的外汇卡币种入账。

如果在国外留学，办一张国际信用卡能节省不少汇费，按目前的汇款业务收费，每笔境外汇款手续最低为15美元，如果办理一张国际信用卡，将节省一笔相当可观的汇款费用。

13.5.2 提供多种免费保险

由于银行之间竞争加剧，银行为招揽顾客，于是很多家银行的信用卡都将保险公司的意外保险或者医疗保险作为促销优惠来赠予办卡者，客户只要办理了相应的信用卡就可以获得金额可观的保险。例如，中信实业银行推出的STAR高尔夫信用卡，申领者可免费获得最高200万元全球旅游交通意外保险、24小时免费意外入院医疗保险等。

招商银行国航知音信用卡，持卡人全额购买本人机票或支付80%及以上的本人旅游团费，无须任何手续或支付任何费用，每次都可以免费获赠高额航空意外险和旅行不便险，额度为普通卡 50 万元、金卡 200 万元。

13.5.3 提供优惠买车险

信用卡不仅仅是一个支付工具，还是一个不错的理财工具。有车的朋友需要充分利用好信用卡服务，因为使用银行的信用卡服务，不仅可以享受 5.5～7 折优惠买车险，还可以免费得到价值 100 万元的交通意外险及加油优惠等（不过目前该信用卡只面向排量 1.6 升以上私家车车主）。例如，中国建设银行推出了中国第一张汽车金融信用卡——龙卡汽车卡。这种汽车卡拥有龙卡的所有金融功能，包括一卡双币、全球通用、先消费后还款等。

13.5.4 消费积分，送机票

众所周知，使用信用卡消费是可以积分换礼的。目前，一些银行开始与航空公司合作，只要持卡人愿意，就可以将该卡的积分换成航空公司的飞行里程。只要累积到相应的里程，就可以享受到航空公司的免费机票。此外，如果持卡者是 VIP，还可以额外享受机场的 VIP 室、免费行李额、优先更换登机牌、机场优先等候等多项 VIP 服务。

13.6 巧借信用卡"生钱"的技巧

日常生活中，在多数人的眼里，信用卡是提前消费的工具，只能在刷卡机上使用。其实，如果使用方法得当，信用卡还能帮助你"生出不少的钱"。

13.6.1 为他人刷卡，给自己免费提现的"生钱"技巧

喜欢参加朋友聚会的人都知道，一般每次大家在一起至少消费一两百元，千万不要小看这一两百元，一年积攒下来，也是一笔不小的支出，我们如何通过这项开支来"生钱"呢？

其实，方法很简单：等聚会结束后，你最好用自己的信用卡结账，然后收齐朋友的"份子钱"作为自己的信用卡取现，这样不仅能为自己的信用卡积分获取积分小礼物，而且还节省了取现的手续费，日积月累这种方法将给你"生"出一笔不小的外财。

此外，这种方案很适合于大笔购物，如果你有朋友大笔购物，最好让对方使

用你的信用卡，让他把现金直接给你。如果你手中的钱比较多的话，完全可以存入银行或者投资货币基金，这样每个月你又有一笔不小的利息收入。

当然，使用这种方案的持卡者要注意，餐饮、家电购买等一般生活消费，都能按金额换积分。但类似于买房、买车的大笔消费，不能享受积分。

13.6.2 办多张卡，享受"免息"

事实上，多办几张卡，为自己享受"免息"，也是一种不错的"生钱"技巧。众所周知，购房贷款需要缴纳利息。假如，不用交利息，却可以享受银行长时间的小额免息贷款，你一定觉得不可思议？但是，通过多办几张卡，就能为自己实现"免利息"。其实，方法很简单：你可以多办几张信用卡，让这几张卡循环使用，不产生利息，你就可以天天享受银行长达50天的小额免息贷款。

但需要注意的是，持卡较多，一定不要记错每张卡的记账日，否则忘记了还款日将遭受罚息。下面是我们总结出的日常生活中比较常用的几家银行享受"免息"的时间，希望对你有所帮助。

中国银行信用卡，记账日：每月21日；消费起始日期：每月22日起消费能享受最长50天免息期；还款日：每月10日。

中国工商银行信用卡，记账日：每月1日；消费起始日期：每月2日起消费能享受最长55天免息期；还款日：每月25日。

中国招商银行，记账日：每月15日；消费起始日期：每月16日起消费能享受最长45天免息期；还款日：每月3日。

中国交通银行，记账日：每月14日；消费起始日期：每月15日起消费能享受最长55天免息期；还款日：每月9日。

中信银行，记账日：每月2日；消费起始日期：每月3日起消费能享受最长48天免息期；还款日：每月21日。

13.7 如何让自己的信用卡额度飞涨起来

信用卡额度一直是信用卡使用者关注的焦点问题，因为额度越高，用处越大。如何才能让自己的信用卡额度飞涨起来呢？下面具体讲解。

13.7.1 不要放弃初始额度

信用卡最初的额度核定由银行根据申卡人的资质情况来判断，申卡人的工作情况、收入状况、财力证明以及以往的信用记录等，都会影响信用卡的审核及额度的核定。

一般情况下，普通卡的额度只有几千元，甚至更少。从开卡到使用，至少要花半年的时间才能提升额度，且银行对信用卡的提额都会有相关的规定，比如用卡时间要在半年或者一年以上。所以，如果持卡人的初始额度很低，建议先激活使用，通过刷卡来累积。

13.7.2 日常消费尽量多刷卡

只要是可以使用信用卡支付的场合可尽量选择信用卡支付，无论是大宗商品还是日用百货，无论金额大小，只要能刷卡的地方就采用刷卡消费来提高使用信用卡的次数，一段时间后银行看到持卡人的消费记录后，再申请提额就容易了，甚至银行会自动为持卡者办理提额，但要记得按时还款。

注意，个人信用报告显示的是最近 24 个月的还款记录，如果有不良的记录，就要继续使用至少 24 个月，并做到按时还款，这样才能在信用报告中留下最近期间还款的良好印象。

13.7.3 选择适当的商户

不是所有商户都能为银行创造收入，所以这些相对应的银行对于持卡人在此类商户刷卡交易，通常不予累积信用卡积分，这样的刷卡交易对持卡人申请提额没有明显帮助。建议持卡者多在有积分的商户处刷卡交易。

此外，不同类型的商户要尽量交叉消费，比如刷过几笔餐饮类交易之后，可以刷商场超市类商户，保持交易多样性，不要让银行误以为持卡者在套现。据资深信用卡用户陈女士说，购买某些消费品是不能累积信用卡积分的，如批发类、公益类、家装建材等。

13.7.4 刷卡买单"收"现金

当下，年轻人在一起流行 AA 制。用卡资深网友小 A 的做法就是，结账时可以主动要求埋单，用自己的信用卡来刷，朋友们把各自的那一份钱凑在一起，通过现金的方式还给她。这样，小 A 的信用卡消费积分越来越多，可以换得一些银行提供的小礼品，也可以提高刷卡次数。平时朋友有需要大额购物的时候，可以主动要求陪同，也是用自己的卡为朋友付款，再收取朋友的现金。

由于信用卡取现是需要收取手续费的，而使用这个方法是不需要任何手续费就能把钱从银行借出来，还给自己带来了现金流。不过，这得需要持卡者有足够的时间。

13.7.5 适当办分期付款

银行推出信用卡，除了鼓励消费者用银行的钱消费，可赚取的收益不是太多，较多的利润还是在信用卡分期、账单分期等业务。在购买家电、汽车时可以办理分期业务。简而言之，就是想养好卡，提高信用额度，就让银行有利可图。持卡者可拨打所持卡所属银行客服电话，了解分期办理业务。

13.7.6 及时还款保持"干净"

信用卡养卡的关键除了多刷卡之外，更重要的就是及时还款。

要及时还信用卡消费，就需要保持良好的用卡习惯和记录，使用信用卡消费，还应在能力范围内消费，到最后的还款日后记得还款，不要逾期不还。如果不能在最后的还款日还款，又不希望影响个人信用记录，可以通过电话向信用卡客服中心申请推迟还款。不过延期时间不能太久，多数银行只能延迟一天。值得提醒的是，每位持卡人每年只能享受一次该项服务。

13.8 多张信用卡还款的技巧

随着信用卡的普及，一人持有多张信用卡的情况并不少见，同时持有同一家银行的多张信用卡的也大有人在，虽然多张信用卡能让人享受不同银行的优惠，但是多张信用卡还款却很容易出现遗漏，那么持卡人该如何管理这些信用卡呢？

13.8.1 多张信用卡还款之同一家银行信用卡管理

同一家银行推出的信用卡，由于侧重点不同（有的属于车主卡，刷卡加油有优惠；有的属于购物卡，网购有积分），这就使得很多持卡人在同一家银行办理了多张信用卡，这些信用卡虽然属于同一家银行，但是彼此的账单都是独立的，还款日也都不同，持卡人在申领多张信用卡账单时要仔细询问，以免耽误还账期限，更要记住各个卡的还款时间。

据调查，目前有些银行对于同一持卡人名下的多张信用卡实行统一管理制度，也就是说只要将不同信用卡所欠款项统一还到一张信用卡上，银行就默认为所有该行信用卡的还款额。但是，这种合并还款方式并非所有银行都在使用，大部分银行还是实行一卡一账的原则，还款时必须按照不同卡的实际还款额进行分别还款，不能合并还款。因此，在还款时要记住每张卡的还款数额和还款时间。

13.8.2 多张信用卡还款之不同家银行信用卡管理

信用卡优惠很多，每家银行都不一样，为了同时享受这些优惠，不少人办理了在不同银行的信用卡，为了给多张信用卡还款，持卡人免不了要奔波于不同银行柜台与ATM机之间。建议对于多张信用卡还款，持卡人使用可以跨行还款的线上支付平台，不仅免去了奔波之忧，而且这些第三方支付平台大部分都设有信用卡还款提醒功能，合理利用就能免去忘记还款的苦恼。

13.8.3 多张信用卡还款之第三方支付平台还款

除了很多人都知道的支付宝以外，目前通过财付通、快钱、银联在线等第三方支付平台都可以为信用卡进行还款。不过需要注意的是，各家银行在这些第三方支付平台上开通的跨行还款合作银行会有所不同，如图13.4所示。

图13.4　第三方支付平台还款

同时，通过第三方支付平台还款通常不能实时到账，比如通过快钱进行信用卡还款，目前实时到账的只有宁波银行，T+1日到账（节假日顺延）的为招商银行、广发银行、交通银行、东亚银行、兴业银行、华夏银行和商户农村商业银行；T+2～3个工作日到账的包括中国银行、平安银行、民生银行、中信银行、建设银行、工商银行、农业银行、浦发银行、江苏银行和光大银行。因此，持卡人在通过第三方支付平台还款时要留意银行关于到账时间的规定，最好预留出足够的到账时间。

13.8.4 多张信用卡还款之非银行自助终端

非银行自助终端是指除了银行自己的自助存取款机以外的自助终端，包括拉卡拉、富友银联、商务缴费易、银联信付通、银联易办事等，这些机具通常铺设在便利店、超市、药店等地点，持卡人可以通过它们进行自助还款，如图13.5所示。

图13.5 非银行自助终端

需要注意的是，这些自助终端大部分是免费的，但是也有部分银行的信用卡还款会收费。以比较常见的拉卡拉为例，目前拉卡拉支持多家银行的信用卡还款，其中建设银行、中国银行（除深圳外全国其他地区）、交通银行、农业银行、工商银行、北京银行的信用卡还款有手续费，每笔2元钱。

同时，通过自助终端进行还款时也有到账时间的限制。以拉卡拉为例，其支持实时到账的银行包括招商银行、民生银行、兴业银行、广发银行、江苏银行、南京银行、宁波银行、中信银行、平安银行、光大银行、交通银行、北京银行、长沙银行、上海农商行、包头商业银行、浦发银行、天津银行和广州银行；支持T+1（自然日）的银行包括华夏银行、大连银行和成都农商行；支持T+1（工作日）的银行包括上海银行（限上海地区）、温州银行、农业银行和东亚银行；支持T+2（工作日）的银行包括中国银行、工商银行和花旗银行；支持T+2（自然日）的银行为建设银行。为了确保信用卡正常使用，避免因理解差异导致还款延期，建议持卡人在使用自助终端还款时至少在最后还款日之前三个工作日完成还款。

13.9 信用卡增值服务多多

要做个聪明的刷卡族就必须先关注卡片所附带的权益，小到在信用卡的特约商户记得拿出合适的卡片消费，获得折扣、礼品，在有效期内兑换积分等；大到不忘享受卡片提供的贵宾礼遇，如体检、名医预约、机场接送、高额保险等。只有将持卡人所能把握的权益享受到极致，才能真正发挥卡片价值。

13.9.1 免费保险，不申请无理赔

"呀！我怎么就忘了信用卡有这项保险服务呢？"王小姐早在3年前就办理了一张附带保险功能的信用卡，其中的一项服务是提供出行交通意外保障。根据约定，持卡人可获得火车轮船轨道交通意外伤害保障、汽车意外伤害保障、交通意外医疗保障等，若刷卡购买机票或支付80%以上团费费用，还可以享受飞机意外保障。

2018年8月，王小姐旅行时搭乘的汽车发生交通事故，导致其腿部骨折，在接受初步治疗后她又回上海进一步治疗。"司机当时态度很好，我觉得可以大事化小，所以在对方陪我就医、赔偿我医药费用后我也没有进一步追究，连出事的凭证都没有留下。"直到现在，王小姐才想起她有这样一份保险，作为乘客，当遭受交通意外伤害后可获得最高5000元的赔偿金，"其实回上海后我自己也付了不少医药费，现在要求理赔根本不可能了，只怪自己忘了这份保单。"对于每天在身边的这张信用卡，王小姐懊恼自己没有多多了解。

当前，提供保险保障服务的信用卡为数不少，常见的提供交通意外保障、旅行意外保障，较为特别的有健康保险，比如广发真情卡持卡人可自由在女性健康保险与重大疾病保险中选择一项保险。女性健康保险金卡保额3万元、普卡保额1万元；重大疾病保险金额保额同样为金卡保额3万元、普卡保额1万元。

平安保险信用卡在这一方面也别具特色。除了首刷次日即可享受的交通意外保障外，持卡人还能同时获得燃气用户意外保障。具体包括燃气意外伤害保额5万元，每户赔偿限额15万元；燃气意外医疗保额每人2000元，每户赔偿限额6000元；燃气意外住院津贴30元/天，最高赔付180天；垫付燃气住院医疗费用。值得注意的是，持卡人燃气投保地址为信用卡申请书填写的家庭地址，若住址变动，持卡人应及时变更。此外，相关保险条款规定，持卡人应在事发后10日内通知保险公司，未及时通知致使保险事故的性质、原因、损失程度等难以确定的，保险公司对无法确定的部分，不承担给付保险金的责任。而对于交通意外保障中就医的部分，则提醒持卡人须在约定的医院就医，或者急诊后3日内通知保险公司并转入约定医院就医，否则可能无法顺利获赔。

13.9.2 酒后代驾服务须事先预约

酒后代驾其实是信用卡增值服务中体现对持卡人关爱的项目，觥筹交错后无法开车时，你可别忘了信用卡的这一权益。酒后代驾服务须事先预约，如图13.6所示。

图13.6　酒后代驾服务须事先预约

吴先生在体验了一次酒后代驾服务后，感觉十分贴心。"一上餐桌就知道逃不了要喝酒，可酒后不能开车，又不想把车留在酒店，所以酒后代驾就最合适了。"吴先生说，一餐饭大约需要2个小时，而酒后代驾服务也只须提前2小时预约，还是挺方便的。每年自己的信用卡都能提供几次免费代驾服务，为自己节省了不少开支。

目前，交行白金卡、上海银行畅行信用卡、兴业金卡信用卡、平安信用卡等都提供该项服务。实际上，真正提供这一服务的并非银行或信用卡中心，而是专业的汽车服务公司，因此，相关的服务条款相当于持卡人与服务公司之间的协议，持卡人应注意其中的细节规定。

例如，当持卡人确定预约酒后代驾服务后，就不能无故取消，若有特殊情况需要取消，必须按规定提前致电，不然仍被视为权益被使用。又如，持卡人必须准时到达预约地点，一旦代驾人员等待超过一定时间，可自行离开，而尽管没有享受到代驾服务，也视为已使用。此外，代驾服务往往只在出发地、目的地两地完成，中途不停靠，若持卡人要求停靠，则视为服务结束，再次出发视为第二次服务。

以上海银行畅行卡为例，持卡人可在上海、北京、宁波、杭州、江苏南京、无锡、苏州、成都、深圳共9个城市指定范围内享受该服务。一年限额6次。

持卡人预约酒后代驾，市区范围以内须提前2个小时预约，预约成功后代驾服务视为正是生效，持卡人不能无故取消服务。若遇到特殊情况需要取消或变更服务，则至少提前60分钟告知，否则，也将在免费代驾次数中扣减1次。代驾人员的等候时间不超过15分钟，超时等候收费100元/小时，最长等待2小时。

另外，与酒后代驾权益同时提供的还有车辆养护、道路救援、全程理赔等车辆服务。

13.9.3 缤纷白金卡，权益莫放弃

白金卡是身份的象征，但真正懂得尊崇体验的持卡人或许并不多。白金卡除了最为基础的银行白金贵宾通道、电话银行专线服务外，还可以为你提供免费体检、高额保险、机场贵宾服务、紧急车辆救援、高尔夫免费试练、专线秘书等诸多服务。如果你还只是停留在那份体面感上，那赶紧看看你的卡片究竟能带来怎样不一般的尊贵体验吧。

"这次去机场就是用白金卡免费提供的送机服务。"夏小姐去澳大利亚旅行出发时，就体验了一回贵宾送机服务，"一年可以免费享受4次，考虑到接机的话时间不太确定，航班万一延误会有损失，所以送机比较合适。"夏小姐感觉这一项服务省力省钱，更让她感受到一份实实在在的享受。

各家信用卡中心、不同系列的白金卡所提供的增值服务会有差异，有的倾向于高尔夫活动、有的倾向于医疗保健，还有的则对频繁出差的商旅人士更为适用。随着白金卡市场的发展，也出现了倡导"定制"服务的卡片，如交行白金信用卡。

除了提供基础增值服务，如全球机场贵宾礼遇、高额保险保障、畅行无忧驾车服务、专属高额积分计划、白金秘书专线外，持卡人还可以自选增值服务，如高尔夫服务、健康医疗服务。卡片还会不定期提供各种优惠活动，让持卡人乐享更多优惠。

13.10 信用卡"新型骗术"预防针

经过金融机构、媒体等部门的宣传教育，不少持卡人对"信用卡诈骗"已经产生了"抗体"，那些相对"过时"的骗术已经不容易骗到大家了。但是，近段时间一些新型的针对银行客户的诈骗手法再次出现，究竟骗术如何升级，大家又该如何构筑信用卡骗术"防火墙"，让我们一起来探个究竟。

13.10.1 这三类骗术，你是否遇到过

如今，越来越多的人为自己的银行卡开通了网上银行、手机银行等一系列便捷的服务。这样一来，就可以足不出户享受到不受时间、空间限制的银行服务。正因如此，一些不法分子也就瞄准了这类情形，通过花样翻新的行骗手法，想方设法地骗走持卡人卡内的存款。让我们先从一个发生在身边的故事来了解骗子是如何一步步让持卡人掉进其所设下的"陷阱"的。

市民龚小姐不久前接到手机短息提醒，自己银行卡里的钱被转走，之后她很快接到一个陌生电话，电话那头是一位自称某网络平台的客服，询问龚小姐是否购买

了某网络游戏币，龚小姐回答没有。客服回答说如果未购买此类产品的话，那就是银行卡被人盗刷，并声称可以帮助把款项退回来。但是在接下来的操作当中，该客服告知要把龚小姐手机里的短信验证码发过去才能"成功"退款。龚小姐意识到对方有可能是骗子，她赶紧拨打银行客服电话，才知道自己银行卡里的钱被购买了网络贵金属，只需要到柜台操作就可以退回。

该银行的工作人员告诉笔者，龚小姐可能不小心误上了钓鱼网站，使得网上银行的用户名以及密码遭到窃取，这才使骗子有机可乘。虽然最后没有造成严重的经济损失，但此类行骗手法，却带有一定的迷惑性。

还有一类关于积分可以兑换现金的行骗手法。山东青岛的余先生就因为手机收到积分兑换现金，卡里的一万元就被莫名其妙转走了。

有人曾接到955开头的某"银行"的短信提醒，内容大致是"您的积分已达××，可积分兑换现金"等的虚假短信，其短信内还附有能够点击登录后，按要求输入卡号、身份证号、密码、有效期、短信验证码等重要信息。骗子一旦获得这些信息，就会利用网络迅速进行盗刷，从而使持卡人遭受资金损失。

此外，还有一种更为"隐蔽"的行骗手法——二维码诈骗，此类行骗手法往往通过诸如优惠促销、抽奖等方式，让市民通过扫描有木马病毒的二维码，手机便会因此被植入钓鱼木马，紧接着用户的手机号、卡号、密码等私人信息可能已经传到他人手中，此类型诈骗手法通常在进行网上购物时发生。

13.10.2 如何构筑防骗屏障

"只要清楚以上三类较为新型的行骗类型，就可以对此类骗局有所防范，不容易上当受骗。"市民王先生认为，"除此之外，我觉得还要多学习安全使用信用卡的方法"。

首先是不怕麻烦，密码设置和保护要注意安全性。在设置密码的时候，用户切忌把密码设置成与本人明显相关的信息（如姓名、生日、常用电话号码、身份证等）作为密码。而对于查询密码和交易密码也应分开设置。比如网上交易需要输入密码的时候就要多留心，在不能确保所登录的网站不是钓鱼网站的情况下，建议退出，以免资金遭受损失。而刷卡交易需要输入密码的时候，切忌不遮挡就直接输入密码，也不能因为要记多个密码，怕忘记就记录在纸上或者手机里等。

其次是学会保护个人信息和多询问了解。我们在日常生活中难免要遇到一些需要填写个人信息或者相关个人信息的情况，这个时候要综合考虑，在不清楚所填写的个人信息被用于什么用途，或者认为其可信度不高的情况下，建议了解清楚后再决定是否填写。而对于不管是手机上收到的短信或者是陌生人打来的电话等相关现象，凡是涉及需要资金支出的，建议通过多方了解、询问，不可自己单独处理。

最后要特别提醒读者，如今短信验证码应用十分广泛，我们在进行转账等交易的时候通常会收到短信验证码，此时切不可泄露短信验证码，不然就有可能因此而损失相应的资金。此外，前面所提到的利用二维码进行诈骗的手法，同样需要我们提高警惕，此类行骗手法较难察觉，特别是那些来路不明的二维码，更不要盲目扫描。相关专业人士建议最好在手机里安装相应的安全软件，以防止木马病毒被植入，并且尽量使用有安全验证功能的软件扫描二维码。

13.11 信用卡理财案例

股市停盘了，黄金不卖了，节日期间貌似没有什么投资渠道了。其实不然，只要巧用信用卡，将闲钱先拿来购买理财产品，同样能在免息期内赚到一笔小钱。

前两天，王先生打算购买一台上万元的液晶电视，送给父母做礼物。买单时，王先生选择了刷信用卡付款。昨天，王先生将省下的 1 万元现金凑足 10 万元，购买了招商银行一款投资期为 55 天，预期年化收益率高达 5.5% 的理财产品。

"刷信用卡买电视时是上一期账单日的后一天，也就是说，这笔欠款可获得 56 天的最长免息期。"王先生算了一笔账，10 万元理财产品到期后，可获得约 830 元收益，这时再拿出 1 万元偿还信用卡欠款，不用支付一分钱利息，而利用这 1 万元投资，相当于获得了 80 多元的收益。

利用信用卡的免息期，将闲置下来的资金理财，不失为一种聪明的投资方式。信用卡一般都有 30～56 天的免息期。如果通过刷卡消费省下一部分资金，用于购买理财产品或进行其他稳健的短期投资，就能使资金在免息期内获得一定收益，加上节日期间刷卡消费还有很多优惠活动，可谓一举两得。

第 14 章

理财故事秀

"他山之石,可以攻玉。"本章讲解了不同人群的理财方案,读者可以根据自己的实际情况,规划指定适合自己或家庭的理财方案。

14.1 潮男收入高大上，如何理财不再月月光

今年 27 岁的刘先生，人长得精神帅气。年纪轻轻的他，已经是省会一家广告公司的设计总监，每月收入 1 万元左右。公司五险一金齐全，除了工资收入外，年终还会根据业绩给予一定的奖金。年终奖金一般在 3 万元左右。这些工资和奖金也是刘先生的主要收入来源。

由于一直和父母住在一起，刘先生的生活费用很少。"除了一些基本的应酬外，我挺喜欢在家里吃饭。其他的日常花销也是父母在支付。"刘先生说。偶尔，刘先生会给父母交纳一点生活费，"其实也不多，就是每年过年的时候会给爸妈五六千块钱"。

虽然生活费用上的支出不多，但是刘先生每个月几乎都有 6000 元左右的开支，甚至有时候会月光。而这一切都和"潮"有关。"我喜欢追求时尚潮流的电子产品，看到喜欢的就买。"刘先生说。现在，他家里的手机已经不下 50 部了，几乎每出一部新款手机他都会收藏。

工作多年，刘先生已拥有 50 万元的定期存款（大部分为父母给的）、股票 5 万元、P2P 理财 5 万元。现在，刘先生有了女朋友，计划在 3 年内凭借自己的努力在省会二环内买套婚房。另外，他也想把闲置的存款拿出来做些投资。

1）财务状况分析

刘先生月收入过万，年纪轻轻已是广告公司设计总监，年底还有 3 万元左右的奖金，每年税前收入大概 15 万元，可支配收入大概 12 万元，另外公积金个人账户每年积累大概 2.5 万元。目前刘先生已经有存款 50 万元，另有股票、P2P 理财各 5 万元。

由于刘先生支出缺乏计划性，尽管和父母同住，每月支出也在 6000 元左右，甚至还会月光，每年支出会超过 7.5 万元。刘先生支出占年收入一半以上，应该适当减少不必要的支出，养成计划储蓄的习惯。

目前，刘先生和父母都没有商业保险，所以建议刘先生增加一些商业保险。

2）理财方案分析

第一，购房规划。刘先生计划 3 年内在市区二环内买 100 平方米左右的房产。下面来为他算了笔账，目前刘先生所在省会市区二环内房价是 9000 元 / 平方米左右，按照商品房市场行情，3 年内会涨到 10000 元 / 平方米左右，100 平方米左右房产需要规划购房款 100 万元左右，因为刘先生有公积金，并且 5 年以上公积金贷款利率水平目前只有 3.5%，低于银行提供的 5 年期存款利率，偿还公积金贷款可以帮助刘先生强制储蓄。因此建议刘先生购房使用公积金贷款最高额度 60 万元，首付 40 万元，公积金贷款 60 万元，公积金贷款选择等额本息还款方式，贷款期限选择 20 年，

每月还款 3479.88 元左右。鉴于房价具有稳步上涨趋势，建议他早做买房准备。为增加收入，刘先生现有存款中的 40 万元，在到期后不再选择银行储蓄存款，可以购买银行短期理财产品或者购买货币市场基金，既满足购房使用资金的需求，又可以获取比银行储蓄存款高的收益。

第二，投资计划。刘先生目前单身，需要为结婚、父母养老，以及未来自己养老做好规划，因此需要对现有投资和未来收入进行投资规划。目前刘先生投资主要在储蓄存款定期、股票和 P2P 理财。股票和 P2P 理财风险较高，不建议再增加投资。50 万元定期存款收益较低（现在定期基准利率仅为 2%），可以适度选择投资银行的理财产品，以获取稳健高收益。公积金贷款正常还款一年以后，刘先生可以每年取出公积金资金投资理财产品。在办理公积金贷款后可以购买所在省商业银行的月盈系列理财产品，收益较高，还可以每月有分红，可以用来还公积金贷款。

另外，建议刘先生每月对消费进行记录，从而减少不必要的支出，特别是查看现有的电子产品，选择每月过时和不过时地换着使用，既满足使用新品的感受，又减少购买新品的支出，将月支出限制在 3000 元以内。每月除还公积金贷款 3500 元外，还应增加基金定投 2000 元，其余可以选择定期储蓄。

第三，保险产品类型推荐。在商业保险方面，建议刘先生购买意外险和寿险，以增加家庭的未知保障。刘先生父母 50 岁年纪已属偏大，应该购买重疾险。由于他的父母年龄较大，购买寿险成本较高，可以考虑购买万能险。

万能险的主要特点：（1）保费合理，保障高。（2）可缓交保费，缓解压力。一般险种有 60 天的交费宽限期，而万能险有 2 年的缓交期，只要保险账号中够扣保障成本，保障继续有效。（3）保额可调，保障更贴心。投保者每年有一次调整保额的机会，如果感觉保障不够，可以申请把保额提高。（4）存取灵活，可当应急金。（5）可追加保费，帮助理财，提高收益。

14.2　月入2万元之家，如何规划理财换购大房

张先生是事业单位的一名中层干部，目前每月有 12000 元的收入；妻子是一名舞蹈老师，每月基本收入 6000 元，其他收入每月 2000 元，两人都有基本社保。夫妻两人目前有一个孩子，正在上初一，双方父母身体都很好，四位老人都有退休金。

目前，张先生家庭每月的生活开支基本在 6000 元左右，每年旅游开支 3000 元，家中有房产 2 套（价值 200 万元），一套房产自主，另外有一套出租，每年 4 万元左右的租金，每月的租金基本都用以还房贷。还有 50 万元定期存款，20 万元股票投资。张先生想提前将房贷全部还清，但是又纠结还清房贷，家中基本就没有任何资金，一旦家中出现好意外等状况，都没有任何应急资金。此外，张先生还想再换一套三

室二厅的大房（预计 300 万元），好一家人住得舒适些。

1）财务状况分析

从目前张先生家的财务状况来看，张先生和妻子是家庭的主要收入来源者，每年总收入达 24 万元，而且每年的家庭开支为 102000 元，1 年都有近 14 万元的结余。另外还有 2 套房产，价值达到 200 万元，无房贷，有存款，有投资，基本属于典型的中产家庭，家庭生活比较充裕。但对于是否需要提前一次性还清所有房贷事项，认为不需要，因为此时每月几千元的房贷都已使用租金还清，不影响家庭正常生活。

另外，重要的是如果目前还清所有的房贷，就会使得家庭存款减少，应急资金不多，会导致家庭抵御风险的能力降低。至于换大房问题，采取以旧换新策略比较适合，不需要贷很多资金，后期因高额的房贷而影响家庭的正常生活质量。

2）理财方案分析

第一，结余资金做好规划，注重点滴聚财。张先生和妻子每月都能给家庭带来 2 万元的收入，除去每月 6000 元的家庭日常开支，每月还能结余 14000 元。倘若这部分资金任其搁在银行卡中，只能享受 0.35% 的超低活期收益，所以这部分资金也要学会充分利用，小钱变大钱，积少成多。而如果将这部分资金每月都转入一些货币基金中，如七日年化收益率 3.5% 左右的理财通等，不仅能帮助强制储蓄，还能享受高于活期的利息，最重要的是这部分资金可先作为家庭备用金，待资金达到一定的数额，再另做投资，来获得更高的收益。

第二，家庭主要收入来源者，注重增添保障。张先生和妻子的公司都为他们交纳了基本社保，但是考虑到两人上有四位老人，下还有孩子，又是家庭的主要收入来源者，压力责任较大。为此，应该为家庭主要收入来源者增添保障，可以在原有社保的基础上，根据家庭的实际情况及个人保障需求，相应地配置一些商业保险，同时要以纯保障的保险为主，如定期寿险、养老保障险等，适当再为孩子配置孩子教育类保险（以强制储备孩子教育金为主），家庭保费以不超过家庭年收入的 10% 为宜。

目前市面上保险的品种五花八门，因此提醒张先生夫妇，购买商业保险时一定要尽量选择正规的保险公司，不可听销售人员的一面之说，自己进行了解，或者寻求理财师的帮助；尤其在签订保险合同时，看清条款理赔事项，避免霸王条款。

第三，家庭投资规划要做好，闲钱能增值。从张先生家目前的收入支出及家庭资产情况来看，家庭具备一定的风险承受能力，同时也有一定的投资经验，但仍不可过于追求激进型投资，像股票投资这些高风险的投资要慎重，不可超过家庭总资产额的 50%。另外换房子前，银行中的 50 万元存款，建议按比例进行稳健的投资。例如，30 万元选择正规理财机构的固定收益类产品，如可以配置宜盛财富宜盛宝，四年来 100% 兑付，年化收益率高达 13%；剩余的 20 万元可以配置银行理财产品，年化收益率 5% 左右，通过进行组合投资既能有效控制风险，实现较好的收益，又能积攒更多的买房资金。另外，在买房方面，理财师的建议是"以旧换新"，贷款压力减小，也不至于影响家庭的生活质量。

第四，孩子教育金规划请提前，缓解未来压力。孩子教育金问题一般都是每个家庭必须面对的问题，如何做好这部分规划，除了提前准备，强制储蓄就无捷径可走。除了以上提到为孩子购买教育金类保险，张先生还可以去银行为孩子开设教育金账户，或选择如宜盛月定投类品种，每月固定存入账户一笔资金，积少成多，进行教育金提前储备，待孩子上学需要使用时来支取本金和利息。

做好家庭理财，一个人的力量有限，如果全家齐力进行，那么最终肯定能获得事半功倍的效果。

14.3 结婚在即，准女婿如何理财应对"丈母娘刚需"

小何今年 27 岁，毕业四年，在杭州一家计算机科技公司上班。由于工作出色，去年被提拔为小组组长，月薪也涨到了 15000 元，公司同事都认为他前途不错，小伙子自己也越发有干劲。然而最近几天，小何却怎么也高兴不起来。要好的同事询问后才知道，原来小何有个相恋六年的女友，已经到了谈婚论嫁的程度，双方家长也见过了，都挺满意两个人在一起，本来应该是皆大欢喜的，可面对丈母娘提出在杭州买房的刚性需求，小何却犯了难。同意吧，自己刚毕业没几年，没有那么多钱买房。不同意吧，这丈母娘和女友的感受又不能忽视。

1）财务状况分析

小何目前月薪 15000 元，共有 15 万元存款，除此之外没有其他可利用的资金。但是小何的父母说过，如果结婚买房，他们能资助小何 30 万元，小何女友父母也承诺两人买房结婚就陪嫁一辆 15 万元的小轿车。除此之外，小何的女友表示愿意在婚后共同还贷，而她的月薪也有 6000 元。

2）理财方案分析

第一，避开热点买房区。很多年轻人在买房的时候都更注重房子的"颜值"、环境、热门程度、交通等，最后才考虑到房价。年轻人刚出社会，财富积累还不够，在购房选择上，应该将房价放在第一位考虑。所以，对小何这样积蓄少，除了工资没有其他收入来源的年轻人来讲，更是应该避开热点买房区，不妨选择在一些交通较为便利、待开发的区域买房。

第二，选择小户型二手房。有经济能力的话，每个人都想买新房子，最好是精装、直接拎包入住的那种。然而，有经济能力这个前提不可忽视。对于经济压力较大、家庭人口不多的购房人群来讲，小户型二手房不失为一个非常好的选择。一来解决了买房问题，二来又节省了开支。等到经济能力允许之后，还可以再卖出去，随着房价上涨趋势，早买早赚，也算得上是一个投资。对于小何来说，如果没有打算婚后就要孩子，小户型二手房是最适合的选择。

第三，合理投资理财。像小何这样的经济情况，考虑到杭州高昂的房价，即使父母答应在买房时垫付30万元的首付，剩下的房贷也是非常沉重的负担。因此，建议小何一方面要更努力工作，争取升职加薪；另一方面，应该合理规划一个理财方案。综合分析小何的财务状况，理财师认为，小何可以将买车的事暂时搁置，把女友父母承诺买车的钱用到投资理财上。小何没什么积蓄，资金所能承受的投资风险也小，多选择一些稳健的理财方式来保值增值很有必要。

第四，巧妙利用房贷。在购房时，根据个人的经济状况，在购房时对于如何贷款、如何还款、还款期限多长这些问题的考虑非常重要。鉴于小何月薪15000元，加上婚后妻子6000元的月薪收入，两人月收入达21000元，扣除生活费用和应急基金准备共6000元，剩余15000元可用于还贷。另外，建议小何可以选择入住还款方式、10年左右的还款期限以及变种房贷，就可以减少购房的经济压力。

第五，给家人购置健康类保险。健康是人工作生活的保障，只有健康问题得到了保障，才能保证正常的工作生活。如上文所说，小何应在支出里准备一笔"重大事故"的应急资金，比如重大疾病、意外交通事故等，而这笔应急资金可以定期投入一些健康类保险中，作为未来家人的重大事故的保障支出。

随着房价走高趋势，越来越多年轻人在结婚时都能遇到类似的"丈母娘刚需"问题，面对这样的难题，建议平心静气，协商处理，还有最重要的是趁早规划理财。

14.4　面临"中年危机"，二胎家庭如何理财？

38岁的许先生和34岁的妻子张女士有一个儿子8岁和一个女儿2岁。许先生税后月收入1万元，张女士月收入在5000元左右，两人都有五险一金，目前夫妻两人共有存款30万元。该家庭目前有两套房，一个三室住房，位于名校分校学区，无房贷。另一套位于新城市广场，为45平方米的酒店式公寓，出租每月租金2500元。家庭养车费用年1.5万元，当前家庭主要支出在儿子的教育，每月2800元。许先生岳母生病后，后续治疗花销不少。

当前8万元炒股，10万元购买理财产品，其余钱放在余额宝里。未来两个子女教育培训支出以及赡养父母支出将逐渐增多，另外还有计划换四居室。

1）理财方案分析

一个家庭拥有两个孩子会比拥有一个孩子多出一倍的养育费用，所以家庭的财务规划在这个时候就显得尤为重要。针对现在越来越多的二胎家庭,建议在增加职业收入和平衡家庭支出的前提下,合理规划家庭的结余资金,为家庭提供更多的保障并有条不紊地实现家庭目标。

第一,备用金规划。一般家庭建议将 3 ~ 6 个月支出作为紧急备用金,应对家庭的意外支出。但针对两个孩子的家庭,建议将紧急备用金增加至 6 ~ 12 个月,增强流动性及保障力度。许先生一家现在每个月支出在 5000 元左右(假定除儿子教育费用外,另每个月需要 2200 元生活开支),再加上许先生岳母需要后续治疗的医用费,对现金流动性需求进一步增大。建议许先生将 12 万元全部作为备用资金,该笔资金可以选择认银行的短期理财产品,预期年化收益率 4%,灵活支取,当日到账,不仅提高了资金的投资回报率,也保证了资金的流动性。

第二,中长期资产配置。考虑到随着孩子年纪的增长,教育费用会逐年增加,建议将家庭每个月的结余资金合理配置在中长期的资产中,以提高投资收益率。为分散风险,建议将资金分散投资,40% 基金定投(股票型)、30% 银行理财、20% 债券基金、10% 货币基金。

第三,保险规划。在许先生的家庭中,夫妻二人属于家庭的经济支柱,承担着家庭的主要经济责任。建议许先生夫妇在现有社保的基础上,增加商业保险的配置。年保费支出考虑占家庭总收入的 10%,保额一般为家庭年收入 10 倍,险种建议定期寿险、重疾险。许先生家商业保险保额 180 万元,年度保费 18000 元,平均每月 1500 元。

第四,购房规划。许先生家有换四居室的需求,若想短期实现,建议卖掉三居室的房子,动用股市资金和理财资金,重新购买四居室。若可推迟换房,建议将股市资金从 8 万元降为 4 万元,另外 4 万元配置债券型基金,分散风险。2 ~ 3 年后,卖掉三居室,加上这 2 ~ 3 年积累的资金,将压力更小地实现购置四居室的目标,且仍留有部分投资资金。

14.5 儿子想出国,母亲如何理财成就他的梦想

近几年来,许多国外学校的大门纷纷向中国学生敞开,越来越多的大学生选择在毕业后出国学习深造,逐渐引发了新的一波留学风潮。而留学风潮下,学生们除了到国外增加了阅历,也增加了家庭的教育经费支出负担,许多父母都不得不节衣缩食来支持孩子的学业。

高女士今年 45 岁,与丈夫王先生育有子,今年 18 岁,刚刚高中毕业。前些天,高女士一家开了个家庭会议,商量到底要不要等儿子大学毕业后送他出国深造。在儿子和高女士的坚持下,大家都觉得还是有出国学习的必要的,但考虑到出国深造

需要一笔很大的费用，而家里又打算明年换一套大点的房子，好把在乡下居住的父母接来同住。二者的费用加起来，尽管高女士一家生活还算宽裕，但手里资金还是有点短缺。

1）理财目标

第一，为儿子大学及大学毕业后出国留学准备充足的教育经费；

第二，为置换新房子储备资金；

第三，保障家庭正常生活水平。

2）财务状况分析

高女士与其丈夫名下有两套房产，一套在安徽乡下老家、一套在上海。两人收入都算稳定，高女士在一家私企担任会计，月薪6000元，而她的丈夫王先生则在一家外企担任工程师职位月薪30000元。两人结婚22年，除去十年前买房和五年前买车的钱，还积累了145万元，也算一笔不少的积蓄。两人退休日子还早，工资也不低，本来日子过得也宽裕。但是，现在儿子想出国，房子又想换新的，加上两个老人要搬来一起生活，家庭支出压力还是比较大的。

3）理财方案分析

第一，改变消费习惯，勤俭节约。积累财富不外乎开源和节流，二者是同等重要的。有句话说，省钱就等于赚钱。因此，家庭理财第一要义就是"节俭"。按照高女士反映的情况，房子在早些年房价还没炒起来的时候就已经买好了，车在前几年也配齐了，夫妇两个收入也算稳定，高女士一家之前生活还算是宽裕的。因此，也就可能存在一些花钱大手大脚的习惯。所以，从消费习惯入手开始改变，是高女士家家庭理财的第一步。

第二，将上海的房产卖出，以旧换新。高女士家总共有两套房产，一套在乡下，一套在上海，考虑到老人家可能比较念旧，舍不得卖掉老家的房子，而高女士家又想换套新房子，理财师的建议是将上海的房产卖掉，以旧换新，一来可以节省手续费用，二来可以为买新房子准备资金。

第三，投资要稳健，配置长期理财产品。鉴于高女士儿子才高中毕业，对于出国留学资金准备的需求还不是特别紧急的，新房购买也有一些积蓄和旧房卖出的钱作为支撑，理财师认为，在购房之余，高女士家的投资活动主要应该以稳健为主，可以用30万元～50万元配置一些像宜盛宝、稳利精选基金这类固定收益理财产品，投入较低，回报率高，而且收入稳定，正适合作为教育经费的投资。同时，如果高女士家想尝试一些像股票之类的高风险投资，理财师建议最好不要投入超过10万元。

第四，为家人购置保险。家庭资产应该分成日常开销、应急资金、投资理财、保值增值四个方面进行分配。只有这样，才能保证家庭资产均衡合理分配和持续稳健增长。其中，应急支出是必不可少，也是非常重要的。一旦有意外事故、伤害发生，这笔投入就是家人生命健康的保障。

随着留学风潮的到来，为了孩子的前途，越来越多的家长都希望能将孩子送出国门深造，但也像上述案例的高女士一样总是苦于没有足够的教育基金准备，最后理财师温馨提示各位家长，教育基金的理财准备一定要早而充分，不能等到需要时才开始计划。

14.6 科技人才月入三万元，如何理财开科技公司

周先生自从大学毕业后就到了×谷科技园区工作，至今已经是第六个年头。周先生的工作与风投有关，每个月都会出去找有竞争力的项目进行投资。而现在，随着创客的崛起，上海有了更多的关于"进一步引进人才"的管理制度，周先生于是越来越想开一家自己的创业公司，一方面是觉得像他这种高学历人才只有创业才能为社会输出更多的血液，另一方面也觉得希望鼓励更多的人能够自由地创造。现在，周先生负责投资成功的项目有不少，有的已经成为国内有名的上市公司，这些都让周先生对自己有了更高的期许。

1）理财目标

攒够足够的资金开一家自己的创投公司。

2）财务状况分析

周先生现在每个月固定收入在1万元以上，如果有项目提成，收入将会非常可观。目前周先生在上海市中心有两套房产，其中一套已经全款付清，另一套每个月需要还贷7000元左右，还剩下十几年时间。另外，周先生有银行存款50万元，股票账户中有资金40万元，银行理财产品70万元左右。同时，周先生希望能够近早攒够开公司的本金，还对其他的理财产品很感兴趣，想要尝试贵金属和期货。

3）理财方案分析

第一，其中一套房产可以进行出租。周先生虽然对各类投资比较感兴趣，但是也非常粗心，有的方面也比较不细致。其中一套房竟然始终空置，理由是如果父母从深圳过来也可以住在那套房子里，但事实上父母每次来看他都是和他一起住的。建议将那套房子出租出去，每个月可以拿到固定的房租月收入就能超过8000元。

第二，还是尽量不要尝试贵金属和期货。国内真正专业的贵金属机构是非常少的，而且投资贵金属的风险极大，而周先生又不是职业炒金属的人，还是不要碰为好。国内期货公司虽然要正规得多，但是期货没有涨跌停板，对交易本金要求很高，尤其是金属期货，根本不是在积攒本金阶段的年轻人可以碰的。

第三，配置固定收益类理财产品保证本金不缩水。

周先生的收入情况和家庭的财务状况属于比较好的，但是离开公司依然还是有

一些距离，所以要优先保证本金安全。银行存款的比例太高，虽然之前听从了理财师的建议，为了防止银行破产，把超过 50 万元的部分都拿了出来，但还是比例过高。建议配置固定收益类理财产品，比如每月支付固定收益 0.7%～1%，到期还本的宜盛月月盈、年化收益率 5% 左右的债券、年化收益率 3% 左右的银行理财产品等。其实换二套房贷的钱也完全可以在里面出。

第四，寻找志同道合的伙伴合资。一个人的力量总是有限的，尤其是投资公司。所以周先生还是要多积累一些人脉。相信国内有不少有志之士都致力改变目前中国创业难的现状，如果找到志同道合的人一起开公司，就能使创业的进程变快许多。

14.7 城市小白领月入不足1万，如何做理财

人物小 D，26 岁，职业是娱乐记者。小 D 供职于一家知名视频网站，工作每月的税后收入 9500 元。每年有年终奖 1 万元左右。工作 3 年，小 D 也有了一定的积蓄，存了 21 万元。另外，自己也有一些小投资，投资的股票目前价值 5 万元。目前小 D 暂无大的开支，每月只有生活花费 3000 元左右，以及服装和护肤保养方面的花费每月 1000 元左右。

1）理财目标

增加理财投入，使个人财富增值。

2）财务状况分析

目前小 D 的收入在同龄人当中大致处于一个中等水平，事业和收入均较为稳定的发展，还是不错的。与此同时，自己也有一定的闲置资金可用于投资。经计算，小 D 的财务目前情况状况大致如下：

家庭年收入：9500×12＋10000=12.4 万元

家庭年支出：3000×12＋1000×12=4.8 万元

年可支配收入：12.4－4.8=7.6 万元

银行资产：21＋5=26 万元

就以上的情况来看，小 D 收入一般、支出也一般，每年的可支配收入在 7 万多元。在城市中，过的是比较典型的白领生活。

3）理财方案分析

首先，建议小 D 配置一些比较稳健的理财产品。比如银行理财产品，各大银行的产品收益差别不大，年化收益在 4%～6%。投资门槛也不高，为 5 万左右，收益比较稳定，或者是配置一些互联网金融理财产品。仅仅是投资于稳健的理财方式，理财师认为，对于普通的工薪阶层、城市白领来说，这些收益也是比银行储蓄的收益要划算很多。况且，未来银行的储蓄利息还有可能进一步下调，总体维持一个低

利率的环境。

其次，建议小 D 也配置一些有风险，但可能收益也较高的投资品种。比如此前其持有的股票。或者是可另外配置偏股的基金品种。不过，高风险并不一定保本。因此建议小 D 在配置的资金量上，不要投入过大，应仍以上述稳健型的投资理财为主会比较好。

最后，建议小 D 在平时的生活和工作中，多关注理财投资方面的资讯，把握和了解财经的最新动向，并适时对投资方向作出调整等。像手头持有的股票类的投资，可能会对政策因素比较敏感。

总体而言，小 D 按建议的方式配置自己的资金的话，尽管量不是很大，收益不见得一个投资周期下来会赚得多少，但坚持不懈的长期理财投资，相信还是会有较好的个人财富增长的成效的。

14.8 家有"老年漂"如何理财

当前，在中国各大城市有很多年轻的"漂一代"在努力打拼，如"北漂""沪漂"，此外还有一群"老年漂"们，跟着子女在外"漂"晚年，每天帮子女洗衣服、打扫卫生、照顾孩子，同时这群"老年漂"也面临着社会保障缺失，医疗费、病检查身体都是自掏腰包，便给一些普通工薪家庭的生活质量造成了很大的影响。

陈先生的父母就是"老年漂"群中的一个。之前，两位老人一直都在老家，而后随着小孙女的出生，便也跟着儿子来到上海加入了"老年漂"群，帮助子女料理家务，并照顾孙女，缓解子女的工作和生活压力。但是他们在日常生活中，面临很多困惑，上海话听不懂，生活方式不同，亲戚朋友少，没人交流，尤其还要面临"看病难看病贵"的困惑，医药费无法报销。

陈先生的父母两人每月退休金 3000 元，在老家有社会保障，但在上海看病住院就享受不了，无法报销医疗费。目前两位老人手头上还有 15 万元的存款，作为晚年生活的保障。陈先生想将父母的 15 万元存款转成理财产品，希望能获得更高的收益。

1）理财方案分析

对于像陈先生家有"老年漂"的家庭来说，家庭理财首先应注重老人保障问题，其次可以考虑投资事宜，让退休金保值增值。

第一，预留 8 个月的家庭生活开支。陈先生上有老、下有小、而且老人年龄也较大，加之上海物价高，生活成本高，医疗费用也高，所以建议陈先生最好预留 8 个月的家庭生活开支，以备家庭不时之需。

第二，老人存款采取稳健型投资策略。陈先生父母现有 15 万元存款，若不想存银行，转为配置理财产品，应以稳健型的理财方式为主，因为考虑到老年人抵御金融风险的意识相对较弱，而且身体差心理承受能力也很弱，所以不要贪图那些收益大风险也大的理财产品，要选择风险小的，可以选国债，3年年利率4%左右；银行保本型理财产品，年利率4%左右，以及固定收益类理财产品，年化收益率8%，能够每月拿到收益，补充老人生活所需。

第三，增加老年人保障。像陈先生父母这群"老年漂"，在沪保障享受不了，到医院看病、住院等都需要自己花钱，再加之上海医疗费用贵，为了缓解家庭这部分经济压力，建议陈先生可以为父母购买一些商业保险，如住院医疗险，以及老年人意外伤害险，具有保费低廉、人身保障高的特点，65岁之前都可以投保。

另外，像陈先生父母这样的"老年漂"在外地面临着语言沟通、生活习惯，以及社会交往少的困惑，长期下去会影响老年人的心理健康。所以，建议陈先生经常带父母出去旅游、散散心，或者引导父母培养一些兴趣爱好，如跳广场舞、学乐器、养宠物，等等，丰富他们的老年生活。

14.9 单身"奶茶小妹"月薪8K，如何理财3年圆有车有房梦

"奶茶小妹"朱小姐，今年26岁，未婚，在COCO奶茶昆山某分店工作，已工作5年，目前月收入8000元，年终奖2万元，有五险一金。朱小姐每月房租水电费2000元，其他生活支出2000元左右，几年下来自己积攒了定期存款20万元，活期存款2万元。朱小姐自己想在昆山花桥购买一处小型住房，预计60万元左右，并希望在3年内成为有车有房一族。

1）理财方案分析

第一，应急资金规划。"奶茶小妹"朱小姐首先要考虑为自己准备一些个人应急资金，以备不时之需。朱小姐的应急资金可以按每月支出的2倍左右考虑，建议配置金额为15000元，可以将5000元以活期存款方式保留；剩余的10000元可以以货币基金或者短期理财方式来储备，这部分资金就能获得4%以上的收益。

第二，买房买车规划。

朱小姐目前除了个人应急资金外，还有20多万元的存款，朱小姐可以利用其中的15万元支付购房首付（60万元房产首付30%，约20万元）。剩余近40万元的买房资金可以使用公积金和商贷组合贷款方式，选择贷款期限30年，昆山公积金贷款额度单人最高30万元，目前央行降息后公积金贷款利率为4.25%，商贷利率为6.15%，现在买房利息少了，朱小姐每月只须还款2085.05元。朱小姐每月8000元收入，在个人支出方面稍微节省些，2000多元的房贷基本无压力。

另外，1年后朱小姐又会有存款，建议学会利用一些投资工具来增值，如果存款达到5万元，可以购买5万元起投的银行理财产品，年化收益率4%左右；10万元，可以购买10万元起投的宜盛财富宜盛宝等固定收益类产品，年化收益率8%以上，10万元1年就有1万元收益，等等。朱小姐再通过2年的资金积累，到第三年基本上能存够用于买车的钱，圆有车有房梦。

第三，完善个人保障。

朱小姐目前有基础社保，但理财师建议朱小姐在贷款买房后，可以再为自己购买一份养老型保险，提前为养老做好准备；同时，再增加意外保障险和重大疾病险，完善个人保障，提高个人抗财务和疾病风险的能力。

"奶茶小妹"朱小姐如果执行该理财方案，3年内基本上能圆"有车有房"梦，而且个人保障也得以提高，甚至提前为自己未来养老做好了准备，生活会越来越好。